CODE

D'INSTRUCTION CRIMINELLE,

ET

CODE PÉNAL

(ÉDITION DE 1832),

Annotés des Lois analogues, des Arrêts et Décisions judiciaires,
des Discussions sur la Loi du 28 Avril 1832;
Et des opinions des Auteurs.

Par J. B. DUVERGIER,

Avocat à la Cour royale de Paris.

Prix : 1 fr. 75 pour les Souscripteurs seulement.

A PARIS,

CHEZ LES ÉDITEURS A. GUYOT ET SCRIBE,
RUE NEUVE-DES-PETITS-CHAMPS, N° 37.

ET AU BUREAU DE L'ADMINISTRATION,
RUE NEUVE-DE-SEINE-SAINT-GERMAIN, N° 56.

1833.

CODE
D'INSTRUCTION CRIMINELLE,

ANNOTÉ.

(Edition de 1832.)

A. GUYOT, IMPRIMEUR DU ROI,
RUE NEUVE-DES-PETITS-CHAMPS, N° 37.

CODE

D'INSTRUCTION CRIMINELLE,

ANNOTÉ.

ÉDITION DE 1832,

CONTENANT

L'INDICATION DES LOIS ANALOGUES, DES ARRÊTS ET DÉCISIONS JUDICIAIRES
LES DISCUSSIONS SUR LA LOI DU 28 AVRIL 1832;
ET LES OPINIONS DES AUTEURS.

PAR J. B. DUVERGIER,

AVOCAT A LA COUR ROYALE DE PARIS.

A PARIS,

CHEZ LES ÉDITEURS A. GUYOT ET SCRIBE,
RUE NEUVE-DES-PETITS-CHAMPS, N° 37;

ET AU BUREAU DE L'ADMINISTRATION,
RUE NEUVE-DE-SEINE-SAINT-GERMAIN, N° 56.

1833.

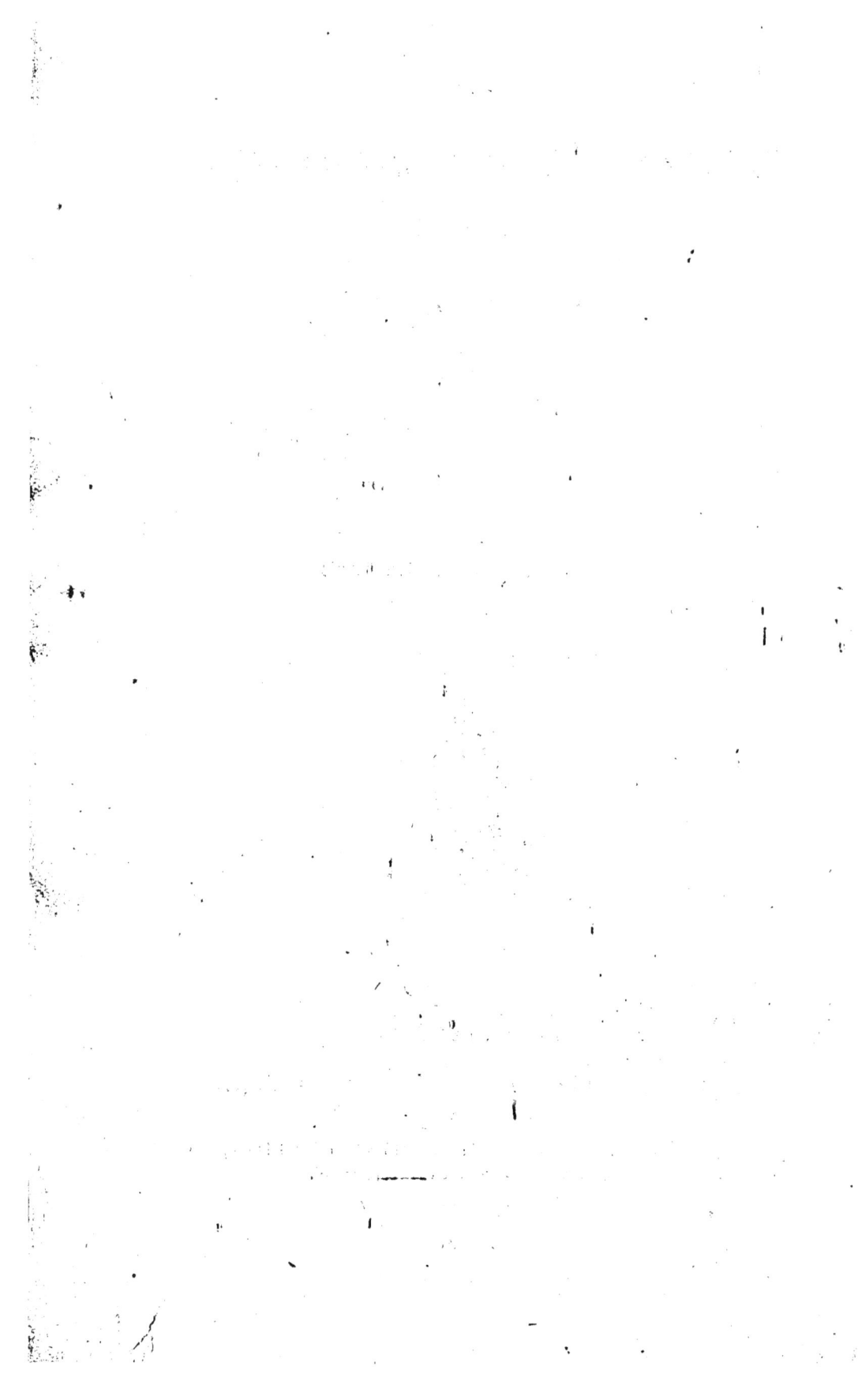

PRÉFACE.

PEU de mots suffiront pour indiquer les motifs et le but de cette publication : j'ai voulu, comme dans mes travaux précédens, conférer les divers actes de la législation entre eux, rapprocher du texte de la loi les décisions de la jurisprudence qui l'ont interprété ; et enfin, puiser un commentaire dans les discussions des Chambres.

Je ne sache pas que personne se soit appliqué à indiquer d'une manière exacte et complète toutes les lois qui ont un rapport plus ou moins direct avec les différens articles de nos Codes. J'ai essayé de présenter ce rapprochement.

Plusieurs jurisconsultes ont publié des Codes annotés, et ceux de M. Sirey sont placés dans toutes les bibliothèques. La pensée d'une concurrence ne pouvait se présenter à mon esprit ; ainsi, en recueillant les arrêts, j'ai écarté tous ceux qui avaient été rendus sous l'empire des lois antérieures ; j'ai rédigé les sommaires d'une manière plus concise ; je les ai grouppés autant que possible ; j'ai seulement indiqué l'opinion des auteurs les plus recommandables. En un mot, j'ai voulu que l'ouvrage pût être emporté et consulté par le magistrat sur son siège, par l'avocat à l'audience, par l'officier ministériel dans l'exercice de ses fonctions, par l'étudiant dans les promenades consacrées à la préparation de ses examens.

Je ne devais point reproduire les discussions qui ont précédé la confection des Codes ; c'eût été réimprimer ce qu'ont déjà publié plusieurs auteurs ; mais il en était autrement des discussions qui, tout récemment, ont eu lieu dans les Chambres à l'occasion des modifications introduites dans les Codes pénal et d'Instruction criminelle (loi du 28 avril 1832). Ces discussions, comme les difficultés qu'elles peuvent aider à résoudre, sont entièrement neuves; elles intéressent vivement par l'application qu'elles peuvent recevoir chaque jour, par le caractère remarquable de philantropie dont elles sont empreintes, par la hauteur et la sagesse des vues qu'ont montrées la plupart des orateurs qui y ont pris part (notamment MM. Dumont, Parent, Vatimesnil, Podenas, Laurence, Taillandier, Renouard, Barthe, Tracy, Persil, Portalis, comte de Bastard, duc Decazes, etc.). Je les ai religieusement recueillies, soigneusement analysées.

J'espère que, dans cette édition des Codes, on voudra bien reconnaître l'application constante, consciencieuse et personnelle que j'ai apportée à d'autres travaux, et qui leur a valu quelque bienveillance.

Explications des signes et renvois.

S. *Sirey*. D. *Dallos*. P. *Journal du Palais*. Leg. *Legraverend*, 3e *édition*.

Id., suivi d'un —, signifie *décidé dans le même sens par la même cour*.

Souvent en citant MM. *Berriat-Saint-Prix, Bourguignon* et *Carnot*, je n'indique point la page, parce que ces auteurs ayant suivi l'ordre des articles des Codes, il est facile de trouver les citations.

Tous les renvois qui sont indiqués au bas des pages par des lettrines, sont pris dans l'Edition officielle.

CODE
D'INSTRUCTION CRIMINELLE.

(Les Décrets des 17 décembre 1809; 23 juillet 1810 et 25 novembre 1810, déterminent l'époque de la mise à exécution. — Les ordonnances des 12 juin 1815 et 12 octobre 1828 contiennent publication du Code d'Instruction criminelle, avec modifications à *l'île Bourbon*, à *la Martinique et à la Guadeloupe*. *Voy.* sur l'instruction criminelle à *la Guiane* l'ordonnance du 30 juillet 1828) (1).

Ordonnance du Roi contenant le texte officiel du Code d'Instruction criminelle.

Au palais des Tuileries, le 18 avril 1832.

LOUIS-PHILIPPE, Roi des Français, à tous présens et à venir, salut.

Vu la loi en date de ce jour sur les réformes à introduire dans la législation pénale;

Vu l'article 54 de la Charte constitutionnelle;

Vu la loi du 4 mars 1831;

Sur le rapport de notre garde des sceaux, ministre secrétaire d'État au département de la justice,

Nous avons ordonné et ordonnons ce qui suit :

A compter du 1er juin prochain, date à partir de laquelle la loi de ce jour sur les réformes dans la législation pénale sera exécutoire, il ne sera reconnu comme texte officiel du Code d'instruction criminelle que le texte dont la teneur suit :

CODE D'INSTRUCTION CRIMINELLE

DISPOSITIONS PRÉLIMINAIRES.

(Loi décrétée le 17 novembre 1808, promulguée le 27 du même mois).

Art. 1er. L'action pour l'application des peines n'appartient qu'aux fonctionnaires auxquels elle est confiée par la loi.

L'action en réparation du dommage causé par un crime, par un délit ou par une contravention, peut être exercée par tous ceux qui ont souffert de ce dommage (2).

---

(1) Les lois de compétence et d'instruction sont applicables sans effet rétroactif aux faits antérieurs (Bruxelles, 30 janvier 1809 : S. 10, 2, 662).
Un tribunal en dernier ressort doit se conformer aux lois existantes au moment même où il juge (Cass. 15 mars 1810 : S. 11, 1, 59; *id.* — 24 juin 1813 : S. 13, 1, 440; *id.* — 10 mai 1822 : S. 23, 1, 286; *id.* — 6 av. 1831; S. 31, 1, 304. — Paris, 7 juin 1831; S. 31, 1, 413, et notes). *V.* Legraverend, tom. 1, page 30 et suiv. *V.* aussi un arrêté du 5 fructidor an 9, dans ma Collection des Lois, à sa date. On peut argumenter en sens contraire d'un arrêt du 24 octobre 1817 (S. 18, 1, 118). *V.* notes sur l'art. 4, Cod. pén.

(2) L'article 4 du Code du 3 brumaire an 4, portait que tout délit donne essentiellement lieu à une action publique. Le Code actuel admet des exceptions à cette règle. Ainsi, l'action publique ne peut être intentée par le ministère public, pour crime d'adultère, que sur la plainte de la femme ou du mari (art. 336 et 339, Cod. pén.). — Pour délit d'offenses envers les Chambres, que sur l'autorisation de la Chambre. — Pour délit de diffamation contre les souverains étrangers, ou contre les agens de l'autorité publique, les agens diplomatiques étrangers, ou contre les particuliers, que sur la plainte des personnes diffamées (Lois du 26 mai 1819, art. 6 et suiv.; du 25 mars 1822, art. 17; du 8 octobre 1830, art. 4 et 5). — Pour les délits des douanes, *V.* Legraverend, tom. 1, pag. 616 et suiv. — Pour les délits forestiers, *V.* art. 159 et suiv, Code forestier de 1827. — Pour les délits de la pêche fluviale, *V.* art. 56 de la loi du 15 avril 1829. — Pour les crimes commis à l'étranger, *V.* art. 5, 6, et surtout l'art. 7 ci-après.
Le ministère public peut poursuivre d'office le crime ou le délit de banqueroute (Cass. 19 avril 1811 : S. 16, 1, 312; *id.* — 5 mars 1813; S. 13, 1, 340); même après concordat (Cass. 9 mars 1811 : S. 11, 1, 145).

Le ministère public ne peut poursuivre d'office le fait de chasse sur le terrain d'autrui, en temps non prohibé (Cass. 12 février 1808, 10 juillet 1807; 13 juillet 1810; 22 juin 1813 : S. 8, 1, 388 et 469; 10, 2, 297; 13, 1, 197; D. 13, 2, 454); mais il peut poursuivre le même fait sur des terres non dépouillées de leurs récoltes (Cass. 4 février 1830 : S. 30, 1, 243). *V.* la loi du 28—30 avril 1790 dans ma Collection complète.
Il peut aussi appeler du jugement rendu sur la plainte du propriétaire pour fait de chasse sur son terrain, bien que le propriétaire n'appelle pas (Cass. 31 juillet 1830 : S. 30, 1, 371).
Le ministère public peut poursuivre d'office les contraventions en matière d'or et d'argent (Cass. 13 fév. 1806 : S. 6, 2, 551). Il peut poursuivre seul, et sans le concours des familles, les officiers de l'état civil, qui ont marié un mineur sans constater et sans énoncer le consentement des parens (Turin, 6 avril 1809 : S. 10, 2, 65).
L'art. 327 du Code civil porte que l'action criminelle contre un délit de suppression d'état ne pourra commencer qu'après le jugement définitif sur la question d'état. *V.* pour l'application de cet article mes notes sur l'art. 345, Code pénal.
M. Merlin a constamment soutenu que l'art. 327 n'est applicable qu'au cas où une question d'état est agitée entre les parties au civil, en sorte que lorsqu'il n'y a point d'instance liée devant un tribunal civil, en réclamation d'état, le ministère public peut agir seul et d'office. Mais la jurisprudence de la Cour de cassation est contraire à ce système. (Voy. Legraverend, tome 1, p. 51 et suiv. Ainsi il a été jugé que lorsqu'un faux prétendu commis sur les registres de l'état civil a eu pour but de créer une filiation à une personne, et que la poursuite en faux tendrait à priver cette personne de son état civil actuel, le ministère public n'est pas recevable à faire des poursuites

contre ce faux, avant qu'il y ait eu jugement définitif au civil sur la question d'état; qu'il est également non-recevable, quand même, en divisant les éléments du délit, il n'attaquerait pas les actes de naissance, mais seulement les actes de mariage et de décès; qu'enfin, dans le cas même où la décision des tribunaux civils sur la question d'état ne peut avoir lieu qu'après le décès de celui à qui le faux est imputé, cette circonstance ne donne pas plus ouverture à l'action publique, que si la question d'état pouvait être actuellement engagée devant les tribunaux civils (Cass. 5 mars 1813 : S. 13, 1, 339).

V. l'art. 357, Cod. pénal, pour les poursuites contre l'auteur d'un rapt; l'art. 350, relatif aux soustractions entre parens.

Également les poursuites criminelles ne peuvent être commencées à raison d'un délit, lorsque ce délit suppose nécessairement l'existence d'un fait civil, d'un contrat, qui ne peut être prouvé par témoins. Tel est le délit de violation de dépôt V. notes sur l'art. 408, Code pénal (Cass. 5 septembre 1812; 17 juin 1813; 5 mai 1815; 10 avril 1819 et 9 janvier 1824 : S. 13, 1, 138 et 439; S. 15, 1, 228; D. 13, 1, 569; S. 19, 1, 311 et 34, 1, 127). V. aussi Legraverend, tom. 1, p. 40 et suiv.

Lorsque sur une prévention qui peut, dans les cas ordinaires, donner lieu de saisir les tribunaux de répression, le prévenu excipe d'un droit de propriété et se défend en disant feci, sed jure feci, la question préjudicielle doit, en règle générale, être renvoyée aux tribunaux civils, et l'action publique reste suspendue jusqu'à leur décision. V. Legraverend, tom. 1, p. 65, et tom. 2, pag. 38.

Telle est la règle générale consacrée par de nombreux arrêts rendus dans différentes espèces (Cass. 16 vendémiaire an 11 : S. 3, 1, 381; Id. — 10 frim. an 13 ; S. 5, 1, 40). Elle s'applique notamment au cas où une question de propriété s'élève incidemment à la poursuite d'un délit commis dans une forêt nationale (Cass. 11 brum. an 12 : S. 4, 1, 668).

Id. Lorsqu'au sujet d'une contravention soumise à la cour criminelle, relativement à la coupe d'arbres réservés à l'État, dans un bois particulier, le prévenu élève une question préjudicielle de propriété (Cass. 19 avril 1807 : S. 7, 1, 705).

Id. Lorsque dans un procès de police correctionnelle, pour enlèvement d'un arbre, le prévenu soutient que l'arbre dépendait de son terrain (Cass. 30 août 1810 : S. 11, 1, 144).

Id. Lorsque celui qui est poursuivi correctionnellement, aux termes de l'art. 456 du Code pénal, pour avoir abattu un mur de clôture, construit sur le terrain d'autrui, présente la question préjudicielle de propriété, à moins que l'auteur de la construction du mur n'ait pour lui le droit provisoire résultant de la possession annale (Cass. 8 janvier 1813 : S. 13, 1, 468).

Mais lorsque l'exception de propriété se trouve entièrement dénuée de vraisemblance et évidemment détruite par les pièces du procès, elle ne peut donner lieu au renvoi devant les tribunaux civils (Cass. 27 mai 1807 : S. 7, 1, 1348).

Id. Lorsque l'exception est détruite par la production d'un jugement antérieur, non attaqué, et irrévocable (Cass. 5 mai 1807 : S. 7, 1, 1153).

Id. Lorsque le prévenu excipe d'un droit de servitude acquis par prescription, et méconnu par un règlement de police (Cass. 4 septembre 1812 : S. 13, 1, 18).

Id. Lorsque, indépendamment de la décision qui pourrait être portée sur la question préjudicielle, il existe un délit (Cass. 8 novembre 1810 : S. 17, 1, 87).

Ainsi, la question de propriété n'est préjudicielle que lorsque le prévenu se prétend lui-même propriétaire. Si donc le délit de dégât dans le bois d'autrui est porté devant un tribunal de justice répressive, ce tribunal doit en même temps prononcer la peine publique et statuer sur les dommages-intérêts dus au plaignant, bien que le prévenu allègue que le plaignant n'est pas propriétaire (Cass. 11 juillet 1819 : S. 19, 1, 383; D. 17, 1, 532).

L'exception élevée sur la poursuite d'un délit forestier n'est une question préjudicielle à renvoyer au tribunal civil, que lorsque le prévenu excipe d'un droit de propriété immobilière ou d'un droit réel. S'il excipe seulement

d'un droit de jouissance mobilière, à titre de fermier, sur le fond du plaignant, l'exception reste soumise à la connaissance de la justice répressive (Cass. 2 août 1811 : S. 21, 1, 438; D. 19, 1, 479; P. 63, 493).

Lorsqu'en matière d'exploitation, il y a contravention formelle et bien constante, au cahier des charges, le tribunal correctionnel est compétent pour juger la contravention. Dans ce cas, il n'y a pas lieu à renvoi devant les tribunaux civils, pour y statuer sur le droit de propriété dont excipe le contrevenant, relativement à une autre espèce de contravention (Cass. 15 avril 1803 : S. 16, 1, 361; D. 14, 1, 671; P. 47, 355; id. — 7 avril 1809 : S. 16, 1, 197). En sens contraire, 10 janvier 1806 (S. 6, 2, 534).

Lorsque l'adjudicataire d'une coupe de bois, pour repousser l'imputation qui lui est faite, d'avoir exploité des arbres compris dans son exploitation, d'une manière prohibée par la loi, allègue que ce mode d'exploitation est justifié par le cahier des charges, cette allégation ne constitue pas une question préjudicielle qui nécessite le sursis au jugement, jusqu'à ce qu'il y ait été statué par les tribunaux civils, si elle est démentie évidemment par le cahier des charges (Cass. 30 octobre 1807 : S. 7, 2, 1155).

Lorsqu'un adjudicataire soutient que les arbres qu'il a abattus ne font pas partie de ceux réservés par le cahier des charges, ou par l'acte d'adjudication, et qu'en même temps il ne se prévaut aucunement de ces actes pour justifier son exception, en sorte qu'il n'y a point lieu à les interpréter, cette allégation ne constitue point une question préjudicielle qui nécessite le renvoi aux tribunaux civils (Cass. 3 novembre 1810 : S. 11, 1, 248).

Lorsque la question préjudicielle, élevée devant un tribunal de police, est de la compétence du juge de paix, le juge de paix qui forme l'un et l'autre tribunal, ne peut statuer par un seul et même jugement sur cette question et sur le délit (Cass. 2 thermidor an 11 : S. 7, 2, 845).

Lorsqu'un individu poursuivi pour embarras de la voie publique, ou usurpation d'un chemin public oppose que le chemin n'est pas publie, cette exception présente une question préjudicielle qui ne peut être jugée par le tribunal saisi de la connaissance du délit (Cass. 7 mars 1821 : S. 21, 1, 377; D. 20, 1, 250; id. — 30 juillet 1825 : S. 25, 1, 365; D. 25, 1, 436).

Lorsqu'un tribunal est incompétent, il ne doit pas même renvoyer à une autre autorité la connaissance d'une prétendue question préjudicielle (Cass. 28 décembre 1809 : S. 10, 1, 263).

Toutes exceptions proposées devant la justice criminelle, sont de sa compétence, si les faits qui leur servent de base, peuvent être considérés comme élément du crime ou délit poursuivi. Il n'y a incompétence qu'autant que le fait sur lequel repose l'exception, est purement civil, et qu'en le supposant vrai, il détruit toute idée de crime. En tous cas, les juges criminels, incompétens pour juger du mérite de l'exception, peuvent être compétens pour décider si elle est proposable. (Cass. 8 avril 1811 : S. 13, 1. 388).

Tant que la question de propriété est pendante devant les tribunaux civils, il ne peut intervenir de condamnation par les tribunaux criminels, peu importe que, durant l'instance il y ait eu de la part du prévenu, réitération du fait incriminé (Cass. 14 août 1823 : S. 25, 1, 355; D. 23, 1, 258).

Le prévenu qui élève la question préjudicielle de propriété, est demandeur dans son exception, et par suite doit prouver que cette exception est fondée, en justifiant le droit de propriété dans un délai que le tribunal est tenu de lui déterminer (Cass. 9 août 1823 : S. 28, 1, 397).

Lorsqu'un prévenu élève une question préjudicielle de propriété, le tribunal ne doit pas renvoyer purement et simplement devant les juges compétens; il doit surseoir et fixer un délai au prévenu pour faire statuer sur cette question par les juges compétens (Cass. 15 février 1828 : S. 28, 1, 170).

Le tribunal ne doit pas se dessaisir, pas plus qu'il ne doit condamner ou absoudre; il doit, comme il vient d'être dit, surseoir, en déterminant un délai pour le jugement de l'exception préjudicielle (Cass. 20 juin 1828 : S. 28, 1, 387; id. — 5 juin 1830 : S. 30, 1, 349).

2. L'action publique pour l'application de la peine s'éteint par la mort du prévenu.

L'action civile pour la réparation du dommage peut être exercée contre le prévenu et contre ses représentans.

L'une et l'autre action s'éteignent par la prescription, ainsi qu'il est réglé au livre II, titre VII, chapitre V, *de la prescription* (1).

3. L'action civile peut être poursuivie en même temps et devant les mêmes juges que l'action publique.

Elle peut aussi l'être séparément; dans ce cas, l'exercice en est suspendu tant qu'il n'a pas été prononcé définitivement sur l'action publique intentée avant ou pendant la poursuite de l'action civile (2).

4. La renonciation à l'action civile ne

Lorsque des usagers dans un bois domanial sont poursuivis correctionnellement pour avoir fait paître leurs bestiaux dans un bois mis en défens par l'administration forestière, ils ne peuvent élever une question préjudicielle en se fondant sur ce que les tribunaux civils seraient saisis d'un procès sur l'étendue du droit d'usage; l'usage ne peut être exercé contrairement aux règles de la police forestière (Cass. 10 septembre 1824 : S. 25, 1, 65).

Celui qui commet des dévastations sur un fonds affermé comme bien communal, en vertu d'une délibération du conseil municipal approuvée par le préfet, ne peut faire surseoir aux poursuites correctionnelles en alléguant qu'il est propriétaire. Quand même il serait propriétaire, il n'aurait le droit ni de dévaster au préjudice du fermier, ni de se faire justice contre un acte de l'autorité (Cass. 5 décembre 1824 : S. 24, 1, 191; D. 22, 1, 78).

Lorsque le prévenu d'un délit de destruction de clôture, excipe de ce que le plaignant n'est ni propriétaire ni possesseur du terrain sur lequel existait la clôture, et prétend que ce terrain est un chemin public, et servant à l'exploitation de ses propriétés; la question de savoir si ce terrain est propriété du plaignant, ou voie publique, est une question préjudicielle (Cass. 28 août 1825 : S. 26, 1, 71; D. 21, 1, 351; P. 6, 259).

L'exception tirée de ce que le demandeur en police correctionnelle, pour délit forestier, serait sans qualité en ce que son titre se trouvait vicié de nullité, ne forme pas une question préjudicielle donnant lieu à renvoi devant les juges civils (Cass. 13 décembre 1829 : S. 30, 1, 61).

Le ministère public est sans qualité pour demander devant les tribunaux civils qu'un particulier soit condamné à louer tout ou partie de ses bâtimens à l'exécuteur des hautes-œuvres (Cass. 23 décembre 1829 : S. 30, 1, 62).

(1) La mort de l'auteur n'éteint pas l'action publique contre ses complices (Cass. 21 avril 1815 : S. 15, 1, 311; D. 15, 1, 315; P. 43, 295).

L'action publique est éteinte par la mort du condamné, en ce sens seulement que la mort naturelle, avant l'exécution de l'arrêt, annulle toute condamnation afflictive, et empêche les effets de la mort civile; mais le décès laisse subsister les condamnations pécuniaires prononcées sur l'action publique, en faveur du fisc (Cass. 16 janvier 1811 : S. 11, 1, 159).

V. au surplus l'avis du Conseil-d'État du 26 fructidor an 13 sur le remboursement des frais de procédure, dans le cas de mort du condamné avant l'exécution.

En matière de douanes, la condamnation à l'amende ne peut être poursuivie contre les héritiers du délinquant (Cass. 28 messidor an 8 : S. 1, 1, 309; D. 15, 1, 321).

Bien qu'une loi ne prononce qu'une amende contre un délit, le juge peut néanmoins prononcer des dommages-intérêts, s'il y a préjudice pour le plaignant (Cass. 15 août 1818 : S. 18, 1, 521).

Les tribunaux répressifs sont incompétens pour statuer sur l'action civile, s'ils rejettent l'action criminelle (Cass. 12 mai 1827 : S. 27, 1, 292).

La question de savoir si les décisions des tribunaux de justice répressive ont l'autorité de la chose jugée devant les tribunaux civils a été controversée entre les auteurs. M. Merlin dit que le *criminel emporte le civil*; M. Toullier combat cette doctrine. Il soutient que le jugement rendu au criminel *peut* et non pas *doit* influer sur le jugement à rendre au civil. V. Questions de droit, v° *faux*, § 6; Toullier, liv. 5, tit. 3, chap. 6.

M. Legraverend, tome 1, page 60, dit que suivant la jurisprudence de la Cour de cassation, les tribunaux saisis d'une demande en réparation d'un délit n'ont point à s'occuper de la constatation du fait, lorsque déjà il a été déclaré constant par un jugement définitif des tribunaux criminels. Il y a dans ce cas *chose jugée* à cet égard; et la partie lésée peut en invoquer le bénéfice, quoiqu'elle n'ait pas été partie civile dans l'instance criminelle; comme le prévenu acquitté peut invoquer contre l'autorité de la chose jugée résultant d'une décision portant qu'il n'a été commis ni crime ni délit. M. Legraverend cite deux arrêts des 17 mars 1815 et du 5 mai 1818 (S. 19, 1, 162). V. aussi arrêt de Bruxelles du 27 février 1818; de Toulouse du 12 avril 1812 et de Paris du 28 février 1815 (S. 21, 1, 173; 16, 2, 15 et 255). Je crois toutefois de voir faire remarquer que la décision de la justice criminelle ou qu'il n'y a lieu à suivre, ou qu'il n'y a ni crime ni délit, n'a pas l'autorité de la chose jugée sur la question de savoir s'il y a *quasi-délit* ou fait dommageable (Cass. 10 avril 1822 : S. 24, 1, 211). La cour de Toulouse par arrêts des 22 novembre 1824 et 15 décembre 1825, a jugé dans le même sens (S. 25, 2, 431 et 432). De même il n'y a point chose jugée sur la propriété d'objets mobiliers détournés d'une succession, dans un jugement du tribunal correctionnel qui acquitte un prévenu de l'imputation du vol de ces effets. Ils peuvent être revendiqués comme *objets perdus* par la voie civile (Cass. 23 juin 1821 : S. 23, 1, 52). De nombreux arrêts ont également décidé que la voie du *faux incident* est ouverte, après que la voie du faux principal criminel a été épuisée (Cass. 24 novembre, 12 juillet 1825 : S. 25, 1, 175; 26, 1, 310).

Celui qui est lésé par un délit, peut-il après avoir opté pour l'une des deux actions qui lui sont ouvertes, l'action civile et l'action criminelle, revenir de l'une à l'autre? M. Legraverend, tome 1, p. 69, établit la négative (Arrêts des 3 floréal et 18 messidor an 10, Bull. crim. pages 264 et 302 : S. 4, 1, 152; du 21 frim. an 11; S. 3, 2, 295). En sens contraire, arrêt du 21 novembre 1825, rapporté par Legraverend, tome 1, p. 69, en note.

L'amnistie qui éteint l'action publique n'empêche pas que la juridiction criminelle déjà saisie ne reste compétente pour statuer sur les réparations civiles, surtout en matière de délit forestier (Cass. 30 janv. 1830 : S. 30, 1, 138). V. Code du 3 brumaire an 4, art. 7.

V. notes sur les art. 635 et suiv.

(2) Les juges civils sont compétens pour constater l'existence d'un délit, quant à l'intérêt civil litigieux. L'action civile n'est suspendue qu'autant qu'il y a ou qu'il survient action publique sur le même fait (Cass. 16 juillet 1815 : S. 15, 1, 117; D. 15, 1, 30).

La plainte du procureur du Roi suffit pour qu'il soit sursis à l'action civile, encore que la plainte n'ait pas été suivie de mandat contre les prévenus (Cass. 18 novembre 1811 : S. 13, 1, 176).

L'action civile n'est pas suspendue par l'effet d'une plainte portée par la partie civile, mais restée sans poursuite de la part du ministère public (Cass. 10 avril 1810 : S. 10, 1, 233).

Au surplus, dans tous les cas, il faut que l'action criminelle et l'action civile soient dirigées contre la même personne (Cass. 7 janvier 1815 : S. 17, 1, 37). V. M. Bourguignon, sur l'art. 3, Cod. inst. crim. n° 10.

Le tribunal devant lequel une demande en dommages-intérêts a été faite par une partie civile, ne peut se dispenser de l'apprécier, sur le seul motif que cette partie n'a pas fait sa demande d'une manière spéciale pour le fait à raison duquel le prévenu a été condamné (Cass. 22 octobre 1819 : Bull. crim. p. 341).

Lorsque la partie civilement responsable a seule été

peut arrêter ni suspendre l'exercice de l'action publique (1).

5. Tout Français qui se sera rendu coupable, hors du territoire de France, d'un crime attentatoire à la sûreté de l'Etat, de contrefaction du sceau de l'Etat, des monnaies nationales ayant cours, de papiers nationaux, de billets de banques autorisées par la loi, pourra être poursuivi, jugé et puni en France d'après les dispositions des lois françaises (2).

6. Cette disposition pourra être étendue aux étrangers qui, auteurs ou complices des mêmes crimes, seraient arrêtés en France, ou dont le Gouvernement obtiendrait l'extradition (3).

7. Tout Français qui se sera rendu coupable, hors du territoire du royaume, d'un crime contre un Français, pourra, à son retour en France, y être poursuivi et jugé, s'il n'a pas été poursuivi et jugé en pays étranger, et si le Français offensé rend plainte contre lui (4).

LIVRE Ier. DE LA POLICE JUDICIAIRE ET DES OFFICIERS DE POLICE QUI L'EXERCENT.

(Suite de la loi du 17 novembre 1808).

CHAPITRE Ier. De la police judiciaire.

8. La police judiciaire recherche les crimes, les délits et les contraventions, en rassemble les preuves et en livre les auteurs aux tribunaux chargés de les punir.

9. La police judiciaire sera exercée sous l'autorité des cours royales, et suivant les distinctions qui vont être établies :

Par les gardes champêtres et les gardes forestiers,

Par les commissaires de police,

Par les maires et les adjoints de maire,

Par les procureurs du Roi et leurs substituts.

Par les juges de paix,

Par les officiers de gendarmerie,

Par les commissaires généraux de police,

---

mise en cause devant un tribunal de police, le tribunal ne peut prononcer contre elle, sans qu'au préalable le ministère public ait poursuivi l'auteur de la contravention (Cass. 24 déc. 1830 : S. 31, 1, 180).

La partie civilement responsable peut être actionnée directement par la partie civile devant la cour d'assises où l'auteur du crime est traduit (Colmar, 23 février 1831 : S. 31, 2, 79).

L'article en prescrivant aux tribunaux civils de surseoir, suppose que l'action publique est intentée. Si elle ne l'est pas, il n'y a pas obstacle à la décision des tribunaux civils (Cass. 16 juillet 1813 : S. 15, 1, 117 ; D. 13, 1, 30).

Lorsqu'un agent de change, prévenu de faillite, est renvoyé devant la chambre des mises en accusation, cette chambre ne peut surseoir à statuer jusqu'à ce qu'il ait été définitivement prononcé par le tribunal de commerce sur la faillite : ce serait subordonner l'action publique à l'action civile (Cass. 30 janvier 1824 : S. 24, 1, 226).

La partie qui s'est pourvue devant la justice criminelle, et qui a été repoussée par un jugement d'incompétence, peut se pourvoir par la voie civile. Peu importe qu'elle revienne au juge de paix comme juge civil, après qu'il a refusé d'en connaître comme juge de police (Cass. 21 novembre 1818 : S. 26, 1, 88).

Un tribunal saisi d'une demande en sursis, fondée sur l'existence d'une plainte en faux principal, n'est pas tenu de surseoir, sur la seule preuve de la plainte : il a le droit d'examiner la régularité de cette plainte et de rejeter la demande en sursis s'il pense qu'elle n'a pas été légalement formée (Cass. 11 juillet 1826 : S. 27, 1, 92).

(1) Celui au nom duquel une plainte a été portée la désavouant, le ministère public peut néanmoins continuer la poursuite (Cass. 9 janvier 1808 : S. 9, 1, 88).

La restitution des sommes escroquées n'empêche pas le ministère public de poursuivre (Cass. 6 sept. 1811 : S. 12, 1, 19).

Lorsqu'il y a eu transaction consentie par l'administration des douanes, sur des faits de fraude et de contrebande, l'action publique ne peut plus être intentée ni saisie devant les tribunaux, soit qu'elle ait pour objet des peines simplement pécuniaires, comme une amende, soit des peines personnelles, comme un emprisonnement (Cass. 30 juin 1810 : Bull. crim. p. 365 et 368).

Ces deux arrêts sont textuellement rapportés par Legraverend, tome 1, p. 618 ; mais il s'élève contre la jurisprudence qu'ils établissent et qui transporte réellement le droit de grace ou d'amnistie à la direction des douanes. V. Legraverend, loc. cit.

Lorsque le ministère public renonce à exercer l'action publique, ou refuse de faire juger le prévenu, l'action civile reste entière pour être jugée devant des tribunaux civils (Cass. 28 juin 1822 : S. 23, 1, 111 ; D. 20, 1, 484 ; P. 67, 455). V. les notes sur l'article 1er ; art. 1036, Cod. civ. ; 249, Cod. proc. civ. ; Cod. 3 brum. an 4, art. 93.

(2) V. art. 7 ; Cod. 3 brum. an 4, art. 11.

(3) Un tribunal de justice répressive, notamment un conseil de guerre, ne peut se déclarer incompétent, par le motif que l'extradition du prévenu a été accordée illégalement par un gouvernement étranger : il doit surseoir et renvoyer la question de légalité de l'extradition, au gouvernement, seul compétent pour en connaître (Cass. 18 mars 1822 : S. 22, 1, 419 ; D. 20, 1, 458 ; Id. — 6 juin 1822 : S. 21, 1, 431).

Cet arrêt est critiqué par M. Legraverend, tom. 1. p. 112, en note. Un autre arrêt du 30 juin 1827 dit dans ses motifs que le droit de livrer un étranger dont l'extradition est demandée appartient au Roi par sa naissance, et qu'il peut l'exercer, soit d'après les traités, soit en l'absence de toute convention diplomatique (S. 27, 1, 433 ; D. 28, 1, 2889). V. lois du 19 février 1791, du 23—27 mai 1792, décret du 23 octobre 1811, Legraverend, tom. 1, p. 110 et suiv.

Il existe des traités entre la France et différens états pour l'extradition, et surtout pour l'extradition des déserteurs. V. dans ma Collection des Lois les ordonnances du 20 octobre 1811, du 9 mai 1827, du 23 septembre 1827, du 21 septembre 1828.

(4) Des délits successifs commencés en France, prolongés ou consommés en pays étrangers, aut vice versâ, peuvent être poursuivis et jugés en France (Cass. 18 avril 1806 : S. 6, 2, 551 ; Id. — 21 novembre 1806 : S. 7, 1, 854).

Cet article s'étend aux simples délits (Colmar, 23 août 1820 : S. 20, 2, 336 ; D. 19, 2, 31).

Les tribunaux français n'ont pas juridiction pour punir en France un crime commis par un Français, sur la personne d'un étranger en pays étranger : bien qu'au moment où le crime a été commis, le pays étranger fût occupé et administré par des troupes et des autorités françaises (Cass. 21 janvier 1818 : S. 18, 1, 178).

Un Français, déjà marié, qui contracte en pays étranger avec une étrangère, est punissable en France (Cass. 18 février 1819 : S. 19, 1, 345 ; D. 17, 1, 150 ; P. 84, 145) ; Code du 3 brumaire an 4, art. 10 à 149.

V. Legraverend, tom. 1, p. 108 et suiv. dans quels cas les ministres et agens diplomatiques peuvent être poursuivis en France.

Et par les juges d'instruction (1).

10. Les préfets des départemens, et le préfet de police à Paris, pourront faire personnellement, ou requérir les officiers de police judiciaire, chacun en ce qui le concerne, de faire tous actes nécessaires à l'effet de constater les crimes, délits et contraventions, et d'en livrer les auteurs aux tribunaux chargés de les punir, conformément à l'article 8 ci-dessus.

CHAP. II. *Des maires, des adjoints de maire et des commissaires de police.*

11. Les commissaires de police, et, dans les communes où il n'y en a point, les maires, au défaut de ceux-ci les adjoints de maire, rechercheront les contraventions de police, même celles qui sont sous la surveillance spéciale des gardes forestiers et champêtres, à l'égard desquels ils auront concurrence et même prévention.

Ils recevront les rapports, dénonciations et plaintes qui seront relatifs aux contraventions de police.

Ils consigneront, dans les procès-verbaux qu'ils rédigeront à cet effet, la nature et les circonstances des contraventions, le temps et le lieu où elles auront été commises, les preuves ou indices à la charge de ceux qui en seront présumés coupables (2).

12. Dans les communes divisées en plusieurs arrondissemens, les commissaires de police exerceront ces fonctions dans toute l'étendue de la commune où ils sont établis, sans pouvoir alléguer que les contraventions ont été commises hors de l'arrondissement particulier auquel ils sont préposés.

Ces arrondissemens ne limitent ni ne circonscrivent leurs pouvoirs respectifs, mais indiquent seulement les termes dans lesquels chacun d'eux est plus spécialement astreint à un exercice constant et régulier de ses fonctions.

13. Lorsque l'un des commissaires de police d'une même commune se trouvera légitimement empêché, celui de l'arrondissement voisin est tenu de le suppléer, sans qu'il puisse retarder le service pour lequel il sera requis, sous prétexte qu'il n'est pas le plus voisin du commissaire empêché, ou que l'empêchement n'est pas légitime ou n'est pas prouvé.

14. Dans les communes où il n'y a qu'un commissaire de police, s'il se trouve légitimement empêché, le maire, ou, au défaut de celui-ci, l'adjoint de maire, le remplacera tant que durera l'empêchement.

15. Les maires ou adjoints de maire remettront à l'officier par qui sera rempli le ministère public près le tribunal de police, toutes les pièces et renseignemens dans les trois jours au plus tard, y compris celui où ils ont reconnu le fait sur lequel ils ont procédé.

CHAP. III. *Des gardes champêtres et forestiers.*

16. Les gardes champêtres et les gardes forestiers, considérés comme officiers de police judiciaire, sont chargés de rechercher, chacun dans le territoire pour lequel

---

(1) C'est aux cours royales, et non au ministre de la justice, qu'appartient la suprême direction de l'action publique pour la punition des crimes et des délits. Ainsi, l'action du ministère public contre un magistrat ne peut être déclarée non recevable, par le motif que le ministre de la justice n'a autorisé que l'action disciplinaire (Cass. 12 décembre 1827 : S. 28, 1, 156).

Aux fonctionnaires désignés par cet article, il faut en ajouter d'autres qui sont chargés de surveiller certaines contraventions et de les constater : notamment les préposés de l'administration des contributions indirectes, loi du 5 ventose an 12, tit. 5 ; décrets du 1er germ. an 13 ; lois du 8 décembre 1814, du 28 avril 1816. Les préposés des bureaux de garantie, loi du 19 brumaire an 6 ; décret du 13 floréal an 13. Les préposés des douanes, loi du 9 floréal an 7 ; arrêté du 4e complémentaire an 11 ; loi du 28 avril 1816. Les préposés des octrois, loi du 27 frimaire an 8, art. 8. V. arrêt de la cour de Cass. du 23 vend. an 11 : S. 3, 1, 184. M. Bourguignon indique aussi les gardes du génie, loi du 29 mars 1806, ord. du 10 nov. 1818 ; les administrateurs généraux des eaux-et-forêts, décret du 25 déc. 1811 ; les commissaires du Roi dans les hôtels de la monnaie, loi du 22 vend. an 4, tit. 3 ; les portiers, concierges des places de guerre, décret du 16 septemb. 1811, tit. 2, § 3, art. 13 ; les cantonniers, décret du 16 décembre 1811, art. 49 et suiv. ; les gardes-digues dans certaines localités. V. art. 16, Cod. brum. an 4, art. 21 et 23.

(2) Le procès-verbal dressé par un commissaire de police, en matière de contravention aux réglemens de police, fait foi en justice, jusqu'à preuve contraire (Cass. 10 mars 1818 : S. 18, 1, 218 ; P. 43, 154).

Il n'est pas nul, quand bien même le commissaire serait parent du prévenu (Cass. 4 novembre 1808 : S. 17, 1, 322).

Il n'est pas nécessaire, à peine de nullité, que les commissaires de police soient revêtus de leur costume, ou assistés de voisins (Cass. 6 juin 1807 : S. 7, 1, 118 ; id., — 9 nivose an 11 ; S. 3, 1, 397 ; id. — 10 mars 1815 ; S. 15, 1, 218 ; P. 43, 184).

Egalement, il n'est pas nécessaire que les maires soient revêtus de leur costume ou du signe de leurs fonctions, ni que les procès-verbaux soient faits en présence des contrevenans (Cass. 11 novembre 1806 ; S. 27, 1, 207).

Le procès-verbal dressé par l'adjoint du maire, n'est pas nul, parce qu'il n'y est pas dit qu'il agit en l'absence, ou par l'empêchement du maire (Cass. 1er septembre 1809 : S. 16, 1, 130).

Les procès-verbaux qui ne tendent qu'à constater des contraventions punissables de peines correctionnelles, sont soumis à la formalité de l'enregistrement. Ici ne s'applique point le n° 9 du § 3, art. 70, loi du 22 frimaire an 7 (Cass. 3 septembre 1808 : S. 7, 2, 1147).

L'omission de quelques-unes des circonstances énoncées dans le § 3 n'entraîne pas la nullité du procès-verbal (Cass. 9 février 1811 : Bull. crim. p. 46).

Les maires des communes où il n'y a pas de commissaires de police ont qualité pour rechercher les contraventions aux arrêtés sur l'uniformité des poids et mesures (Cass. 13 décembre 1821 : Bull. crim. p. 846).

Les commissaires de police ont caractère pour faire les recherches et dresser procès-verbal des contraventions en matière de poids et mesures (Cass. 12 septembre 1817 : Bull. crim. p. 210) ; Cod. 3 brum. an 4, art. 28, 29.

ils auront été assermentés, les délits et les contraventions de police qui auront porté atteinte aux propriétés rurales et forestières.

Ils dresseront des procès-verbaux à l'effet de constater la nature, les circonstances, le temps, le lieu des délits et des contraventions, ainsi que les preuves et les indices qu'ils auront pu en recueillir.

Ils suivront les choses enlevées dans les lieux où elles auront été transportées, et les mettront en séquestre : ils ne pourront néanmoins s'introduire dans les maisons, ateliers, bâtimens, cours adjacentes, et enclos, si ce n'est en présence, soit du juge de paix, soit de son suppléant, soit du commissaire de police, soit du maire du lieu, soit de son adjoint; et le procès-verbal qui devra en être dressé sera signé par celui en présence duquel il aura été fait.

Ils arrêteront et conduiront devant le juge de paix ou devant le maire tout individu qu'ils auront surpris en flagrant délit ou qui sera dénoncé par la clameur publique, lorsque ce délit emportera la peine d'emprisonnement ou une peine plus grave.

Ils se feront donner, pour cet effet, main-forte par le maire ou par l'adjoint du maire du lieu, qui ne pourra s'y refuser (1).

17. Les gardes champêtres et forestiers sont, comme officiers de police judiciaire, sous la surveillance du procureur du Roi, sans préjudice de leur subordination à l'égard de leurs supérieurs dans l'administration.

18. Les gardes forestiers de l'administration, des communes et des établissemens publics, remettront leurs procès-verbaux au conservateur, inspecteur ou sous-inspecteur forestier, dans le délai fixé par l'article 15.

L'officier qui aura reçu l'affirmation sera tenu, dans la huitaine, d'en donner avis au procureur du Roi (2).

19. Le conservateur, inspecteur ou sous-inspecteur, fera citer les prévenus ou les personnes civilement responsables devant le tribunal correctionnel (3).

20. Les procès-verbaux des gardes champêtres des communes, et ceux des gardes champêtres et forestiers des particuliers, seront, lorsqu'il s'agira de simples contraventions, remis par eux, dans le délai fixé par l'article 15, au commissaire de police de la commune chef-lieu de la justice de paix, ou au maire dans les communes où il n'y a point de commissaire de police ; et lorsqu'il s'agira d'un délit de nature à mériter une peine correctionnelle, la remise sera faite au procureur du Roi (4).

21. Si le procès-verbal a pour objet une contravention de police, il sera procédé par le commissaire de police de la commune chef-lieu de la justice de paix, par le maire, ou, à son défaut, par l'adjoint de maire, dans les communes où il n'y a point de commissaire de police, ainsi qu'il sera réglé au chapitre Ier, titre Ier du livre II du présent Code.

---

(1) Les dispositions relatives aux gardes champêtres sont contenues dans les lois du 28 septembre=6 octobre 1791, tit. 1er, sect. 7; du 20 messidor an 3; du 28 germinal an 6, art. 189; arrêté du 23 fructidor an 9; décret du 11 juin 1806; ordonnance du 29 novembre 1820; loi du 15 avril 1829, art. 36.

Les fermiers peuvent avoir des gardes particuliers (Cass. 27 brumaire an 11 : S. 3, 2, 392).

Est valable le procès-verbal d'un garde champêtre, bien que le délit constaté soit commis par le frère du garde (Cass. 7 nov. 1817 : S. 15, 1, 168 ; D. 16, 1, 20 ; P. 51, 550).

Il n'est pas nécessaire, à peine de nullité, que les procès-verbaux de gardes champêtres énoncent la demeure du garde (Cass. 27 juin 1812 : S. 13, 1, 65).

L'affirmation d'un rapport constatant un délit champêtre ne peut être reçue par le maire d'une commune autre que celle dans le territoire de laquelle le délit a été commis (Cass. 5 brumaire an 12 : S. 4, 2, 75).

Les gardes champêtres qui ne rédigent pas les procès-verbaux de leur propre main doivent les faire rédiger par les fonctionnaires désignés dans l'art. 1er de la loi du 19=28 décembre 1790. Les procès-verbaux des gardes, rédigés par une personne sans qualité, ne font pas foi en justice (Cass. 1er juillet 1813 : S. 17, 1, 312).

Les gardes champêtres n'ont pas attribution pour constater les contraventions à la loi du 18 novembre 1814 (Cass. 13 février 1819 : S. 19, 1, 291 D. 17, 1, 287).

Le procès-verbal d'un garde champêtre ne peut être annulé, pour défaut de mention de la date de la réception du garde, ni pour défaut de mention que le garde était revêtu du signe distinctif de ses fonctions, ni enfin, pour omission de l'indication des limites du lieu où le délit a été constaté (Cass. 18 février 1820 : S. 20, 1, 269).

Le rapport d'un garde champêtre, et à la suite, l'affirmation de ce rapport, étant reçus et écrits par un maire sur la même feuille de papier, il suffit que le maire appose une seule fois sa signature au bas de l'affirmation (Cass. 5 fév. 1823 : S. 23, 1, 336 ; D. 23, 1, 213).

Le garde champêtre d'un particulier n'a le caractère d'officier de police judiciaire, qu'autant qu'il a été agréé par le conseil municipal de la commune, et confirmé par le sous-préfet (Cass. 21 août 1822 : S. 24, 1, 751 P. 69, 559 ; Id. 16 juin 1825 : S. 28, 2, 363). Jugé au contraire qu'il n'est pas nécessaire qu'il ait l'agrément du conseil municipal de la commune. Cet agrément n'est exigé que pour les gardes champêtres des communes nommés par les maires (Cass. 8 avril 1826 : S. 27, 1, 28).

Les gardes champêtres ne peuvent constater des contraventions aux réglemens sur la police d'un cours d'eau, lorsque ces contraventions sont commises hors du territoire de leurs mandans (Cass. 4 mars 1825 : S. 28, 1, 136). Les embarras commis sur les chemins publics, dans les campagnes, constituent, aussi bien que les détériorations ou usurpations de ces chemins, des délits ruraux, que les gardes champêtres ont qualité pour constater (Cass. 1er décembre 1827 : S. 28. 1, 189).

Pour les gardes forestiers, V. le Code forestier annoté dans ma Collection des Lois, tom. 27, p. 228 , et spécialement les art. 3 et suiv. 160 et suiv. 189 et suiv.

Pour les gardes pêche, V. la loi du 15 avril 1829, dans ma Collection des Lois, tom. 19, p. 87, et spécialement les art. 6 et suiv. 36 et suiv. Cod. 3 brum. an 4, art. 41.

(2 et 3) V. Code forestier , art. 189 et suiv. Cod. brum. an 4, art. 42 et suiv.

(4) V. Code forestier, art. 159 et 188 ; Cod. brum. an 4, art. 43 et suiv.

CHAP. IV. *Des procureurs du Roi et de leurs substituts.*

SECTION 1ʳᵉ. De la compétence des procureurs du Roi relativement à la police judiciaire.

22. Les procureurs du Roi sont chargés de la recherche et de la poursuite de tous les délits dont la connaissance appartient aux tribunaux de police correctionnelle (a) ou aux cours d'assises (1).

23. Sont également compétens pour remplir les fonctions déléguées par l'article précédent, le procureur du Roi du lieu du crime ou délit, celui de la résidence du prévenu et celui du lieu où le prévenu pourra être trouvé (2).

24. Ces fonctions, lorsqu'il s'agira de crimes ou de délits commis hors du territoire français, dans les cas énoncés aux articles 5, 6 et 7, seront remplies par le procureur du Roi du lieu où résidera le prévenu, ou par celui du lieu où il pourra être trouvé, ou par celui de sa dernière résidence connue.

25. Les procureurs du Roi et tous autres officiers de police judiciaire auront, dans l'exercice de leurs fonctions, le droit de requérir directement la force publique (3).

26. Le procureur du Roi sera, en cas d'empêchement, remplacé par son substitut, ou, s'il a plusieurs substituts, par le plus ancien. S'il n'a pas de substitut, il sera remplacé par un juge commis à cet effet par le président (4).

27. Les procureurs du Roi seront tenus, aussitôt que les délits parviendront à leur connaissance, d'en donner avis au procureur général près la cour royale, et d'exécuter ses ordres relativement à tous actes de police judiciaire.

28. Ils pourvoiront à l'envoi, à la notification et à l'exécution des ordonnances qui seront rendues par le juge d'instruction, d'après les règles qui seront ci-après établies au chapitre *des Juges d'instruction.*

SECTION II. Mode de procéder des procureurs du Roi dans l'exercice de leurs fonctions.

29. Toute autorité constituée, tout fonctionnaire ou officier public, qui, dans l'exercice de ses fonctions, acquerra la connaissance d'un crime ou d'un délit, sera tenu d'en donner avis sur-le-champ au procureur du Roi près le tribunal dans le ressort duquel ce crime ou délit aura été commis ou dans lequel le prévenu pourrait être trouvé, et de transmettre à ce magistrat tous les renseignemens, procès-verbaux et actes qui y sont relatifs.

30. Toute personne qui aura été témoin d'un attentat, soit contre la sûreté publique, soit contre la vie ou la propriété d'un individu, sera pareillement tenue d'en donner avis au procureur du Roi, soit du lieu du crime ou délit, soit du lieu où le prévenu pourra être trouvé (5).

31. Les dénonciations seront rédigées par les dénonciateurs, ou par leurs fondés de procuration spéciale, ou par le procureur du Roi, s'il en est requis; elles seront toujours signées par le procureur du Roi à chaque feuillet, et par les dénonciateurs ou par leurs fondés de pouvoir.

Si les dénonciateurs ou leurs fondés de pouvoir ne savent ou ne veulent pas signer, il en sera fait mention.

La procuration demeurera toujours annexée à la dénonciation, et le dénonciateur pourra se faire délivrer, mais à ses frais, une copie de sa dénonciation.

32. Dans tous les cas de flagrant délit, lorsque le fait sera de nature à entraîner une peine afflictive ou infamante, le procureur du Roi se transportera sur le lieu, sans aucun retard, pour y dresser les procès-verbaux nécessaires à l'effet de constater le corps du délit, son état, l'état des lieux, et pour recevoir les déclarations des personnes qui auraient été présentes, ou qui auraient des renseignemens à donner.

(a) Ancien article 22 modifié en vertu de l'article 54 de la Charte : « Aux tribunaux de police correctionnelle, aux cours spéciales, ou aux cours d'assises. »

(1) Le ministère public peut poursuivre les auteurs de délits en matière de librairie ; il n'est pas nécessaire qu'il y ait dénonciation de la part du directeur de la librairie (Cass. 17 mai 1828 : S. 28, 1, 332 ; id. — 29 mars 1827 : S. 27, 1, 469).

Le ministère public ne peut se récuser lui-même. En conséquence, s'il croit par des motifs de délicatesse devoir s'abstenir, il le peut en se faisant remplacer ; mais les juges n'ont pas à statuer sur la récusation (Cass. 28 janvier 1830 : S. 30, 1, 140).

L'action du ministère public ne peut recevoir de restriction que dans les cas formellement prévus par la loi (Cass. 9 novembre 1810 : Bull. crim. p. 409). V. notes sur l'art. 1ᵉʳ.

(2) Lorsque, sur une accusation de banqueroute frauduleuse, il a été déclaré n'y avoir lieu à suivre, le même prévenu ne peut, à raison du même fait et pour de nouvelles charges survenues, être traduit devant un tribunal autre que celui où ont été portées les premières poursuites, sur le motif que c'est dans le ressort de cet autre

tribunal qu'il était domicilié à l'époque de l'ouverture de sa faillite, que ce même tribunal a été saisi de la faillite : la première chambre, une fois légalement saisie, doit, en cas de charges nouvelles, être ressaisie de plein droit (Cass. 22 novembre 1821 : Bull. crim. p. 810). V. Cod. 3 brum. an 4, art. 76 et suiv.

(3) V. loi du 21 octobre 1789 ; du 6 — 12 décembre 1790 ; du 13 juillet 1791 ; des 16 et 17 juillet — 3 août 1791 ; du 18 germinal an 6, art. 137 et suiv. et l'arrêté du 13 floréal an 7 ; ordonnance du 29 octobre 1820 : Legraverend, tom. 1, p. 353. V. art. 91, 106 et 108 ; Cod. 3 brum. an 4, art. 49.

(4) V. décret du 18 août 1810, art. 17 et suiv. Cod. 3 brum. an 4, art. 51 et suiv.

(5) La dénonciation ne peut être annulée parce qu'elle est adressée à des fonctionnaires incompétens, si l'instruction est faite par le fonctionnaire et le tribunal compétens (Cass. 8 prairial an 11 : S. 7, 2, 1094).

V. art. 48, 50, 278, 355, Cod. d'inst. crim. L'obligation imposée par les articles 103, 104, 105, 106 et 107, 136 et 137 du Code pénal de révéler certains crimes n'existe plus, ces articles étant abrogés par la loi du 28 avril 1832 ; Cod. 3 brum. an 4, art. 87.

Le procureur du Roi donnera avis de son transport au juge d'instruction, sans être toutefois tenu de l'attendre pour procéder, ainsi qu'il est dit au présent chapitre (1).

33. Le procureur du Roi pourra aussi, dans le cas de l'article précédent, appeler à son procès-verbal les parens, voisins ou domestiques, présumés en état de donner des éclaircissemens sur le fait ; il recevra leurs déclarations, qu'ils signeront : les déclarations reçues en conséquence du présent article et de l'article précédent seront signées par les parties, ou, en cas de refus, il en sera fait mention.

34. Il pourra défendre que qui que ce soit sorte de la maison, ou s'éloigne du lieu, jusqu'après la clôture de son procès-verbal.

Tout contrevenant à cette défense sera, s'il peut être saisi, déposé dans la maison d'arrêt : la peine encourue pour la contravention sera prononcée par le juge d'instruction, sur les conclusions du procureur du Roi, après que le contrevenant aura été cité et entendu, ou par défaut s'il ne comparaît pas, sans autre formalité ni délai, et sans opposition ni appel.

La peine ne pourra excéder dix jours d'emprisonnement et cent francs d'amende (2).

35. Le procureur du Roi se saisira des armes et de tout ce qui paraîtra avoir servi ou avoir été destiné à commettre le crime ou le délit, ainsi que de tout ce qui paraîtra en avoir été le produit, enfin de tout ce qui pourra servir à la manifestation de la vérité : il interpellera le prévenu de s'expliquer sur les choses saisies qui lui seront représentées; il dressera du tout un procès-verbal; qui sera signé par le prévenu, ou mention sera faite de son refus.

36. Si la nature du crime ou du délit est telle, que la preuve puisse vraisemblablement être acquise par les papiers ou autres pièces et effets en la possession du prévenu, le procureur du Roi se transportera de suite dans le domicile du prévenu, pour y faire la perquisition des objets qu'il jugera utiles à la manifestation de la vérité (3).

37. S'il existe, dans le domicile du prévenu, des papiers ou effets qui puissent servir à conviction ou à décharge, le pro-

cureur du Roi en dressera procès-verbal, et se saisira desdits effets ou papiers (4).

38. Les objets saisis seront clos et cachetés, si faire se peut; ou s'ils ne sont pas susceptibles de recevoir des caractères d'écriture, ils seront mis dans un vase ou dans un sac, sur lequel le procureur du Roi attachera une bande de papier qu'il scellera de son sceau (5).

39. Les opérations prescrites par les articles précédens seront faites en présence du prévenu, s'il a été arrêté; et s'il ne veut ou ne peut y assister, en présence d'un fondé de pouvoir qu'il pourra nommer. Les objets lui seront présentés à l'effet de les reconnaître et de les parapher, s'il y a lieu ; et, au cas de refus, il en sera fait mention au procès-verbal.

40. Le procureur du Roi, audit cas de flagrant délit, et lorsque le fait sera de nature à entraîner peine afflictive ou infamante, fera saisir les prévenus présens contre lesquels il existerait des indices graves.

Si le prévenu n'est pas présent, le procureur du Roi rendra une ordonnance à l'effet de le faire comparaître; cette ordonnance s'appelle *mandat d'amener*.

La dénonciation seule ne constitue pas une présomption suffisante pour décerner cette ordonnance contre un individu ayant domicile.

Le procureur du Roi interrogera sur-le-champ le prévenu amené devant lui (6).

41. Le délit qui se commet actuellement, ou qui vient de se commettre, est un flagrant délit.

Seront aussi réputés flagrant délit, le cas où le prévenu est poursuivi par la clameur publique, et celui où le prévenu est trouvé saisi d'effets, armes, instrumens ou papiers faisant présumer qu'il est auteur ou complice, pourvu que ce soit dans un temps voisin du délit.

42. Les procès-verbaux du procureur du Roi, en exécution des articles précédens, seront faits et rédigés en la présence et revêtus de la signature du commissaire de police de la commune dans laquelle le crime ou le délit aura été commis, ou du maire, ou de l'adjoint du maire, ou de deux citoyens domiciliés dans la même commune.

Pourra néanmoins le procureur du Roi

---

(1) Il faut qu'il y ait flagrant délit; il ne suffit pas qu'il y ait continuité de flagrance de désordre, pour qu'une cour royale puisse (sur le refus du juge d'instruction de se transporter sur les lieux) autoriser le transport du procureur du Roi (Cass. 30 sept. 1826 : S. 27, 1, 222). Si en faisant des recherches relatives à des faits important peine afflictive ou infamante, le procureur du Roi découvre et constate un délit, son procès-verbal fait foi (Cass. 1er septembre 1831 : S. 31, 1, 358). V. Cod. 3 brum. an 4, art. 102.

(2) Les ordonnances des juges d'instruction sont soumises au recours par voie d'appel, lequel doit nécessairement être déféré à la chambre d'accusation (Cass. 4 août 1810 : Bull. crim. an 1810, p. 312 et 378). M. Legraverend cite un autre arrêt du 2 nov. 1821. V. tom. 1, p. 381.

(3) Cod. 3 brum. an 4, art. 115.
(4) Cod. 3 brum. an 4, art. 127.
(5) Cod. 3 brum. an 4, art. 131.
(6) Cod. 3 brum. an 4, art. 61.

dresser les procès-verbaux sans assistance de témoins, lorsqu'il n'y aura pas possibilité de s'en procurer tout de suite.

Chaque feuillet du procès-verbal sera signé par le procureur du Roi et par les personnes qui y auront assisté : en cas de refus ou d'impossibilité de signer de, la part de celles-ci, il en sera fait mention.

43. Le procureur du Roi se fera accompagner, au besoin, d'une ou de deux personnes présumées, par leur art ou profession, capables d'apprécier la nature et les circonstances du crime ou délit.

44. S'il s'agit d'une mort violente, ou d'une mort dont la cause soit inconnue et suspecte, le procureur du Roi se fera assister d'un ou de deux officiers de santé, qui feront leur rapport sur les causes de la mort et sur l'état du cadavre.

Les personnes appelées, dans les cas du présent article et de l'article précédent, prêteront devant le procureur du Roi le serment de faire leur rapport et de donner leur avis en leur honneur et conscience (1).

45. Le procureur du Roi transmettra sans délai au juge d'instruction les procès-verbaux, actes, pièces et instrumens dressés ou saisis en conséquence des articles précédens, pour être procédé ainsi qu'il sera dit au chapitre des Juges d'instruction ; et cependant le prévenu restera sous la main de la justice en état de mandat d'amener (2).

46. Les attributions faites ci-dessus au procureur du Roi pour les cas de flagrant délit auront lieu aussi toutes les fois que, s'agissant d'un crime ou délit, même non flagrant, commis dans l'intérieur d'une maison, le chef de cette maison requerra le procureur du Roi de le constater.

47. Hors les cas énoncés dans les articles 32 et 46, le procureur du Roi instruit, soit par une dénonciation, soit par toute autre voie, qu'il a été commis dans son arrondissement un crime ou un délit, ou qu'une personne qui en est prévenue se trouve dans son arrondissement, il sera tenu de requérir le juge d'instruction d'ordonner qu'il en soit informé, même de se transporter, s'il est besoin, sur les lieux, à l'effet d'y dresser tous les procès-verbaux nécessaires, ainsi qu'il sera dit au chapitre des Juges d'instruction.

CHAP. V. Des officiers de police auxiliaires du procureur du Roi.

48. Les juges de paix, les officiers de gendarmerie, les commissaires généraux de police, recevront les dénonciations de crimes ou délits commis dans les lieux où ils exercent leurs fonctions habituelles (3).

49. Dans le cas de flagrant délit, ou dans le cas de réquisition de la part d'un chef de maison, ils dresseront les procès-verbaux, recevront les déclarations des témoins, feront les visites et les autres actes qui sont, auxdits cas, de la compétence des procureurs du Roi, le tout dans les formes et suivant les règles établies au chapitre des Procureurs du Roi (4).

50. Les maires, adjoints de maire, et les commissaires de police, recevront également les dénonciations et feront les actes énoncés en l'article précédent, en se conformant aux mêmes règles.

51. Dans les cas de concurrence entre les procureurs du Roi et les officiers de police énoncés aux articles précédens, le procureur du Roi fera les actes attribués à la police judiciaire : s'il a été prévenu, il pourra continuer la procédure, et autoriser l'officier qui l'aura commencée à la suivre.

52. Le procureur du Roi, exerçant son ministère dans les cas des articles 32 et 46, pourra, s'il le juge utile et nécessaire, charger un officier de police auxiliaire de partie des actes de sa compétence.

53. Les officiers de police auxiliaires renverront sans délai les dénonciations, procès-verbaux et autres actes par eux faits dans les cas de leur compétence, au procureur du Roi, qui sera tenu d'examiner sans retard les procédures, et de les transmettre, avec les réquisitions qu'il jugera convenables, au juge d'instruction.

54. Dans les cas de dénonciation de crimes ou délits autres que ceux qu'ils sont directement chargés de constater, les officiers de police judiciaire transmettront aussi sans délai au procureur du Roi les dénonciations qui leur auront été faites ; et le procureur du Roi les remettra au juge d'instruction, avec son réquisitoire.

(1 et 2) Cod. 3 brum. an 4, art. 105 et 144.

(3) Relativement aux officiers de gendarmerie, V. Cod. du 28 septembre = 6 octobre 1791, tit. 1er, art. 3 ; du 8 brumaire an 4, art. 21 ; loi du 28 germinal an 6 ; et ordonnance du 29 octobre 1820.
Pour les commissaires généraux de police, Voy. loi du 28 pluviose an 8, article 14 ; décrets du 17 ventose an 8 ; arrêtés du 5 brumaire an 9, du 11 germinal an 9, du 9 floréal an 11, et du 25 mars 1812. Les gen-

darmes ne sont point officiers de police judiciaire (Cass. 3 et 24 février 1820 : Bull. crim. p. 65 et 80). V. la loi du 28 germinal an 6, art. 125 ; ordonnance du 29 octobre 1820, art. 179. Les gendarmes ont cependant qualité pour constater jusqu'à preuve contraire les contraventions aut réglemens sur le chargement des voitures publiques (Cass. 11 mars et 8 avril 1815 ; S. 16, 1, 25 et 253 ; D. 23, 1, 264 et 300). V. Legraverend, tom. 1, p. 237.

(4) V. art. 39 et suiv.

CHAP. VI. *Des juges d'instruction.*

SECTION Ire. *Du juge d'instruction.*

55. Il y aura, dans chaque arrondissement communal, un juge d'instruction. Il sera choisi par Sa Majesté parmi les juges du tribunal civil, pour trois ans : il pourra être continué plus long-temps ; et il conservera séance au jugement des affaires civiles suivant le rang de sa réception (1).

56. Il sera établi un second juge d'instruction dans les arrondissemens où il pourrait être nécessaire ; ce juge sera membre du tribunal civil.

Il y aura à Paris six juges d'instruction (2).

57. Les juges d'instruction seront, quant aux fonctions de police judiciaire, sous la surveillance du procureur général près la cour royale.

58. Dans les villes où il n'y a qu'un juge d'instruction, s'il est absent, malade ou autrement empêché, le tribunal de première instance désignera l'un des juges de ce tribunal pour le remplacer.

SECTION II. *Fonctions du juge d'instruction.*

DISTINCTION Ire.—*Des cas de flagrant délit.*

59. Le juge d'instruction, dans tous les cas réputés flagrant délit, peut faire directement et par lui-même tous les actes attribués au procureur du Roi, en se conformant aux règles établies au chapitre *des Procureurs du Roi et de leurs Substituts.* Le juge d'instruction peut requérir la présence du procureur du Roi, sans aucun retard néanmoins des opérations prescrites dans ledit chapitre.

60. Lorsque le flagrant délit aura déjà été constaté, et que le procureur du Roi transmettra les actes et pièces au juge d'instruction, celui-ci sera tenu de faire sans délai l'examen de la procédure.

Il peut refaire les actes ou ceux des actes qui ne lui paraîtraient pas complets.

DISTINCTION II. *De l'instruction.*

§ 1er. *Dispositions générales.*

61. Hors les cas de flagrant délit, le juge d'instruction ne fera aucun acte d'instruction et de poursuite qu'il n'ait donné communication de la procédure au procureur du Roi. Il la lui communiquera pareillement lorsqu'elle sera terminée ; et le procureur du Roi fera les réquisitions qu'il jugera convenables, sans pouvoir retenir la procédure plus de trois jours.

Néanmoins, le juge d'instruction délivrera, s'il y a lieu, le mandat d'amener, et même le mandat de dépôt, sans que ces mandats doivent être précédés des conclusions du procureur du Roi.

62. Lorsque le juge d'instruction se transportera sur les lieux, il sera toujours accompagné du procureur du Roi et du greffier du tribunal.

§ II. *Des plaintes.*

63. Toute personne qui se prétendra lésée par un crime ou délit, pourra en rendre plainte et se constituer partie civile devant le juge d'instruction, soit du lieu du crime ou délit, soit du lieu de la résidence du prévenu, soit du lieu où il pourra être trouvé (3).

64. Les plaintes qui auraient été adressées au procureur du Roi seront par lui transmises au juge d'instruction avec son réquisitoire ; celles qui auraient été présentées aux officiers auxiliaires de police, seront par eux envoyées au procureur du Roi, et transmises par lui au juge d'instruction, aussi avec son réquisitoire.

Dans les matières du ressort de la police correctionnelle, la partie lésée pourra s'adresser directement au tribunal correctionnel dans la forme qui sera ci-après réglée (4).

65. Les dispositions de l'article 31 concernant les dénonciations seront communes aux plaintes.

66. Les plaignans ne seront réputés partie civile s'ils ne le déclarent formellement, soit par la plainte, soit par acte subséquent, ou s'ils ne prennent, par l'un ou par l'autre, des conclusions en dommages-intérêts : ils pourront se départir dans

---

(1) Le juge d'instruction peut juger dans les affaires qu'il a instruites (30 octobre 1813 : S. 13, 1, 205 ; *Id.* Cass. 22 novembre 1816 ; S. 17, 1, 83).

(2) *V.* loi du 31 juillet 1821, et ordonnance du 1er août 1821 sur le nombre des juges à Paris.

(3) La femme ne peut, sans autorisation maritale, intenter un procès criminel (Cass. 1er juillet 1808 ; S. 8, 1, 518).

Les maîtres peuvent rendre plainte des délits commis contre leurs domestiques (Cass. 16 vendémiaire an 13 ; S. 7, 2, 1046). *V.* art. 23, 55 et 359, les notes sur les art. 30, 69, 275. *V. Répertoire de Jurisprudence,* verbo *Intervention,* § 2, n° 3.

L'administration des contributions indirectes ne peut être reçue à se porter partie civile sur une accusation dirigée contre des individus, à raison de violences par eux exercées contre des employés de cette administration

(Grenoble, 9 août 1818 : S. 16, 2, 138). Cod. 3 brum. an 4, art. 94.

(4) La partie civile qui, au lieu de se pourvoir directement devant le tribunal correctionnel, porte plainte devant le juge d'instruction, ne peut, s'il intervient une ordonnance qui déclare n'y avoir lieu à poursuivre, revenir devant le tribunal correctionnel par une nouvelle action (Cass. 18 avril 1812 ; S. 17, 1, 25). *V.* les notes sur les art. 53 et 179.

La faculté accordée au ministère public de déférer d'abord à la chambre du conseil les délits qui parviennent à sa connaissance, au lieu de citer directement les prévenus devant le tribunal correctionnel, s'étend aux délits constatés par des procès-verbaux émanant d'officiers publics compétens, notamment aux contraventions aux lois et réglemens sur le transport des lettres (Cass. 24 avril 1818 : S. 18, 1, 438). Cod. 3 brum. an 4, art. 184.

les vingt-quatre heures ; dans le cas du désistement, ils ne sont pas tenus des frais depuis qu'il aura été signifié, sans préjudice néanmoins des dommages-intérêts des prévenus, s'il y a lieu (1).

67. Les plaignans pourront se porter partie civile en tout état de cause jusqu'à la clôture des débats : mais en aucun cas leur désistement après le jugement ne peut être valable, quoiqu'il ait été donné dans les vingt-quatre heures de leur déclaration qu'ils se portent partie civile (2).

68. Toute partie civile qui ne demeurera pas dans l'arrondissement communal où se fait l'instruction, sera tenue d'y élire domicile par acte passé au greffe du tribunal.

A défaut d'élection de domicile par la partie civile, elle ne pourra opposer le défaut de signification contre les actes qui auraient dû lui être signifiés, aux termes de la loi.

69. Dans le cas où le juge d'instruction ne serait ni celui du lieu du crime ou délit, ni celui de la résidence du prévenu, ni celui du lieu où il pourra être trouvé, il renverra la plainte devant le juge d'instruction qui pourrait en connaître (3).

70. Le juge d'instruction compétent pour connaître de la plainte en ordonnera la communication au procureur du Roi, pour être par lui requis ce qu'il appartiendra.

§ III. De l'audition des témoins.

71. Le juge d'instruction fera citer devant lui les personnes qui auront été indiquées par la dénonciation, par la plainte, par le procureur du Roi ou autrement,

comme ayant connaissance, soit du crime ou délit, soit de ses circonstances.

72. Les témoins seront cités par un huissier, ou par un agent de la force publique, à la requête du procureur du Roi.

73. Ils seront entendus séparément, et hors de la présence du prévenu, par le juge d'instruction, assisté de son greffier.

74. Ils représenteront, avant d'être entendus, la citation qui leur aura été donnée pour déposer ; et il en sera fait mention dans le procès-verbal.

75. Les témoins prêteront serment de dire toute la vérité, rien que la vérité ; le juge d'instruction leur demandera leurs noms, prénoms, âge, état, profession, demeure, s'ils sont domestiques, parens ou alliés des parties, et à quel degré : il sera fait mention de la demande, et des réponses des témoins (4).

76. Les dépositions seront signées du juge, du greffier, et du témoin, après que lecture lui en aura été faite et qu'il aura déclaré y persister : si le témoin ne veut ou ne peut signer, il en sera fait mention.

Chaque page du cahier d'information sera signée par le juge et par le greffier.

77. Les formalités prescrites par les trois articles précédens seront remplies, à peine de cinquante francs d'amende contre le greffier, même, s'il y a lieu, de prise à partie contre le juge d'instruction (5).

78. Aucune interligne ne pourra être faite : les ratures et les renvois seront approuvés et signés par le juge d'instruction, par le greffier et par le témoin, sous les peines portées en l'article précédent. Les interlignes, ratures et renvois non approuvés, seront réputés non avenus (6).

(1) Les tribunaux criminels ne peuvent prononcer des condamnations au profit d'individus qui n'ont point porté de plainte, et qui ne sont pas même intervenus sur les poursuites du ministère public (Cass. 16 janvier 1805 : S. 5, 1, 223). En ce qui touche les frais, V. l'art. 368 et les notes.

Le plaignant qui s'est désisté, sans aucune réserve, ne peut faire revivre la plainte après l'exercice d'une action publique (22 juillet 1813 : S. 14, 2, 354 ; D. 22, 2, 101 ; P. 38, 565). V. notes sur l'art. 2.

Si le délai de vingt-quatre heures expire un jour férié, c'est ce jour-là que le désistement doit être notifié ; il ne serait plus temps le lendemain (Cass. 27 août 1807 : S. 7, 2, 1028).

Les vingt-quatre heures doivent se compter de memento ad momentum. V. Carnot, Bourguignon.

L'étranger qui se rend partie civile est tenu de fournir la caution judicatum solvi (Cass. 3 février 1814 : S. 14, 1, 116 ; P. 40, 148). V. art. 182, 355, 357.

(2) On peut se constituer partie civile dans le débat (Cass. 16 octobre 1812 : S. 16, 1, 232).

Peut-on se porter partie civile pour la première fois en cause d'appel ? La Cour de Paris à jugé la négative sur ma plaidoirie.

(3) La compétence du juge d'instruction du lieu du délit, de celui de la résidence du prévenu, et de celui où le prévenu est arrêté, ne peuvent s'exercer simulta-

nément sur la même affaire, elle appartient à celui qui le premier a lancé un mandat (Cass. 9 janvier 1812 : S. 16, 1, 456).

L'incompétence ratione loci est d'ordre public et proposable en tout état de cause, conséquemment en appel, bien qu'elle n'ait pas été proposée en première instance (Cass. 13 mai 1826 : S. 16, 1, 416). V. Cod. brum. an 4, art. 99.

(4) V. sur la forme du serment prescrite dans les diverses sectes religieuses, Bourguignon et Legrarerend, tom. 1, p. 274 et suiv. Cod. brum. an 4, art. 135 et 350.

(5) Les cours et tribunaux saisis du procès sont compétens pour condamner le greffier à l'amende. Leur jugement est susceptible d'opposition, si le greffier n'a pas été entendu, et d'appel, si on n'a pas été rendu par une cour souteraine. V. Carnot et Bourguignon.

(6) La prestation de serment d'un témoin n'est pas régulièrement constatée, lorsque les mots sans haine et sans crainte ont été surchargés, et que dire toute la vérité, rien que la vérité ont été ajoutés en interligne, sans que les mots surchargés et interlignés aient été approuvés par le président et par le greffier ; il ne suffit pas qu'ils aient été approuvés par l'avocat-général qui a porté la parole aux débats (Cass. 4 janvier 1821 : Bull. crim. p. 2).

La disposition de cet article est spéciale ; elle ne peut être étendue à d'autres actes, notamment à l'acte

2

79. Les enfans de l'un et de l'autre sexe, au-dessous de l'âge de quinze ans, pourront être entendus, par forme de déclaration et sans prestation de serment (1).

80. Toute personne citée pour être entendue en témoignage sera tenue de comparaître et de satisfaire à la citation : sinon, elle pourra y être contrainte par le juge d'instruction, qui, à cet effet, sur les conclusions du procureur du Roi, sans autre formalité ni délai, et sans appel, prononcera une amende qui n'excédera pas cent francs, et pourra ordonner que la personne citée sera contrainte par corps à venir donner son témoignage (2).

81. Le témoin ainsi condamné à l'amende sur le premier défaut, et qui, sur la seconde citation, produira devant le juge d'instruction des excuses légitimes, pourra, sur les conclusions du procureur du Roi, être déchargé de l'amende.

82. Chaque témoin qui demandera une indemnité, sera taxé par le juge d'instruction.

83. Lorsqu'il sera constaté, par le certificat d'un officier de santé, que des témoins se trouvent dans l'impossibilité de comparaître sur la citation qui leur aura été donnée, le juge d'instruction se transportera en leur demeure, quand ils habiteront dans le canton de la justice de paix du domicile du juge d'instruction.

Si les témoins habitent hors du canton, le juge d'instruction pourra commettre le juge de paix de leur habitation à l'effet de recevoir leur déposition, et il enverra au juge de paix des notes et instructions qui feront connaître les faits sur lesquels les témoins devront déposer.

84. Si les témoins résident hors de l'arrondissement du juge d'instruction, celui-ci requerra le juge d'instruction de l'arrondissement dans lequel les témoins sont résidans de se transporter auprès d'eux pour recevoir leurs dépositions.

Dans le cas où les témoins n'habiteraient pas le canton du juge d'instruction ainsi requis, il pourra commettre le juge de paix de leur habitation, à l'effet de recevoir leurs dépositions, ainsi qu'il est dit dans l'article précédent.

85. Le juge qui aura reçu les dépositions en conséquence des articles 83 et 84 ci-dessus, les enverra closes et cachetées au juge d'instruction du tribunal saisi de l'affaire.

86. Si le témoin auprès duquel le juge se sera transporté dans les cas prévus par les trois articles précédens, n'était pas dans l'impossibilité de comparaître sur la citation qui lui avait été donnée, le juge décernera un mandat de dépôt contre le témoin et l'officier de santé qui aura délivré le certificat ci-dessus mentionné.

La peine portée en pareil cas sera prononcée par le juge d'instruction du même lieu, et sur la réquisition du procureur du Roi, en la forme prescrite par l'art. 80 (3).

§ IV. Des preuves par écrit et des pièces de conviction.

87. Le juge d'instruction se transportera, s'il en est requis, et pourra même se transporter d'office dans le domicile du prévenu, pour y faire la perquisition des papiers, effets, et généralement de tous les objets qui seront jugés utiles à la manifestation de la vérité.

88. Le juge d'instruction pourra pareillement se transporter dans les autres lieux où il présumerait qu'on aurait caché les objets dont il est parlé dans l'article précédent.

89. Les dispositions des articles 35, 36, 37, 38 et 39, concernant la saisie des objets dont la perquisition peut être faite par le procureur du Roi, dans les cas de flagrant délit, sont communes au juge d'instruction.

90. Si les papiers ou les effets dont il y aura lieu de faire la perquisition sont hors de l'arrondissement du juge d'instruction, il requerra le juge d'instruction du lieu où l'on peut les trouver, de procéder aux opérations prescrites par les articles précédens (4).

CHAP. VII. Des mandats de comparution, de dépôt, d'amener et d'arrêt.

91. Lorsque l'inculpé sera domicilié, et que le fait sera de nature à ne donner lieu qu'à une peine correctionnelle, le juge d'instruction pourra, s'il le juge convenable, ne décerner contre l'inculpé qu'un mandat de comparution, sauf, après l'avoir interrogé, à convertir le mandat en tel autre mandat qu'il appartiendra.

Si l'inculpé fait défaut, le juge d'instruction décernera contre lui un mandat d'amener.

Il décernera pareillement mandat d'a-

---

d'affirmation d'un rapport ou procès-verbal d'un garde forestier (Cass. 23 juillet 1824 ; S. 24, 1, 394 ; D. 22, 2, 416).
(1) Les enfans âgés de moins de quinze ans qui ont été appelés aux débats comme témoins, doivent prêter serment (Cass. 7, 10, 27 février 1812 : Bull. crim. P. 57, 60 et 78).

(2) Le refus de déposer devant le juge d'instruction est-il punissable comme le refus de déposer devant la Cour d'assises, aux termes de l'art. 304. Legraverend, tome 1, p. 231, et Bourguignon, se prononcent pour l'affirmative.
(3) V. Cod. brum. an 4, art. 131 et loi du 11 pr. an 4.
(4) V. art. 431, 464, Code d'inst. crim.

mener contre toute personne, de quelque qualité qu'elle soit, inculpée d'un délit emportant peine afflictive ou infamante (1).

92. Il peut aussi donner des mandats d'amener contre les témoins qui refusent de comparaître sur la citation à eux donnée, conformément à l'article 80, et sans préjudice de l'amende portée en cet article.

93. Dans le cas de mandat de comparution, il interrogera de suite ; dans le cas de mandat d'amener, dans les vingt-quatre heures au plus tard.

94. Il pourra, après avoir entendu les prévenus et le procureur du Roi ouï, décerner, lorsque le fait emportera peine afflictive ou infamante ou emprisonnement correctionnel, un mandat d'arrêt dans la forme qui sera ci-après présentée (2).

95. Les mandats de comparution, d'amener et de dépôt, seront signés par celui qui les aura décernés, et munis de son sceau.

Le prévenu y sera nommé ou désigné le plus clairement qu'il sera possible.

96. Les mêmes formalités seront observées dans le mandat d'arrêt ; ce mandat contiendra de plus l'énonciation du fait pour lequel il est décerné, et la citation de la loi qui déclare que ce fait est un crime ou délit (3).

97. Les mandats de comparution, d'amener, de dépôt ou d'arrêt, seront notifiés par un huissier ou par un agent de la force publique, lequel en fera l'exhibition au prévenu, et lui en délivrera copie.

Le mandat d'arrêt sera exhibé au prévenu, lors même qu'il serait déjà détenu, et il lui en sera délivré copie (4).

98. Les mandats d'amener, de comparution, de dépôt et d'arrêt, seront exécutoires dans toute l'étendue du royaume.

Si le prévenu est trouvé hors de l'arrondissement de l'officier qui aura délivré le mandat de dépôt ou d'arrêt, il sera conduit devant le juge de paix ou son suppléant, et, à leur défaut, devant le maire ou l'adjoint du maire, ou le commissaire de police du lieu, lequel visera le mandat, sans pouvoir en empêcher l'exécution.

99. Le prévenu qui refusera d'obéir au mandat d'amener, ou qui, après avoir déclaré qu'il est prêt à obéir, tentera de s'évader, devra être contraint.

Le porteur du mandat d'amener emploiera, au besoin, la force publique du lieu le plus voisin : elle sera tenue de marcher, sur la réquisition contenue dans le mandat d'amener.

100. Néanmoins, lorsqu'après plus de deux jours depuis la date du mandat d'amener, le prévenu aura été trouvé hors de l'arrondissement de l'officier qui a délivré ce mandat, et à une distance de plus de cinq myriamètres du domicile de cet officier, ce prévenu pourra n'être pas contraint de se rendre au mandat, mais alors le procureur du Roi de l'arrondissement où il aura été trouvé, et devant lequel il sera conduit, décernera un mandat de dépôt en vertu duquel il sera retenu dans la maison d'arrêt.

Le mandat d'amener devra être pleinement exécuté, si le prévenu a été trouvé muni d'effets, de papiers ou d'instrumens qui feront présumer qu'il est auteur ou complice du délit pour raison duquel il est recherché, quels que soient le délai et la distance dans lesquels il aura été trouvé (5).

101. Dans les vingt-quatre heures de l'exécution du mandat de dépôt, le procureur du Roi qui l'aura délivré, en donnera avis, et transmettra les procès-verbaux, s'il en a été dressé, à l'officier qui a décerné le mandat d'amener.

102. L'officier qui a délivré le mandat d'amener, et auquel les pièces sont ainsi transmises, communiquera le tout dans un pareil délai au juge d'instruction près duquel il exerce ; ce juge se conformera aux dispositions de l'article 90.

103. Le juge d'instruction saisi de l'affaire directement ou par renvoi en exécution de l'article 90, transmettra, sous cachet, au juge d'instruction du lieu où le

___

(1) V. Legraverend, tom. 2, p. 306 et suiv. ; Bourguignon, tom. 1, p. 158, et une circulaire du garde-des-sceaux, du 16 février 1819, relative aux règles que doivent observer les magistrats en décernant les mandats, et qui est rapportée dans ma Collection des Lois, à sa date.

Sur les poursuites à intenter contre les pairs et les députés, Voy. les articles 19 et 44 de la Charte de 1830. Relativement à l'autorisation nécessaire pour diriger des poursuites contre les agens du Gouvernement, à raison des crimes ou délits commis dans l'exercice de leurs fonctions, V. l'art. 75 de la constitution du 22 frim. an 8 et les notes que j'ai placées sous cet article, dans ma Collect. des Lois. Au surplus, il a été décidé que la nécessité de l'autorisation empêche bien qu'il soit décerné de mandat ; mais qu'elle ne fait point obstacle à ce que les magistrats informent et recueillent tous les enseignemens. V. d'ailleurs Répertoire de jurisprudence, 1° Garantie des fonctionnaires, Legraverend,

tom. 1, p. 477 et suiv. Cod. brum. an 4, art. 80.

(2) Un mandat d'amener peut être converti en mandat d'arrêt, lorsque le prévenu s'est dérobé au mandat d'amener, et pourvu d'ailleurs qu'il existe des charges suffisantes.

Le refus que fait un juge d'instruction de décerner un mandat d'arrêt est toujours l'exercice légal de son pouvoir discrétionnaire : son ordonnance ne peut annulée que par la voie de l'appel et de la cass. ou selon le droit commun (Cass. 4 août 1820 ; S. 21, 1, ... 19, 1, 495 ; P. 58, 481 ; id. — 1ᵉʳ août 1822 ; S. 23, 1, 165 ; D. 20, 1, 517 ; P. 65, 550). V. Cod. brum. an 4, art. 70.

(3) L'énonciation du fait qui est le sujet de l'arrestation est une formalité substantielle. L'absence de cette énonciation emporte nullité de plein droit (Cass. 6 sept. 1817 ; S. 17, 1, 359). V. Cod. brum. an 4, art. 58 et 71.

(4) V. Cod. brum. an 4, art. 59.

(5) V. Cod. brum. an 4, art. 82, 60 et 74.

prévenu a été trouvé, les pièces, notes et renseignemens relatifs au délit, afin de faire subir interrogatoire à ce prévenu.

Toutes les pièces seront ensuite également renvoyées, avec l'interrogatoire, au juge saisi de l'affaire (1).

104. Si, dans le cours de l'instruction, le juge saisi de l'affaire décerne un mandat d'arrêt, il pourra ordonner, par ce mandat, que le prévenu sera transféré dans la maison d'arrêt du lieu où se fait l'instruction.

S'il n'est pas exprimé dans le mandat d'arrêt que le prévenu sera ainsi transféré, il restera en la maison d'arrêt de l'arrondissement dans lequel il aura été trouvé, jusqu'à ce qu'il ait été statué par la chambre du conseil, conformément aux art. 127, 128, 129, 130, 131, 132 et 133 ci-après.

105. Si le prévenu contre lequel il a été décerné un mandat d'amener, ne peut être trouvé, ce mandat sera exhibé au maire ou à l'adjoint, ou au commissaire de police de la commune de la résidence du prévenu.

Le maire, l'adjoint ou le commissaire de police, mettra son visa sur l'original de l'acte de notification.

106. Tout dépositaire de la force publique, et même toute personne, sera tenu de saisir le prévenu surpris en flagrant délit, ou poursuivi, soit par la clameur publique, soit dans les cas assimilés au flagrant délit, et de le conduire devant le procureur du Roi, sans qu'il soit besoin de mandat d'amener, si le crime ou délit emporte peine afflictive ou infamante (2).

107. Sur l'exhibition du mandat de dépôt, le prévenu sera reçu et gardé dans la maison d'arrêt établie près le tribunal correctionnel ; et le gardien remettra à l'huissier ou à l'agent de la force publique chargé de l'exécution du mandat une reconnaissance de la remise du prévenu.

108. L'officier chargé de l'exécution d'un mandat de dépôt ou d'arrêt se fera accompagner d'une force suffisante pour que le prévenu ne puisse se soustraire à la loi.

Cette force sera prise dans le lieu le plus à portée de celui où le mandat d'arrêt ou de dépôt devra s'exécuter ; et elle est tenue de marcher, sur la réquisition directement faite au commandant et contenue dans le mandat.

109. Si le prévenu ne peut être saisi, le mandat d'arrêt sera notifié à sa dernière habitation, et il sera dressé procès-verbal de perquisition.

Ce procès-verbal sera dressé en présence des deux plus proches voisins du prévenu que le porteur du mandat d'arrêt pourra trouver : ils le signeront ; ou s'ils ne savent où ne veulent pas signer, il en sera fait mention, ainsi que de l'interpellation qui en aura été faite.

Le porteur du mandat d'arrêt fera ensuite viser son procès-verbal par le juge de paix ou son suppléant, ou, à son défaut, par le maire, l'adjoint, ou le commissaire de police du lieu, et lui en laissera copie.

Le mandat d'arrêt et le procès-verbal seront ensuite remis au greffe du tribunal.

110. Le prévenu saisi en vertu d'un mandat d'arrêt ou de dépôt, sera conduit sans délai dans la maison d'arrêt indiquée par le mandat.

111. L'officier chargé de l'exécution du mandat d'arrêt ou de dépôt remettra le prévenu au gardien de la maison d'arrêt, qui lui en donnera décharge ; le tout dans la forme prescrite par l'article 107.

Il portera ensuite au greffe du tribunal correctionnel les pièces relatives à l'arrestation, et en prendra une reconnaissance.

Il exhibera ces décharge et reconnaissance dans les vingt-quatre heures au juge d'instruction : celui-ci mettra sur l'une et

---

(1) On ne comprend pas, dit M. Bourguignon, pourquoi l'art. 105 charge le juge d'instruction de se référer à l'art. 90, et pourquoi l'art. 103 suppose que le juge d'instruction peut être saisi en exécution de l'art. 90. Il avait pensé d'abord qu'il fallait lire article 60 au lieu d'article 90. M. Carnot dit que d'autres avaient cru devoir substituer l'article 69. M. Bourguignon explique ensuite les deux articles, en disant que dans le projet du Code d'instruction criminelle l'article 90 était rédigé différemment, et contenait des dispositions telles, que le renvoi à cet article s'expliquait très-bien ; qu'ensuite l'article 90 a été changé, et qu'on a laissé subsister par erreur, dans les articles 102 et 103, le renvoi qui n'est plus contenable. M. Legraverend, t. 1 p. 519, en note, n'adopte pas cette explication.

(2) Un arrêt de cassation du 30 mai 1823 (S. 23, 1, 363) a posé des principes sur les cas où la force publique peut agir avec ou sans réquisition de l'autorité civile ; il décide que l'article 106 a dérogé à la loi des 16 (17 juillet) — 3 août 1791 ; qu'ainsi , en règle générale, la force armée ne peut agir contre les citoyens qu'après réquisition de l'autorité civile ; mais que cette réquisition cesse d'être nécessaire dans les cas de *flagrant délit*, c'est-à-dire , lorsque le prévenu est poursuivi par la cla-

meur publique, ou lorsqu'il est trouvé saisi d'effets, d'armes, instrumens ou papiers faisant présumer qu'il est auteur ou complice, pourvu que ce soit dans un temps voisin du délit ;

Que, dans le cas de flagrant délit, la force armée est autorisée à agir sans réquisition, soit que le délit emporte peine afflictive ou infamante, ou seulement une peine correctionnelle ; qu'il en est autrement dans les cas simplement assimilés au flagrant délit : la force armée ne peut agir qu'autant que le délit emporte peine afflictive ou infamante ;

Que les simples *contraventions* de police ne sont pas un flagrant délit qui autorise l'intervention spontanée de la force armée.

La cour de Paris, par arrêt du 27 mars 1827, a établi que les gendarmes, officiers de paix, et agens de la force publique, ont le droit, aux termes des lois des 23 septembre 1791, 28 floréal an 4 et 28 germinal an 6, de saisir sur la voie publique les délinquans et de les conduire immédiatement devant les officiers de police judiciaire. *V.* Cod. brum. an 4, art. 61.

V. aussi aux lois que j'ai citées ci-dessus, en note, sur l'article 23. Il faut ajouter la loi du 10 avril 1831, sur les attroupemens.

sur l'autre son vu, qu'il datera et signera.

112. L'inobservation des formalités prescrites pour les mandats de comparution, de dépôt, d'amener et d'arrêt, sera toujours punie d'une amende de cinquante francs au moins contre le greffier, et, s'il y a lieu, d'injonctions au juge d'instruction et au procureur du Roi, même de prise à partie, s'il y échet.

CHAP. VIII. *De la liberté provisoire et du cautionnement* (1).

113. La liberté provisoire ne pourra jamais être accordée au prévenu lorsque le titre de l'accusation emportera une peine afflictive ou infamante.

114. Si le fait n'emporte pas une peine afflictive ou infamante, mais seulement une peine correctionnelle, la chambre du conseil pourra, sur la demande du prévenu, et sur les conclusions du procureur du Roi, ordonner que le prévenu sera mis provisoirement en liberté, moyennant caution solvable de se représenter à tous les actes de la procédure, et pour l'exécution du jugement, aussitôt qu'il en sera requis.

La mise en liberté provisoire avec caution pourra être demandée et accordée en tout état de cause (2).

115. Néanmoins, les vagabonds et les repris de justice ne pourront, en aucun cas, être mis en liberté provisoire (3).

116. La demande en liberté provisoire sera notifiée à la partie civile, à son domicile ou à celui qu'elle aura élu.

117. La solvabilité de la caution offerte sera discutée par le procureur du Roi, et par la partie civile, dûment appelée.

Elle devra être justifiée par des immeubles libres, pour le montant du cautionnement et une moitié en sus, si mieux n'aime la caution déposer dans la caisse de l'enregistrement et des domaines le montant du cautionnement en espèces (4).

118. Le prévenu sera admis à être sa propre caution, soit en déposant le montant du cautionnement, soit en justifiant d'immeubles libres pour le montant du cautionnement et une moitié en sus, et en faisant, dans l'un ou l'autre cas, la soumission dont il sera parlé ci-après.

119. Le cautionnement ne pourra être au-dessous de cinq cents francs.

Si la peine correctionnelle était à la fois l'emprisonnement et une amende dont le double excéderait cinq cents francs, le cautionnement ne pourrait pas être exigé d'une somme plus forte que le double de cette amende.

S'il avait résulté du délit un dommage civil appréciable en argent, le cautionnement sera triple de la valeur du dommage, ainsi qu'il sera arbitré, pour cet effet seulement, par le juge d'instruction, sans néanmoins que, dans ce cas, le cautionnement puisse être au-dessous de cinq cents francs (5).

120. La caution admise fera sa soumission, soit au greffe du tribunal, soit devant notaires, de payer entre les mains du receveur de l'enregistrement le montant du cautionnement, en cas que le prévenu soit constitué en défaut de se représenter.

Cette soumission entraînera la contrainte par corps contre la caution : une expédition en forme exécutoire en sera remise à la partie civile, avant que le prévenu ne soit mis en liberté provisoire.

121. Les espèces déposées et les immeubles servant de cautionnement seront affectés par privilège, 1° au paiement des

---

(1) *V.* circulaire du 10 février 1819, à sa date, dans ma Collection des Lois ; Code du 25-29 sept. 1791, tit. 1, art. 30 et 31 ; Cod. brum. an 4, art. 222 et suiv. ; loi du 29 therm. an 4. Legraverend, tom. 1er, p. 338.

(2) La chambre d'accusation ne peut, après avoir prononcé l'arrêt de renvoi, statuer sur la demande en liberté provisoire formée par le prévenu. La demande en liberté provisoire ne peut être portée que devant le tribunal saisi par l'arrêt de renvoi (Cass. 27 mars 1823 : S. 23, 2, 281 ; D. 21, 1, 129 ; P. 67, 139).

La mise en liberté peut être demandée sur l'appel à la Cour royale (Cass. 24 août 1811 : S. 12, 1, 212 ; *id.* Paris, 11 janvier 1813 ; S. 13, 2, 166 ; *id.* Corse, 2 février 1827 ; S. 27, 2, 241).

La mise en liberté peut aussi être demandée sur le pourvoi en cassation dirigé contre l'arrêt ; mais la Cour de cassation ne peut elle-même connaître de la demande de mise en liberté ; c'est au tribunal ou à la cour d'appel qu'il appartient de statuer (Cass. 1815 : S. 17, 2, 245).

Elle peut être demandée par le condamné à une peine d'emprisonnement, alors même qu'il n'est pas détenu, afin de se pourvoir en cassation, sans être obligé de se constituer prisonnier (Cass. 12 février 1830 : S. 30, 1, 259).

(3) Cet article s'applique aux gens sans aveu (Legraverend, t. 1, p. 340).

Les mots *repris de justice* doivent être restreints aux

prévenus qui ont été condamnés à des peines afflictives ou infamantes. *V.* Legraverend, tom. 1, p. 341. *V.* aussi Bourguignon et Carnot.

L'article 11 de la loi du 9 novembre 1815 défendait d'accorder la liberté sous caution aux prévenus de certains délits politiques ; mais cette loi n'existe plus.

(4) M. Legraverend fait remarquer qu'aujourd'hui le cautionnement doit être déposé à la caisse des dépôts et consignations, établie par la loi du 28 avril 1816. Il cite une circulaire ministérielle du 6 janvier 1817. *V.* tom. 1er, p. 343.

(5) Y a-t-il lieu d'apprécier le *dommage civil* lorsqu'il n'y a point de partie civile ? M. Legraverend pense que oui, parce que la partie civile peut se présenter en tout état de cause. MM. Carnot et Bourguignon adoptent l'opinion opposée. M. Bourguignon croit que c'est par erreur que le juge d'instruction est désigné dans l'art. 119, et que c'est la chambre du conseil qui devrait s'y trouver ; mais il reconnaît qu'il faudrait une loi interprétative pour faire ce changement.

Lorsque le cautionnement a été fourni par un tiers, et que le prévenu poursuivi pour délits punissables d'emprisonnement et pour délits punissables d'amende, n'est condamné qu'à l'amende, le cautionnement ne peut être retenu pour le paiement de l'amende (Douai, 16 août 1830 : S. 31, 2, 225).

réparations civiles et des frais avancés par la partie civile ; 2° aux amendes, le tout néanmoins sans préjudice du privilége du trésor royal, à raison des frais faits par la partie publique.

Le procureur du Roi et la partie civile pourront prendre inscription hypothécaire, sans attendre le jugement définitif. L'inscription prise à la requête de l'un ou de l'autre profitera à tous les deux (1).

122. Le juge d'instruction rendra, le cas arrivant, sur les conclusions du procureur du Roi ou sur la demande de la partie civile, une ordonnance pour le paiement de la somme cautionnée.

Ce paiement sera poursuivi à la requête du procureur du Roi, et à la diligence du directeur de l'enregistrement. Les sommes recouvrées seront versées dans la caisse de l'enregistrement, sans préjudice des poursuites et des droits de la partie civile.

123. Le juge d'instruction délivrera, dans la même forme et sur les mêmes réquisitions, une ordonnance de contrainte contre la caution ou les cautions d'un individu mis sous la surveillance spéciale du Gouvernement, lorsque celui-ci aura été condamné, par un jugement devenu irrévocable, pour un crime ou pour un délit commis dans l'intervalle déterminé par l'acte de cautionnement.

124. Le prévenu ne sera mis en liberté provisoire sous caution, qu'après avoir élu domicile dans le lieu où siége le tribunal correctionnel, par un acte reçu au greffe de ce tribunal.

125. Outre les poursuites contre la caution, s'il y a lieu, le prévenu sera saisi et écroué dans la maison d'arrêt, en exécution d'une ordonnance du juge d'instruction.

126. Le prévenu qui aurait laissé contraindre sa caution au paiement, ne sera plus, à l'avenir, recevable en aucun cas à demander de nouveau sa liberté provisoire moyennant caution (2).

CHAP. IX. *Du rapport des juges d'instruction quand la procédure est complète* (3).

127. Le juge d'instruction sera tenu de rendre compte, au moins une fois par semaine, des affaires dont l'instruction lui est dévolue.

Le compte sera rendu à la chambre du conseil, composée de trois juges au moins, y compris le juge d'instruction ; communication préalablement donnée au procureur du Roi, pour être par lui requis ce qu'il appartiendra (4).

128. Si les juges sont d'avis que le fait ne présente ni crime, ni délit, ni contravention, ou qu'il n'existe aucune charge contre l'inculpé, il sera déclaré qu'il n'y a pas lieu à poursuivre ; et si l'inculpé avait été arrêté, il sera mis en liberté (5).

129. S'ils sont d'avis que le fait n'est qu'une simple contravention de police, l'inculpé sera renvoyé au tribunal de police, et il sera remis en liberté s'il est arrêté.

Les dispositions du présent article et de l'article précédent ne pourront préjudicier aux droits de la partie civile ou de la partie publique, ainsi qu'il sera expliqué ci-après (6).

130. Si le délit est reconnu de nature à être puni par des peines correctionnelles, le prévenu sera renvoyé au tribunal de police correctionnelle.

Si, dans ce cas, le délit peut entraîner la peine d'emprisonnement, le prévenu,

---

(1) M. Legraverend, tom. 1er, p. 355, dit que l'inscription prise dans les deux mois de la condamnation conserve le privilége, à la date du cautionnement, aux termes de l'article 3 de la loi du 5 septembre 1807; M. Carnot professe l'opinion contraire.

Le cautionnement n'est point *acquis* au fisc par cela seul que le prévenu, reçu à caution, fait défaut à la première sommation ; à plus forte raison, si le prévenu se présente plus tard, et subit sa peine (Cass. 19 octobre 1821 : S. 21, 1, 397 ; D. 19, 1, 585 ; P. 62, 545). M. Legraverend est d'opinion contraire. *V.* tom. 1er, p. 351 et suiv. *V.* art. 132. *V.* art. 1146, Code civ. ; 54, Code pénal.

(2) L'article ne doit pas être étendu au cas, où le prévenu ayant manqué de se présenter, il ne s'en est pas ensuivi de contrainte, ni même de poursuites contre la caution (Corse, 12 février 1827 : S. 27, 2, 241). *V.* Cod. brum. an 4, art. 66.

(3) M. Legraverend, tom. 1er, p. 371.

(4) Tout recours du ministère public contre les actes du juge d'instruction doit être porté à la chambre des mises en accusation de la cour royale. La chambre du conseil du tribunal de première instance ne peut juger une telle contestation (Cass. 1er août 1822 : S. 23, 1, 163 ; D. 20, 1, 517 ; P. 65, 559 ; *Id.* — 10 avril 1829 : S. 30, 1, 332).

Si la chambre du conseil a statué sur une question hors sa compétence, par exemple, sur l'application de peines de discipline à un juge de paix et à un notaire, la chambre d'accusation doit déclarer l'incompétence de la chambre du conseil (Cass. 5 décembre 1823 : S. 24, 1, 191).

Bien qu'il y ait réquisition du ministère public, tendant à la continuation de l'instruction, la chambre du conseil peut statuer au fond (Cass. 23 septemb. 1824 : S. 25, 1, 87 ; D. 25, 1, 32 ; P. 75, 95).

Le juge d'instruction ne peut, à lui seul, rendre une ordonnance portant qu'il n'y a lieu à suivre contre l'inculpé : une telle ordonnance ne peut être rendue que par la chambre du conseil (Cass. 29 avril 1829 : S. 30, 1, 332).

(5) Les chambres d'accusation ont le droit de statuer sur toutes les questions de compétence, en matière de crime. Aussi, l'opposition du procureur du Roi à une ordonnance qui prononce la mise en liberté d'un prévenu, et le renvoi au tribunal de police, est de leur compétence (Cass. 15 octobre 1811 : S. 12, 1, 62 ; *Id.* — 15 octobre 1811 ; Bull. crim. p. 290).

(6) Le renvoi fait à un tribunal de police, n'autorise pas ce tribunal à connaître de l'affaire, si elle n'est pas légalement de sa compétence (Cass. 11 février 1808 : S. 9, 1, 232).

s'il est en arrestation, y demeurera provisoirement (1).

131. Si le délit ne doit pas entraîner la peine de l'emprisonnement, le prévenu sera mis en liberté, à la charge de se représenter, à jour fixe, devant le tribunal compétent.

132. Dans tous les cas de renvoi, soit à la police municipale, soit à la police correctionnelle, le procureur du Roi est tenu d'envoyer dans les vingt-quatre heures au plus tard, au greffe du tribunal qui doit prononcer, toutes les pièces, après les avoir cotées.

133. Si, le rapport fait à la chambre du conseil par le juge d'instruction, les juges ou l'un d'eux estiment que le fait est de nature à être puni de peines afflictives ou infamantes, et que la prévention contre l'inculpé est suffisamment établie, les pièces d'instruction, le procès-verbal constatant le corps du délit, et un état des pièces servant à conviction, seront transmis sans délai par le procureur du Roi au procureur général près la cour royale, pour être procédé ainsi qu'il sera dit au chapitre *des Mises en accusation*.

Les pièces de conviction resteront au tribunal d'instruction, sauf ce qui sera dit aux articles 248 et 291 (2).

134. La chambre du conseil décernera dans ce cas contre le prévenu, une ordonnance de prise de corps, qui sera adressée avec les autres pièces au procureur général. Cette ordonnance contiendra le nom du prévenu, son signalement, son domicile, s'ils sont connus, l'exposé du fait et la nature du délit (3).

135. Lorsque la mise en liberté des prévenus sera ordonnée conformément aux articles 128, 129 et 131 ci-dessus, le procureur du Roi ou la partie civile pourra s'opposer à leur élargissement. L'opposition devra être formée dans un délai de vingt-quatre heures, qui courra, contre le procureur du Roi, à compter du jour de l'ordonnance de mise en liberté, et contre la partie civile, à compter du jour de la signification à elle faite de ladite ordonnance au domicile par elle élu dans le lieu où siège le tribunal. L'envoi des pièces sera fait ainsi qu'il est dit à l'article 132.

Le prévenu gardera prison jusqu'après l'expiration du susdit délai (4).

---

(1) Quand même la chambre aurait déclaré le fait punissable, le tribunal pourrait ensuite déclarer le contraire, sans qu'il y eût contrariété de jugement (Cass. 27 juin 1811 : S. 11, 1, 338).

L'ordonnance de la chambre du conseil n'est point attributive de juridiction; elle n'est que déclarative. Elle n'empêche pas que les juges correctionnels ne doivent se déclarer incompétents, s'il y a lieu, d'après la nature du fait (Cass. 11 mars 1813 : S. 13, 1, 348 ; *Id.* — 4 septembre 1813 : S. 14, 1, 8). *V.* art. 179, 191, 230, 516.

Il y a lieu de casser l'arrêt de cour royale qui, parce qu'il annule l'ordonnance de la chambre du conseil, renvoie devant un autre tribunal pour statuer au fond; le même tribunal peut connaître de l'affaire quoique l'ordonnance qu'il a rendue en chambre du conseil ait été annulée, surtout si les magistrats qui siégent sont autres que ceux qui composaient la chambre du conseil (Cass. 14 avril 1818 : S. 18, 1, 439).

Le prévenu d'un crime ne peut être renvoyé au tribunal de police correctionnelle, sous prétexte que des faits d'excuses ne permettent d'appliquer que des peines correctionnelles; c'est au jury seul à apprécier les faits d'excuses (Cass. 8 juillet 1831 : S. 31, 1, 428).

(2) Le tribunal correctionnel qui se croit incompétent doit le déclarer sans renvoyer le prévenu devant la chambre d'accusation; celle-ci n'est pas légalement saisie par le renvoi que fait en pareil cas le tribunal (Cass. 5 novembre 1819 : Bull. crim. p. 356). *V.* art. 217, et 218.

(3) Le défaut d'énonciation, dans le mandat, du crime imputé, ou de la loi, se référant à un acte antérieur à l'arrêt de mise en accusation, ne peut ni donner ouverture à cassation, ni être soumis à l'examen de la Cour de cassation (Cass. 28 juin 1819 : Bull. crim. an 1819, p. 230). *V.* art. 91, 231, 239.

L'ordonnance de prise de corps étant décernée par l'arrêt de mise en accusation, et cet arrêt contenant l'exposé des faits et leur qualification légale, il est inutile de réitérer l'énonciation et la qualification dans l'ordonnance (Cass. 10 juillet 1813 : S. 13, 1, 261).

Est nulle l'ordonnance de prise de corps rendue contre un contumax, qualifié *inconnu*, et qui n'est désigné que par le nom de la commune où il est né, nom sous lequel il a habité quelque temps le lieu du crime (Cass. 10 décembre 1818 : S. 16, 1, 320).

(4) Une ordonnance de non-lieu sur une accusation de banqueroute, a l'effet de la chose jugée, même à l'égard des tiers qui n'ont pas été parties présentes ou appelées au procès (Nîmes, 18 mai 1813 : S. 14, 2, 137 ; P. 38, 104).

Les syndics qui ne s'étaient pas rendus partie civile dans la poursuite contre le failli, sont non recevables à former opposition à l'ordonnance de la chambre du conseil, qui déclare le failli prévenu de banqueroute simple, et le renvoie à la police correctionnelle (Cass. 19 mars 1813 : S. 13, 1, 454).

La partie civile est non recevable à se pourvoir en cassation contre l'arrêt d'une chambre de mise en accusation confirmatif de l'ordonnance de non-lieu (Cass. 17 octobre 1811 : S. 11, 1, 202).

Le droit de la partie civile se borne à intervenir si le ministère public se pourvoit en cassation (Cass. 28 juin 1822 : S. 23, 1, 111 ; D. 20, 1, 431 ; P. 67, 485; *Id.* — 10 juin 1816 : S. 17, 1, 190).

La partie civile peut se pourvoir, si la chambre d'accusation s'est déclarée incompétente, à raison du délit ou du domicile de l'accusé (Cass. 26 nov. 1811 : S. 17, 1, 171; *Id.* — 31 janvier 1823 : S. 23, 1, 239 ; *Id.* — 22 juillet 1831 : S. 31, 1, 299).

L'article s'applique même au cas où le prévenu n'ayant point été arrêté, sa mise en liberté n'a pu, en conséquence, être prononcée (Cass. 15 octobre 1811 : S. 11, 1, 230).

Et au cas où la mise en liberté a été refusée, quoique le prévenu soit renvoyé en police correctionnelle (Cass. 20 juin, 8 octobre 1811, 29 octobre 1813 : S. 13, 1, 57 et 175; 14, 1, 44 ; P. 40, 172).

M. Legraverend combat la doctrine établie par ces arrêts ; il fait remarquer qu'elle suppose que l'art. 135 désigne le cas prévu par l'art. 130, tandis que cet article ne se trouve point rappelé, et que cette omission est d'autant plus expressive que les articles qui le précèdent et qui le suivent sont indiqués. *V.* tom. 1, p. 354 et suiv.

M. Bourguignon se range au contraire à l'avis de la Cour de cassation.

Lorsqu'il n'y a pas eu opposition dans les vingt-quatre heures, soit par le ministère public, soit par la partie civile, l'ordonnance a acquis l'autorité de la chose jugée, et le procureur général ne peut plus reprendre les poursuites (Cass. 27 février et 27 août 1811 : S. 16, 1, 107 et 456; *Id.* — 19 mars 1818 : S. 12, 1, 394; *Id.* — 6 mars 1818 : Bull. crim. p. 117).

136. La partie civile qui succombera dans son opposition sera condamnée aux dommages-intérêts envers le prévenu.

LIVRE II. De la justice (1).

Titre 1er, Des tribunaux de police.

(Loi décrétée le 19 novembre 1808, promulguée le 29 du même mois.)

Chap. 1er. Des tribunaux de simple police.

137. Sont considérés comme contraventions de police simple, les faits qui, d'après les dispositions du quatrième livre du Code pénal, peuvent donner lieu, soit à quinze francs d'amende ou au-dessous, soit à cinq jours d'emprisonnement ou au-dessous, qu'il y ait ou non confiscation des choses saisies, et quelle qu'en soit la valeur (2).

138. La connaissance des contraventions de police est attribuée au juge-de-paix et au maire, suivant les règles et les distinctions qui seront ci-après établies (3).

§ 1er, Du tribunal du juge de paix comme juge de police.

139. Les juges de paix connaîtront exclusivement :

1° Des contraventions commises dans l'étendue de la commune chef-lieu du canton ;

2° Des contraventions dans les autres communes de leur arrondissement, lorsque, hors le cas où les coupables auront été pris en flagrant délit, les contraventions auront été commises par des personnes non domiciliées ou non présentes dans la commune, ou lorsque les témoins qui doivent déposer n'y sont pas résidans ou présens ;

3° Des contraventions à raison desquelles la partie qui réclame conclut, pour ses dommages-intérêts, à une somme indéterminée ou à une somme excédant quinze francs :

4° Des contraventions forestières poursuivies à la requête des particuliers ;

5° Des injures verbales ;

6° Des affiches, annonces, vente, distributions ou débits d'ouvrages, écrits ou gravures contraires aux mœurs ;

7° De l'action contre les gens qui font le métier de deviner et pronostiquer, ou d'expliquer les songes (4).

M. Legraverend s'élève contre cette doctrine. Son opinion, longuement développée, tom. 1, p. 388 et suiv., est vivement combattue par M. Bourguignon, dont les recherches sur ce point sont fort instructives.

L'article, en ce qu'il prescrit que l'ordonnance de la chambre du conseil, refusant de déclarer la mise en prévention du prévenu, soit notifiée à la partie civile, ne peut s'appliquer au cas où la chambre d'accusation étant saisie, elle déclare qu'il n'y a lieu à suivre (Cass. 9 février 1811 : Bull. crim. p. 71).

De ce qu'il n'y a pas eu opposition dans les délais, à l'ordonnance de la chambre du conseil, prononçant le renvoi à la juridiction correctionnelle, on ne peut conclure que le jugement rendu par suite ne puisse être attaqué pour incompétence (Cass. 30 mars 1816 : Bull. crim. p. 55).

A la fin du premier alinéa, lisez, art. 135 : Une foule d'arrêts ont reconnu l'erreur (Bull. crim. 1811 et 1813). V. Bourguignon, V. art. 135, 146.

L'opposition doit être faite par acte au greffe ou par acte signifié. N'est pas valable l'opposition faite au parquet par le procureur du Roi, et écrite au bas de l'ordonnance (Grenoble, 10 juin 1826 : S. 27, 2. 35).

Bien qu'il n'y ait pas d'opposition du ministère public, et que la partie civile se désiste de son opposition, ce désistement ne dessaisit pas la chambre d'accusation, et n'empêche pas qu'elle ne puisse prononcer la mise en accusation des prévenus si elle trouve des indices suffisans de culpabilité (Cass. 14 mars 1817 : S. 17, 1, 557).

Lorsqu'il y a deux co-inculpés d'un délit correctionnel, et que l'un des deux est renvoyé de ses poursuites, cette ordonnance n'est point passible d'opposition de la part du co-prévenu qui reste soumis aux poursuites. Vainement il objecterait qu'il peut avoir un recours à exercer contre le co-inculpé (Cass. 5 septembre 1824 : S. 25, 1, 76).

(1) V. Legraverend, tom. 2, p. 284. J'ai placé sous les articles 465 et suiv. Code pénal, l'indication de diverses matières qui sont de la compétence des tribunaux de police.

(2) La condamnation à l'affiche et à l'impression du jugement n'a pas le caractère de peine. En conséquence, les tribunaux de police peuvent la prononcer outre les peines de police, sans excéder les bornes de leur compétence (Cass. 16 mars 1819 : Bull. crim. p. 118).

Les tribunaux de police ne peuvent faire aucune défense à des particuliers qui ne sont point en cause : ce serait statuer par voie de règlement (Cass. 6 juillet 1809 : S. 9, 1, 414).

Egalement ils ne peuvent faire défense à telle ou telle personne d'exercer un métier ou profession quelconque, ou de l'exercer à des époques ou à des heures déterminées (Cass. 8 thermidor an 8. — 13 thermidor an 9. — 29 fructidor an 10. — 3 brumaire et 19 thermidor an 12. — 27 avril 1806 et 9 février 1807 : S. 17, 2, 246).

La compétence se détermine, non par la peine appliquée, mais par l'étendue de la peine applicable. Ainsi, lorsque le minimum de la peine d'un délit est applicable par un tribunal, et que le maximum est applicable par un autre, la connaissance du fait appartient de droit au tribunal qui peut appliquer le maximum ; et ce tribunal, une fois saisi, ne peut ordonner une évaluation préalable du dommage causé, pour se déclarer incompétent, au cas où il n'y aurait lieu d'appliquer que le minimum de la peine (Cass. 4 avril 1823 : S. 23, 1, 346 ; P. 67, 302 ; id. — 17 juin 1818 : S. 26, 1, 165 ; id. — 15 octobre 1819 : S. 30, 1, 39).

V. les notes sur les art. 463 à 474, 475 et 479, Code pénal, et spécialement la note sur l'art. 471, n° 15, Code pénal, touchant les arrêtés de police municipale.

La compétence pour un délit que la loi punit d'une amende égale au dommage, se détermine d'après les conclusions du plaignant : c'est au tribunal de police à connaître du délit, si l'indemnité réclamée n'excède pas 15 fr. ; si l'indemnité excède 15 fr., c'est au tribunal correctionnel (Cass. 31 août 1821 : S. 24, 1, 75 ; P. 69, 559).

Les contraventions à un règlement municipal peuvent être de la compétence des tribunaux correctionnels, si le règlement porte sur un objet pour lequel une loi particulière autorise les réglemens municipaux et prononce une peine excédant la compétence des tribunaux de simple police (Cass. 10 août 1824 : S. 25, 1, 35 ; P. 71, 466).

Un tribunal de police ne peut connaître d'une contravention à un règlement de police, lorsqu'à raison de la récidive, cette contravention est passible d'une peine excédant celle que ce tribunal est autorisé à prononcer (Cass. 15 janvier 1825 : S. 25, 1, 262 ; D. 25, 1, 157). V. Cod. brum. an 4, art. 180 et 600.

(3) V. art. 166 et suiv.

(4) L'incompétence d'un tribunal de police, à raison

140. Les juges de paix connaîtront aussi, mais concurremment avec les maires, de toutes autres contraventions commises dans leur arrondissement (1).

141. Dans les communes dans lesquelles il n'y a qu'un juge de paix, il connaîtra seul des affaires attribuées à son tribunal; les greffiers et les huissiers de la justice de paix feront le service pour les affaires de police (2).

142. Dans les communes divisées en deux justices de paix ou plus, le service au tribunal de police sera fait successivement par chaque juge de paix, en commençant par le plus ancien : il y aura, dans ce cas, un greffier particulier pour le tribunal de police.

143. Il pourra aussi, dans le cas de l'article précédent, y avoir deux sections pour la police; chaque section sera tenue par un juge de paix; et le greffier aura un commis assermenté pour le suppléer.

144. Les fonctions du ministère public, pour les faits de police, seront remplies par le commissaire du lieu où siégera le tribunal; en cas d'empêchement du commissaire de police, ou s'il n'y en a point, elles seront remplies par le maire, qui pourra se faire remplacer par son adjoint (3).

145. Les citations pour contravention de police seront faites à la requête du ministère public, ou de la partie qui réclame.

Elles seront notifiées par un huissier; il en sera laissé copie au prévenu, ou à la personne civilement responsable (4).

146. La citation ne pourra être donnée à un délai moindre que vingt-quatre heures, outre un jour par trois myriamètres, à peine de nullité tant de la citation que du jugement qui serait rendu par défaut. Néanmoins, cette nullité ne pourra être proposée qu'à la première audience, avant toute exception et défense.

Dans les cas urgens, les délais pourront être abrégés et les parties citées à comparaître même dans le jour, et à heure indiquée, en vertu d'une cédule délivrée par le juge de paix (5).

147. Les parties pourront comparaître volontairement et sur un simple avertissement, sans qu'il soit besoin de citation.

148. Avant le jour de l'audience, le juge de paix pourra, sur la réquisition du ministère public ou de la partie civile, estimer ou faire estimer les dommages, dresser ou faire dresser des procès-verbaux, faire ou ordonner tous actes requérant célérité.

149. Si la personne citée ne comparaît pas au jour et à l'heure fixés par la citation, elle sera jugée par défaut.

150. La personne condamnée par défaut ne sera plus recevable à s'opposer à l'exécution du jugement, si elle ne se présente à l'audience indiquée par l'article suivant; sauf ce qui sera ci-après réglé sur l'appel et le recours en cassation (6).

151. L'opposition au jugement par défaut pourra être faite par déclaration en réponse au bas de l'acte de signification, ou par acte notifié dans les trois jours de la signification outre un jour par trois myriamètres.

L'opposition emportera de droit citation à la première audience après l'expiration des délais, et sera réputée non-avenue si l'opposant ne comparaît pas (7).

---

du lieu, peut être couverte par le consentement des parties (Cass. 3 mai 1811 : S. 17, 1, 314).

L'art. 190 du Code forestier de 1827 confirme les dispositions relatives aux contraventions forestières.

Ce n'est pas le domicile du prévenu, mais le lieu où les injures ont été proférées, qui détermine la compétence du tribunal de police (Cass. 4 frimaire an 11 : S. 7, 2, 1914). V. les art. 137, 161 et 179 ; Code pénal, art. 464, 471, 475 et 479 ; loi du 25 flor. an 10, art. 11 et suiv.

(1) V. art. 166 et suiv.

(2) V. art. 143 et 155.

(3) L'adjoint du maire qui a exercé les fonctions du ministère public, est réputé valablement délégué par le maire, par cela seul que celui-ci ne le désavoue pas (Cass. 10 août 1812 : S. 16, 1. 307).

M. Legraverend, tom. 2, p. 347, pense que l'adjoint peut être remplacé par un membre du conseil municipal. V. art. 167. M. Bourguignon n'adopte pas cet avis.

Les fonctions du ministère public ne peuvent être remplies par le maire d'une commune voisine (Cass. 29 fév. 1818 : S. 18, 2, 315). V. décret du 18 août 1810, art. 38.

(4) Une citation devant le tribunal de police est suffisamment libellée lorsqu'elle porte assignation, pour se voir condamner à telle peine, pour avoir contrevenu à telle loi ou tel règlement (Cass. 29 août 1806 : S. 7, 2, 839 ; id. — 23 avril 1831 : S. 31, 1, 128). Il n'est pas nécessaire qu'elle soit motivée (Cass. 11 février 1808 : S. 9, 1, 133).

N'est pas applicable aux citations l'article 61 du Code de procédure civile; il suffit de faire connaître l'objet de la citation, le tribunal, et les jours et heure d'audience (Cass. 5 mai 1809 : S. 9, 1, 436).

Un tribunal de police ne peut, d'office, annuler l'assignation, en ce qu'elle aurait été donnée par un huissier non attaché à la justice de paix, lorsque la partie présente n'oppose pas la nullité (Cass. 23 février 1815 : S. 15, 1, 222 ; id. — 23 mai 1817 : S. 18, 1, 57).

Mais le juge de paix peut, par application de l'article 1030, Cod. proc. civile, prononcer une amende contre un huissier qui a signifié une citation au préjudice de l'huissier spécialement attaché à la justice de paix (Cass. 5 décembre 1822 : S. 23, 1, 105 ; D. 23, 1, 95 ; P. 66, 168). V. art. 139.

Un tribunal de police est incompétent pour statuer sur une demande en dommages-intérêts contre la personne civilement responsable, tant qu'il n'est pas saisi de l'action publique pour l'application de la peine. L'incompétence peut être proposée en tout état de cause, même sur l'appel (Cass. 11 sept. 1818 : S. 19, 1, 117). V. Cod. civ. art. 1384, 1797 ; Cod. pénal, art. 75 ; Cod. 3 brum. an 4, art. 153.

(5) Le tribunal de police qui annule une citation, ne peut statuer sur le fond (Cass. 11 février 1808 : S. 9, 1, 133).

(6) La partie civile peut former opposition au jugement (Cass. 29 floréal an 9 : S. 1, 2, 474).

V. art. 274, 187 ; Cod. proc. art. 435.

(7) L'opposant qui ne s'est pas présenté à l'audience

152. La personne citée comparaîtra par elle-même, ou par un fondé de procuration spéciale (1).

153. L'instruction de chaque affaire sera publique, à peine de nullité.

Elle se fera dans l'ordre suivant :

Les procès-verbaux, s'il y en a, seront lus par le greffier ;

Les témoins, s'il en a été appelé par le ministère public ou la partie civile, seront entendus s'il y a lieu ; la partie civile prendra ses conclusions ;

La personne citée proposera sa défense, et fera entendre ses témoins, si elle en a amené ou fait citer, et si, aux termes de l'article suivant, elle est recevable à les produire ;

Le ministère public résumera l'affaire et donnera ses conclusions : la partie citée pourra proposer ses observations.

Le tribunal de police prononcera le jugement dans l'audience où l'instruction aura été terminée, et, au plus tard, dans l'audience suivante (2).

154. Les contraventions seront prouvées, soit par procès-verbaux ou rapports, soit par témoins à défaut de rapports et procès-verbaux, ou à leur appui.

Nul ne sera admis, à peine de nullité, à faire preuve par témoins outre ou contre le contenu aux procès-verbaux ou rapports des officiers de police ayant reçu de la loi le pouvoir de constater les délits ou les contraventions jusqu'à inscription de faux. Quant aux procès-verbaux et rapports faits par des agens, préposés ou officiers auxquels la loi n'a pas accordé le droit d'en être crus jusqu'à inscription de faux, ils pourront être débattus par des preuves contraires, soit écrites, soit testimoniales, si le tribunal juge à propos de les admettre (3).

155. Les témoins feront à l'audience, sous peine de nullité, le serment de dire toute la vérité, rien que la vérité ; et le greffier en tiendra note, ainsi que de leurs noms, prénoms, âge, profession et demeure, et de leurs principales déclarations (1).

156. Les ascendans ou descendans de la personne prévenue, ses frères et sœurs ou alliés au pareil degré, la femme ou son mari, même après le divorce prononcé (a). ne seront ni appelés ni reçus en témoignage ; sans néanmoins que l'audition des personnes ci-dessus désignées puisse opérer une nullité, lorsque, soit le ministère public, soit la partie civile, soit le prévenu, ne se sont pas opposés à ce qu'elles soient entendues (2).

157. Les témoins qui ne satisferont pas à la citation, pourront y être contraints par le tribunal, qui, à cet effet et sur la réquisition du ministère public, prononcera dans la même audience, sur le premier défaut, l'amende, et en cas d'un second défaut, la contrainte par corps (3).

158. Le témoin ainsi condamné à l'amende sur le premier défaut, et qui, sur la seconde citation, produira devant le tribunal des excuses légitimes, pourra, sur les conclusions du ministère public, être déchargé de l'amende.

Si le témoin n'est pas cité de nouveau, il pourra volontairement comparaître, par lui ou par un fondé de procuration spéciale, à l'audience suivante, pour présenter ses excuses, et obtenir, s'il y a lieu, décharge de l'amende.

159. Si le fait ne présente ni délit ni contravention de police, le tribunal annulera la citation et tout ce qui aura suivi, et statuera par le même jugement sur les demandes en dommages-intérêts (4).

saires de police à constater, par des procès-verbaux, les contraventions, la preuve testimoniale offerte par le ministère public pour suppléer au défaut du procès-verbal est inefficace (Cass. 22 avril 1820 : S. 20, 1, 345 ; D. 18, 1, 350 ; P. 53, 528).

Il n'est pas absolument nécessaire que les contraventions aux réglemens de police soient constatées par des procès-verbaux. Il suffit que la contravention puisse être prouvée par témoins (Cass. 7 avril 1809 : S. 10, 1, 21).

La foi due aux procès-verbaux s'étend seulement aux faits que le rédacteur a pu constater par l'usage de ses sens, ou par des moyens propres à en vérifier l'exactitude (Cass. 29 janvier 1825 : S. 25, 1, 280).

La foi ne s'étend point aux faits que le rédacteur du procès-verbal dit avoir été déclarés par des tiers (Cass. 2 janvier 1830 : S. 30, 1, 149) ; ni à des faits autres que ceux constatés par les procès-verbaux (Cass. 30 mai et 19 juillet 1831 : S. 31, 1, 418).

Les procès-verbaux de gendarmes, touchant les délits ou faits de chasse, sans permis de port d'armes, font foi seulement jusqu'à preuve contraire (Cass. 30 juillet 1825 : S. 25, 1, 367).

Id. Pour contraventions de police (Cass. 25 mars 1830 : S. 30, 1, 260).

Ces procès-verbaux ne peuvent être annulés sous prétexte d'omissions de forme ; notamment pour irrégularités dans l'affirmation (Cass. 11 mars 1825 : S. 26, 1, 25).

Il n'est pas nécessaire que les procès-verbaux des agens de police soient faits contradictoirement avec les prévenus, ou du moins qu'ils énoncent cette circonstance (Cass. 15 octobre 1809 et 14 août 1829 : S. 30, 1, 40).

La nullité que la loi attache à l'absence de la formalité de l'enregistrement, ne s'applique pas au cas où l'acte non enregistré intéresse l'ordre et la vindicte publics (Cass. 23 février 1827 : S. 27, 1, 360 ; id. — 2 août 1828 : S. 28, 1, 433 ; id. — 16 janvier 1814 ; S. 14, 1, 295 ; D. 22, 1, 115).

La preuve qu'un aubergiste a logé des voyageurs sans les inscrire, peut être faite par témoins, à défaut de procès-verbal (Cass. 11 décembre 1829 ; S. 30, 1, 117).

Le ministère public ne peut être déclaré non recevable, parce qu'il n'a pas suppléé au procès-verbal déclaré nul, par d'autres preuves, à l'audience même où la cause a été appelée pour la première fois ; il suffit que le ministère public ait offert la preuve de la contravention, pour que le tribunal ait dû surseoir en fixant le délai dans lequel cette preuve serait fournie (Cass. 25 mars 1830 : S. 30, 1, 260).

L'art. 11 de la loi du 28-30 avril 1790, d'après lequel les délits de chasse ne pourraient, à défaut de procès-verbaux, être prouvés que par les dépositions de deux témoins a été abrogé par les art. 154 et 189, Cod. Inst. crim. (Cass. 16 août 1830 : S. 30, 1, 401).

(1) La disposition concernant les notes que le greffier est obligé de tenir n'est point prescrite à peine de nullité (Cass. 11 septembre 1811 : S. 17, 1, 344. V. en sens contraire (Cass. 4 février 1826 : S. 26, 1, 348 ; id. — 3 novembre 1827 ; S. 28, 1, 179).

L'article 317, qui prescrit une autre formule, n'a pas pour objet que les témoignages devant les cours d'assises ; il est ici sans application (Cass. 23 novembre 1815 : Bull. crim. p. 139).

Le serment de dire toute la vérité, sans ajouter rien que la vérité, ou de dire la vérité, et non toute la vérité, est nul, lors même qu'il ne s'agit que de statuer sur l'action civile (Cass. 23 juillet 1815 : Bull. crim. p. 388 ; id. — 7 juin 1821 ; Bull. crim. p. 294 ; id. — 7 novembre 1822 ; Bull. crim. p. 479).

La preuve de la prestation de serment des témoins est suffisante, si elle résulte du contexte même des jugemens rendus (Cass. 5 mai 1810 : Bull. crim. p. 199).

Des témoins et des experts sont présumés avoir prêté serment, s'il est dit dans les notes d'audience, ou dans le jugement, qu'ils ont été entendus après la prestation du serment exigé par la loi (Cass. 15 juin 1821 : Bull. crim. p. 342 ; id. — 11 mars 1825 : S. 26, 1, 45).

Tout individu faisant une déclaration en faveur du prévenu qui l'a amené, doit, à peine de nullité, prêter serment (Cass. 6 août 1817 : S. 18, 1, 391 ; D. 15, 1, 477 ; P. 49, 317). V. art. 75, 189, 111 et 317).

Le défaut de prestation de serment par des témoins entendus en première instance, et dont les dépositions n'ont pas été renouvelées en appel, ne peut donner ouverture à cassation qu'autant que la nullité aurait été proposée en appel (Cass. 11 mars 1825 : S. 28, 1, 445). V. Cod. 3 brum. an 4, art. 185.

(a) Loi du 8 mai 1816, art. 1er. « Le divorce est aboli. »

(2) Les officiers de police judiciaire peuvent être entendus en témoignage, soit pour expliquer ce qui est porté en leurs procès verbaux, soit pour déposer sur les faits qui n'y sont point énoncés (Cass. 11 juillet 1810 : S. 16, 1, 285).

(3) Il y a faculté et non obligation pour le tribunal d'employer des moyens coercitifs (Cass. 17 août 1817 ; S. 18, 1, 111).

(4) Le tribunal ne peut accorder des dommages-intérêts à la partie plaignante, qu'autant qu'il fait l'application d'une peine (Cass. 29 thermidor an 7 : S. 1, 1, 391 ; id. — 12 février 1808 ; S. 9, 1, 234 ; id. — 11 avril 1813 ; S. 13, 1, 318 ; id. — 3 mars 1814 ; S. 14, 1, 141 ; id. — 3 novembre 1826 ; S. 27, 1, 141 ; id. — 29 février 1828 ; S. 28, 1 ; 151.

Mais lorsqu'il n'y a lieu à l'application d'aucune peine le tribunal pourrait accorder des dommages-intérêts l'inculpé acquitté (Cass. 3 nov. 1820 : S. 27, 1, 141).

Il y a excès de pouvoir si le tribunal en renvoyant le prévenu d'un fait non puni par les lois, lui fait néanmoins

160. Si le fait est un délit qui emporte une peine correctionnelle ou plus grave, le tribunal renverra les parties devant le procureur du Roi.

161. Si le prévenu est convaincu de contravention de police, le tribunal prononcera la peine, et statuera par le même jugement sur les demandes en restitution et en dommages-intérêts (1).

162. La partie qui succombera sera condamnée aux frais, même envers la partie publique.

Les dépens seront liquidés par le jugement (2).

163. Tout jugement définitif de condamnation sera motivé, et les termes de la loi appliquée y seront insérés, à peine de nullité.

Il y sera fait mention s'il est rendu en dernier ressort ou en première instance (3).

164. La minute du jugement sera signée par le juge qui aura tenu l'audience, dans les vingt-quatre heures au plus tard, à peine de vingt-cinq francs d'amende contre le greffier, et de prise à partie, s'il y a lieu, tant contre le greffier que contre le président.

165. Le ministère public et la partie civile poursuivront l'exécution du jugement, chacun en ce qui le concerne.

§ II. De la juridiction des maires comme juges de police.

166. Les maires des communes non chefs-lieux de canton connaîtront, concurremment avec les juges de paix, des contraventions commises dans l'étendue de leur commune par les personnes prises en flagrant délit, ou par des personnes qui résident dans la commune ou qui y sont présentes, lorsque les témoins y seront aussi résidans ou présens, et lorsque la partie réclamante conclura pour ses dommages-intérêts à une somme déterminée qui n'excédera pas celle de quinze francs.

Ils ne pourront jamais connaître des contraventions attribuées exclusivement aux juges de paix par l'article 139, ni d'aucune des matières dont la connaissance est attribuée aux juges de paix considérés comme juges civils.

167. Le ministère public sera exercé auprès du maire, dans les matières de police, par l'adjoint : en l'absence de l'adjoint, ou lorsque l'adjoint remplacera le maire comme juge de police, le ministère public sera exercé par un membre du conseil municipal, qui sera désigné à cet effet par le procureur du Roi pour une année entière.

168. Les fonctions de greffier des maires dans les affaires de police seront exercées par un citoyen que le maire proposera,

---

défense de *récidiver* (Cass. 6 juillet 1826 : S. 27, 1, 57).

Egalement il y a excès de pouvoir, de la part d'un tribunal qui renvoie un prévenu traduit devant lui avec plusieurs autres, en s'abstenant de statuer à son égard (Cass. 7 janvier 1830 : S. 30, 1, 147).

(1) Le tribunal saisi pour constructions faites au-delà de l'alignement fixé, peut ordonner la démolition, à titre de réparation des dommages (Cass. 11 avril 1811 : S. 11, 1, 377 ; D. 20, 1, 573 ; P. 65, 249 ; *id.* — 3 janvier 1830 ; S. 30, 1, 318).

On ne peut être *excusé*, sous prétexte qu'on n'a pas entendu le sens de la loi : notamment de la loi du 15 novembre 1814 (Cass. 9 fév. 1818 : S. 18, 1, 212 ; P. 45, 319).

Un boulanger chez lequel est trouvé un pain qui n'a pas le poids ne peut être excusé sous prétexte qu'il n'y a pas habitude de fraude et qu'il n'avait pas l'intention de tromper les acheteurs (Cass. 30 juillet 1831 : S. 31, 1, 399). *V.* mes notes sur l'art. 464, Cod. pén.

En matière de police, la tierce-opposition ne peut être admise (Cass. 25 août 1808 : S. 7, 1, 1076 ; *id.* — 3 juin 1809 : S. 8, 1, 453).

Le tribunal ne peut statuer sur un fait qui n'est compris ni dans la citation de la partie civile, ni dans les conclusions du ministère public (Cass. 29 février 1828 : S. 28, 1, 318).

L'amende encourue par divers individus pour la même contravention, doit être prononcée contre chacun *individuellement* (Cass. 7 décembre 1826 : S. 26, 1, 312).

(2) La partie qui succombe doit être condamnée à l'amende et aux frais : il n'est pas permis de la condamner aux dépens seulement (Cass. 24 octobre 1823 : S. 24, 1, 350 ; *id.* — 9 septembre 1825 : S. 26, 1, 451 ; *id.* — 7 janvier 1830 : S. 30, 1, 147).

Le ministère public ne peut être condamné personnellement aux dépens. Ainsi jugé par de nombreux arrêts (Cass. 31 mai 1811 : S. 23, 1, 36 ; *id.* — 27 juin 1813 ; S. 13, 1, 64 ; *id.* — 4 octobre 1815 ; S. 14, 1, 18 ; *id.* — 13 mai 1817 ; S. 18, 1, 57 ; *id.* — 28 août

1815 ; S. 14, 1, 71 ; D. 91, 1, 951 ; P. 68, 338 ; *id.* — 17 septembre 1815 ; S. 26, 1, 332).

Les tribunaux ne peuvent point non plus accorder à la partie acquittée son recours contre le Gouvernement pour ses frais (Cass. 13 mars 1815 : S. 26, 1, 53).

Egalement les gardes champêtres ne peuvent être condamnés personnellement aux frais de la partie acquittée : leur procès-verbal fût-il *faux, inexact*, nul (Cass. 27 juin 1812 : S. 13, 1, 64 ; *id.* — 3 mars 1822 : S. 23, 1, 40).

La partie plaignante ne peut être condamnée aux dépens que lorsqu'elle est partie civile (Cass. 11 nov. 1814 : S. 15, 1, 143). *V.* notes sur l'art. 368.

Le prévenu coupable doit, à peine de nullité, être condamné à la totalité des dépens (Cass. 3 novembre 1816 : S. 17, 1, 289). Décr. du 18 juin 1811, art. 174.

(3) Le texte même du règlement auquel il a été contrevenu doit être inséré dans le jugement (Cass. 11 octobre 1810 : S. 11, 1, 15).

Un jugement ne doit point contenir le texte de la loi en vertu de laquelle il prononce des dommages-intérêts au profit de la partie civile, et la contrainte par corps contre la partie condamnée, les condamnations civiles n'étant point une peine proprement dite (Cass. 23 avril 1818 : D. 14, 1, 440).

La condamnation prononcée par un tribunal de police ne peut être annulée par le motif que la loi, dont les termes ont été insérés dans le jugement, n'est pas applicable lorsque la condamnation peut être justifiée par une autre loi applicable (Cass. 25 janvier 1821 : Bull. crim. p. 38). *V.* les art. 195 et 369 : Code proc. civ. 453.

La voie que l'on doit prendre contre un jugement est déterminée par sa nature et non par la qualification que lui ont donnée les juges. Ainsi, il faut, à peine de déchéance, se pourvoir en cassation, si le jugement est en *dernier ressort*, bien qu'il soit qualifié en premier ressort ; il faut appeler si le jugement est en *premier ressort*, bien qu'il soit qualifié en dernier ressort. *V.* M. Bourguignon et Legraverend, tom. 1, p. 356.

et qui prêtera serment en cette qualité au tribunal de police correctionnelle. Il recevra pour ses expéditions les émolumens attribués au greffier du juge de paix (1).

169. Le ministère des huissiers ne sera pas nécessaire pour les citations aux parties; elles pourront être faites par un avertissement du maire, qui annoncera au défendeur le fait dont il est inculpé, le jour et l'heure où il doit se présenter.

170. Il en sera de même des citations aux témoins; elles pourront être faites par un avertissement qui indiquera le moment où leur déposition sera reçue.

171. Le maire donnera son audience dans la maison commune; il entendra publiquement les parties et les témoins.

Seront, au surplus, observées les dispositions des articles 149, 150, 151, 153, 154, 155, 156, 157, 158, 159 et 160, concernant l'instruction et les jugemens au tribunal du juge de paix (2).

§ III. De l'appel des jugemens de police.

172. Les jugemens rendus en matière de police pourront être attaqués par la voie de l'appel, lorsqu'ils prononceront un emprisonnement, ou lorsque les amendes, restitutions et autres réparations civiles excéderont la somme de cinq francs, outre les dépens (3).

173. L'appel sera suspensif (4).

174. L'appel des jugemens rendus par le tribunal de police sera porté au tribunal correctionnel: cet appel sera interjeté dans les dix jours de la signification de la sentence à personne ou à domicile; il sera suivi et jugé dans la même forme que les appels des sentences des justices de paix (5).

---

(1) Décret du 16 fév. 1807, liv. 1er, chap. 2, art. 9.

(2) Tous les auteurs s'accordent à dire que quoique les art. 153, 161, 162, 163, 164 et 165 n'aient point été déclarés communs aux tribunaux de police des maires, ils doivent y être observés, notamment l'art. 163 qui veut que les jugemens soient motivés. V. loi du 20 avril 1810, art. 7. Ils pensent cependant que l'inobservation des formalités prescrites par ces articles n'emporterait pas nullité et ne donnerait pas lieu aux amendes qu'ils prononcent. Remarquons toutefois que l'obligation de motiver est de rigueur, aux termes de la loi de 1810, ainsi que le droit d'avoir un défenseur.

(3) Un jugement est susceptible d'appel, par cela seul qu'il prononce une amende excédant 5 francs outre les dépens (Cass. 11 septembre 1818 : S. 19, 1, 117; D. 16, 1, 606; P. 54, 209).

En matière de police, il n'y a pas lieu d'admettre, est appel incident (Cass. 24 juillet 1818 : Bull. crim. p. 292).

Le jugement qui déclare un inculpé non coupable est en dernier ressort (Cass. 10 avril 1822 : Bull. crim. p. 159).

En matière de police, les jugemens sur la compétence sont tous de dernier ressort, sans égard à la valeur du litige (Cass. 31 décembre 1818 : S. 19, 1, 156; id. — 11 juin 1818 : S. 18, 1, 363; id. — 18 juillet 1817 : S. 18, 1, 23; D. 15, 1, 439; id. — 29 janvier 1813 : Bull. crim. p. 33).

C'est par la condamnation et non par l'objet de la demande que se détermine le dernier ressort (Cass. 8 septembre 1811 : S. 20, 1, 510; id. — 3 septembre 1811; S. 12, 1, 225; id. —29 janvier 1813 : Bull. crim. p. 33).

L'appel d'un jugement qui a prononcé une amende de cinq francs et un emprisonnement, ne doit pas être déclaré non recevable, par le motif qu'il y a eu fausse application de la loi; il suffit qu'il y ait condamnation à des peines, excédant le dernier ressort, pour que l'appel doive être reçu (Cass. 11 fév. 1819 ; Bull. crim. p. 64).

Est en premier ressort seulement le jugement qui ne prononce qu'une amende de cinq francs, s'il condamne en même temps le contrevenant à enlever des matériaux (Cass. 9 août 1818 : S. 28, 1, 397).

Id. Si, outre l'amende de cinq francs, il ordonne la démolition d'ouvrages faits en contravention à un règlement de voirie (Cass. 8 janvier 1830 : S. 31, 1, 323.)

L'ordre de ne plus commettre une telle voie de fait à l'avenir, ne peut être considéré comme une condamnation d'une valeur inappréciable ou indéterminée, donnant lieu par suite à l'appel du jugement (Cass. 30 juillet 1825 : S. 26, 1, 565 ; D. 23, 1, 494).

Le jugement qui, sans prononcer de condamnation, renvoie purement et simplement un prévenu à faire statuer sur une question préjudicielle de propriété par lui proposée, est de dernier ressort (Cass. 20 février 1829 : S. 30, 1, 200).

Les tribunaux de police ne peuvent annuler leurs jugemens définitifs, même pour incompétence (Cass. 1er avril 1813 : S. 13, 1, 311).

Le droit d'appeler des jugemens des tribunaux de police, ne peut être exercé par le ministère public, ni dans le cas d'acquittement, ni dans le cas d'une condamnation inférieure à celle qu'il a requise (Cass. 26 mars 1813 : S. 13, 1, 241 ; id. — 24 février 1817 ; S. 27, 1, 360).

(4) La règle, que l'appel d'un jugement de police est suspensif, souffre exception dans le cas de l'art. 10 du Code de procédure civile (Cass. 15 mars 1813 : S. 17, 1, 87).

(5) Le délai ne court qu'à partir du jour de la signification du jugement, soit que ce jugement ait été rendu contradictoirement, soit qu'il ait été rendu par défaut (Cass. 19 février 1813 : S. 17, 1, 87).

Un avis du Conseil-d'État du 11—18 février 1806 (V. la Coll. des Lois) décidait que le délai de l'appel ne courrait que du jour où l'opposition n'était plus recevable. Le Code d'inst. crim. a-t-il modifié cette règle ?

M. Legraverend, tom. 2, p. 353 et 354, et M. Bourguignon pensent qu'elle conserve toute son autorité. M. Carnot est d'un avis contraire ; il se fonde sur les termes des art. 174 et 205.

V. la réfutation de ce système dans M. Legraverend loco citato, et dans Bourguignon sur l'art. 150.

Le tribunal correctionnel qui infirme, pour vice de forme ou toute autre cause, le jugement définitif d'un tribunal de police, ne peut statuer sur le fond, qu'autant qu'il le fait par un seul et même jugement, l'art. 215 Code d'inst. n'est pas applicable en ce cas (Cass. 22 mars 1821 : Bull. crim. p. 107).

S'il n'y a d'appel que de la part du contrevenant, le fait qualifié contravention en première instance, ne peut en appel être puni comme délit. Ce serait aggraver la position du contrevenant (Cass. 3 janvier 1822 : S. 22, 1, 190 ; id. — 19 février 1823 : S. 16, 1, 313).

L'amende de cinq francs, établie par l'art. 471 du Cod. proc. civ., contre l'appelant qui succombe sur l'appel d'un jugement de juge de paix, n'est pas applicable (Cass. 19 juin 1817 : S. 18, 1, 40 ; id. — 12 juin 1823 ; S. 25, 1, 363 ; D. 21, 1, 449). V. art. 172 et 205 ; Cod. pr. civ. 404, 447.

L'appel peut être interjeté par exploit signifié au ministère public, avec citation devant le tribunal correctionnel (Cass. 1er juillet 1826 : S. 17, 1, 154).

Lorsqu'un juge de paix a prononcé comme juge civil sur une contestation de la compétence du tribunal de police, l'appel du jugement est recevable pendant trois mois, comme en matière civile; et non dans les dix jours, comme en matière de simple police (Cass. 26 décembre 1826 : S. 27, 1, 359).

175. Lorsque, sur l'appel, le procureur du Roi ou l'une des parties le requerra, les témoins pourront être entendus de nouveau, et il pourra même en être entendu d'autres (1).

176. Les dispositions des articles précédens sur la solennité de l'instruction, la nature des preuves, la forme, l'authenticité et la signature du jugement définitif, la condamnation aux frais, ainsi que les peines que ces articles prononcent, seront communes aux jugemens rendus, sur l'appel, par les tribunaux correctionnels.

177. Le ministère public et les parties pourront, s'il y a lieu, se pourvoir en cassation contre les jugemens rendus en dernier ressort par le tribunal de police, ou contre les jugemens rendus par le tribunal correctionnel, sur l'appel des jugemens de police.

Le recours aura lieu dans la forme et dans les délais qui seront prescrits (2).

178. Au commencement de chaque trimestre, les juges-de-paix et les maires transmettront au procureur du Roi l'extrait des jugemens de police qui auront été rendus dans le trimestre précédent, et qui auront prononcé la peine d'emprisonnement. Cet extrait sera délivré sans frais par le greffier.

Le procureur du Roi le déposera au greffe du tribunal correctionnel.

Il en rendra un compte sommaire au procureur général près la cour royale (3).

CHAP. II. *Des tribunaux en matière correctionnelle.*

179. Les tribunaux de première instance en matière civile connaîtront en outre, sous le titre de tribunaux correctionnels, de tous les délits forestiers poursuivis à la requête de l'administration, et de tous les délits dont la peine excède cinq jours d'emprisonnement et quinze francs d'amende (4).

---

(1) Il y a seulement faculté pour les tribunaux correctionnels d'entendre en appel les témoins déjà entendus en première instance (Cass. 2 août 1811 : Bull. crim. p. 410). V. art. 211.

L'audition requise, est obligée en ce sens que la partie et le ministère public peuvent citer directement les nouveaux témoins sans avoir besoin de la permission des juges d'appel (Cass. 25 novembre 1813 : S. 23, 1, 145; P. 73, 137). Cod. 3 brum. an 4, art. 200.

(2) Un commissaire de police exerçant les fonctions du ministère public près un tribunal de simple police, est non recevable à se pourvoir en cassation *dans l'intérêt de la loi* (Cass. 23 septembre 1816 : S. 27, 1, 322). Cod. 3 brum. an 4, art. 165.

(3) V. M. Legraverend, tom. 2, p. 357 sur la compétence des tribunaux de police en matière de police sanitaire. V. loi du 3 mars et ordonnance du 7 août 1822.

(4) La compétence des tribunaux correctionnels se détermine par l'étendue de la peine ; et c'est le cas de rappeler ici que si le *maximum* de la peine classait un fait parmi les délits, ce serait au tribunal correctionnel à en connaître, alors même que le *minimum* ne serait qu'une peine de simple police.

Les dispositions du Code pénal punissent les délits ordinaires, mais une foule de lois répriment certains faits spéciaux par des peines correctionnelles, et attribuent ainsi juridiction aux tribunaux de police correctionnelle. On peut citer la loi du 21 octobre 1814, sur la police de l'imprimerie ; les lois des 17 mai, 26 mai et 9 juin 1819, 17 mars et 25 mars 1822, sur la presse, sauf l'observation qui sera faite ci-après. Les lois des 19 brumaire an 6, du 1er mess. an 6, du 16 pluviose an 7 ; les décrets du 28 flor. an 13 sur la garantie des matières d'or et d'argent ; du 1er vend. an 4, du 19 floréal an 10, du 7 brumaire an 9 sur les poids et mesures ; la loi du 29 floréal an 10 sur les délits de grande voirie ; la loi du 7 ventose an 12 ; les décrets des 23 juin 1806, 28 août 1808 ; les ordonnances des 20 juin 1821, 27 septembre 1827, 16 juillet 1828 sur la police du roulage et des voitures publiques. (Toutefois en matière de voirie et de roulage, les peines pécuniaires sont applicables par l'autorité administrative, les peines corporelles sont seules applicables par les tribunaux correctionnels. J'ai dû rappeler cette distribution assez bizarre de la compétence). Le Code forestier de 1827, art. 171 ; la loi du 15 avril 1829 sur la pêche fluviale, art. 48 ; l'arrêté du 15 pluviose an 11 ; le décret du 8 octobre 1810 ; les deux lois du 21 avril 1832 sur certaines pêches maritimes ; la loi du 28 — 30 avril 1790 ; l'arrêté du 28 vendém. an 5 ; les avis du Conseil-d'État du 4 janvier 1806, 17 mai 1811 ; les décrets du 21 juillet 1810 et du 4

mai 1812 sur la chasse et le port d'armes ; l'ordonn. du 24 juillet 1816 sur le fait de détention d'armes de guerre ; mais je dois rappeler que les cours de Paris, de Metz et la cour de Cassation ont décidé que les tribunaux ne pouvaient appliquer les peines prononcées par cette ordonnance, qui était une usurpation sur le pouvoir législatif. V. arrêt du 13 janv. 1819 ; la loi du 3 septembre 1807, répressive de l'habitude d'usure ; les lois du 6—23 août 1791, du 4 germinal an 2 ; du 14 fructidor an 3, du 9 floréal an 7, du 13 floréal an 11, du 17 décembre 1814, du 28 avril 1816, du 21 avril 1818, du 7 juin 1820 relatives aux contraventions en matière de douanes ; les lois du 9 vendémiaire an 6, du 8 ventose an 12 ; le décret du 4 prairial an 13 ; les lois du 24 avril 1806, du 9 février 1810, du 8 décembre 1814, du 28 avril 1816, du 21 mars 1817 sur les contributions indirectes ; les lois des 2 vendémiaire an 8, 27 frimaire an 8, du 8 décembre 1814 ; l'ordonnance du 9 déc. 1814 ; la loi du 28 avril 1816 sur les octrois ; les lois des 21 sept. — 13 nov. 1791, 22 germinal an 11, et l'arrêté du 3 germinal an 9 sur la police de certaines fabriques et usines ; la loi du 22 ventose an 9 ; les arrêtés des 19 ventose an 9 et 27 prairial an 10, et l'avis du Conseil-d'État du 17 mai 1809 sur les bourses de commerce et le courtage clandestin ; le décret du 25 octobre 1810, et l'ordonnance du 14 janvier 1815 sur les établissemens insalubres et incommodes ; la loi du 29 floréal an 10 ; les arrêtés des 27 brumaire an 7, 6 brumaire an 9 et 6 prairial an 11 sur les bureaux de pesage et de mesurage ; les lois des 19 ventose an 9 et 27 prairial an 10, du 19 pluviose an 13 ; et les décrets du 28 prairial an 13 sur l'exercice illégal de la médecine et le débit des remèdes secrets ; les lois du 9 brum. et 8 plur. an 3 ; et le décret du 3 août 1808 sur les réquisitions pour les services publics ; les lois du 16 ventose et 11 prairial an 8 ; les arrêtés des 17 prairial an 7 et 28 germinal an 8 ; la loi du 2 décembre 1814 sur le commerce des grains ; les lois du 13 fruct. an 5 ; les arrêtés des 1er fruct. an 7, 27 pluv. an 8 ; du 23 plur. an 13 ; les décrets du 16 fév. 1807, 10 sept. 1808, 24 août 1812, 16 mars 1813 sur la fabrication et la vente des poudres et salpêtres ; les lois des 19 frim. an 7, 15 ventose an 13 ; les arrêtés des 1er prairial an 7, 27 prairial an 9 ; les décrets du 30 floréal an 13, 10 brum. an 14 et 6 juillet 1806 sur la poste aux lettres ; les lois des 22 pluviose an 7, 27 ventose an 9 ; les décrets des 22 nov. 1811 et 17 avril 1812 sur les ventes publiques d'effets mobiliers ; la loi du 16 pluviose an 12 sur les maisons de prêt ; la loi du 3 mars 1822, et l'ordonnance du 7 août 1822 sur la police sanitaire ; la loi du 4 mars 1831 sur la traite des noirs ; l'ordonnance du 3 mars 1822 sur la traite des blancs ; la loi du 21 mars 1832 sur le recrute-

180. Ces tribunaux pourront, en matière correctionnelle, prononcer au nombre de trois juges (1).

181. S'il se commet un délit correctionnel dans l'enceinte et pendant la durée de l'audience, le président dressera procès-verbal du fait, entendra le prévenu et les témoins, et le tribunal appliquera, sans désemparer, les peines prononcées par la loi.

Cette disposition aura son exécution pour les délits correctionnels commis dans l'enceinte et pendant la durée des audiences de nos cours et même des audiences du tribunal civil, sans préjudice de l'appel de droit des jugemens rendus dans ces cas par les tribunaux civils ou correctionnels (2).

182. Le tribunal sera saisi, en matière correctionnelle, de la connaissance des délits de sa compétence, soit par le renvoi qui lui en sera fait d'après les articles 130 et 160 ci-dessus, soit par la citation donnée directement au prévenu et aux personnes civilement responsables du délit par la partie civile, et, à l'égard des délits forestiers, par le conservateur, inspecteur ou sous-inspecteur forestier, ou par les gardes généraux, et, dans tous les cas, par le procureur du Roi (3).

183. La partie civile fera, par l'acte de citation, élection de domicile dans la ville où siège le tribunal : la citation énoncera les faits, et tiendra lieu de plainte (4).

184. Il y aura au moins un délai de trois jours, outre un jour par trois myriamètres, entre la citation et le jugement, à peine de nullité de la condamnation qui serait prononcée par défaut contre la personne citée.

Néanmoins, cette nullité ne pourra être proposée qu'à la première audience, et avant toute exception ou défense (5).

185. Dans les affaires relatives à des délits qui n'entraîneront pas la peine d'emprisonnement, le prévenu pourra se faire représenter par un avoué ; le tribunal pourra néanmoins ordonner sa comparution en personne (6).

186. Si le prévenu ne comparaît pas, il sera jugé par défaut (7).

187. La condamnation par défaut sera comme non avenue, si dans les cinq jours de la signification qui en aura été faite au prévenu ou à son domicile, outre un jour par cinq myriamètres, celui-ci forme op-

ment ; la loi du 10 avril 1825 sur la piraterie et la baraterie ; la loi du 22 mars 1831 sur la garde nationale.

Il faut faire remarquer qu'aux termes des lois des 8 octobre 1830, 9 avril 1831, 10 avril 1831, rendues en exécution de la Charte de 1830, art. 69, les *délits politiques, de la presse, d'affichage et de criage publics, d'attroupemens politiques* sont renvoyés aux cours d'assises. *V.* aussi Legraverend, tom. 2, p. 362. *V.* Cod. brumaire an 4, art. 168.

(1) En cas de partage l'avis favorable au prévenu l'emporte (Cass. 27 juin 1811 : S. 11, 1, 358).

(2) Il suffit que le délit soit constaté par le jugement (Cass. 10 avril 1817 : S. 18, 1, 23).

V. art. 505 ; Cod. proc. civ. art. 88.

(3) Un tribunal est valablement saisi par la comparution volontaire des parties (18 avril 1822 : S. 22, 1, 315 ; D. 20, 1, 326 ; P. 64, 477). *V.* art. 190.

Une ordonnance de non lieu ayant été rendue sur la plainte de la partie lésée, celle-ci ne peut être admise à exercer ensuite l'action directe de l'art. 182 (Cass. 18 avril 1818 : S. 17, 1, 326).

Le défaut d'enregistrement d'un exploit fait à la requête du ministère public, n'emporte pas nullité de l'exploit (Cass. 23 ventose an 13 : S. 2, 251 ; id.—1er février 1816 : S. 17, 1, 67 ; D. 4, 1, 595 ; P. 47 190).

La loi du 27 thermidor an 6, qui permet la signification des actes de procédure en matière criminelle, dans les jours fériés, s'applique aux affaires de police correctionnelle (Cass. 25 août 1807 : S. 8, 1, 60).

Le tribunal saisi par la partie civile peut renvoyer devant le juge d'instruction, avant même d'avoir entendu les témoins, lorsqu'il lui apparaît qu'une instruction préalable est nécessaire, et lorsque le ministère public a requis une instruction contre la partie plaignante (Cass. 18 juin 1824 : S. 26, 1, 16 ; P. 71, 185).

Mais si un tribunal est saisi par la citation donnée au prévenu à la requête du ministère public, il doit juger sans renvoi préalable au juge d'instruction (Cass. 18 novembre 1824 : S. 25, 1, 108).

Lorsqu'une plainte rendue contre un individu porte sur un double fait, si l'ordonnance de la chambre du conseil, en renvoyant le prévenu en police correctionnelle sur l'un des faits, a gardé le silence sur l'autre, il y a lieu de casser le jugement qui, dans un tel cas, renverrait le prévenu des poursuites sur le second fait, sous prétexte

qu'il a été écarté tacitement par la chambre du conseil (Cass. 4 juin 1830 : S. 30, 1, 312).

La partie lésée ne peut citer directement l'auteur du délit lorsqu'il est magistrat. Le procureur gén. seul peut poursuivre (Toulouse, 11 août 1819 : S. 31, 2, 191). *V.* art. 479.

(4) Les dispositions de l'art. 61 Cod. proc. civ. relatives aux assignations, ne s'appliquent point en matière correctionnelle ; il suffit que la citation appelle devant le tribunal correctionnel et indique le fait imputé (Cass. 2 avril 1819 : S. 19, 1, 316 ; D. 17, 2, 400 ; P. 55, 257 ; id.—5 mai 1806 ; S. 9, 1, 436 ; id.—18 novembre 1813 ; S. 14, 1, 187 ; id.—30 décembre 1825 ; S. 26, 1, 314 ; id.—25 juin 1828 ; S. 28, 1, 221).

Les dispositions de l'art. 185, Cod. instr. crim. qui obligent la partie poursuivante d'articuler les faits sur lesquels est fondée la poursuite, s'appliquent aux poursuites des journalistes, pour infidélité de rédaction, comme à la poursuite de tous les autres délits (Cass. 7 déc. 1821 : S. 23, 1, 5 ; D. 20, 1, 494 ; P. 65, 222). *V.* art. 145.

(5) La citation donnée sans date, ou à un délai plus court que celui fixé par la loi, n'est pas nulle. Si le prévenu a comparu au jour indiqué dans la citation, il ne peut en demander la nullité sauf à réclamer délai suffisant pour sa défense (Cass. 15 février 1821 : S. 21, 1, 179 ; D. 19, 1, 175 ; P. 60, 455).

S'il n'y a pas eu un délai de trois jours entre le jugement de condamnation par défaut, et la citation, le jugement seul est nul, la citation ne cesse pas d'avoir effet, notamment celui d'interrompre la prescription du délit (Cass. 23 février 1819 : S. 19, 1, 251 ; D. 17, 1, 286).

(6) Le ministère des avoués n'est que facultatif (Cass. 17 février 1826 : S. 26, 1, 316).

Les avoués ne peuvent être admis à défendre un prévenu devant un tribunal autre que celui près duquel ils exercent leurs fonctions... fût-il situé dans le même département (Cass. 7 mars 1828 : S. 28, 1, 164). *V.* mes notes sur l'art. 152.

(7) Le jugement rendu contre une partie qui s'est bornée à proposer des moyens préjudiciels et a refusé de défendre au fond, n'est point, quant au fond, contradictoire (Cass. 7 décembre 1821 : S. 23, 1, 5 ; D. 20, 1, 494 ; P. 65, 222). *V.* art. 146.

Un jugement est contradictoire alors même qu'il est rendu en l'absence du prévenu obligé à comparution personnelle, si le prévenu a été défendu par un avocat qui n'ait pas été désavoué (Cass. 11 août 1827 : S. 28, 1, 16).

position à l'exécution du jugement, et notifie son opposition tant au ministère public qu'à la partie civile.

Néanmoins, les frais de l'expédition, de la signification du jugement par défaut et de l'opposition, demeureront à la charge du prévenu (1).

188. L'opposition emportera de droit citation à la première audience : elle sera non avenue, si l'opposant n'y comparaît pas; et le jugement que le tribunal aura rendu sur l'opposition ne pourra être attaqué par la partie qui l'aura formée, si ce n'est par appel, ainsi qu'il sera dit ci-après.

Le tribunal pourra, s'il y échet, accorder une provision ; et cette disposition sera exécutoire nonobstant l'appel (2).

189. La preuve des délits correctionnels se fera de la manière prescrite aux articles 154, 155 et 156 ci-dessus, concernant les contraventions de police. Les dispositions des articles 157, 158, 159, 160 et 161 sont communes aux tribunaux en matière correctionnelle (3).

190. L'instruction sera publique, à peine de nullité.

Le procureur du Roi, la partie civile ou son défenseur, et, à l'égard des délits forestiers, le conservateur, inspecteur ou sous-inspecteur forestier, ou, à leur défaut, le garde général, exposeront l'affaire : les procès-verbaux ou rapports, s'il en a été dressé, seront lus par le greffier ; les témoins pour ou contre seront entendus, s'il y a lieu, et les reproches proposés et jugés ; les pièces pouvant servir à conviction ou à décharge seront représentées aux témoins et aux parties ; le prévenu sera interrogé ; le prévenu et les personnes civilement responsables proposeront leurs défenses : le procureur du Roi résumera l'affaire et donnera ses conclusions ; le prévenu et les personnes civilement responsables du délit pourront répliquer.

Le jugement sera prononcé de suite, ou, au plus tard, à l'audience qui suivra celle où l'instruction aura été terminée (4).

191. Si le fait n'est réputé ni délit ni contravention de police, le tribunal annulera l'instruction, la citation et tout ce qui aura suivi, renverra le prévenu, et statuera sur les demandes en dommages-intérêts (5).

192. Si le fait n'est qu'une contravention de police, et si la partie publique ou la partie civile n'a pas demandé le renvoi, le tribunal appliquera la peine, et statuera, s'il y a lieu, sur les dommages-intérêts.

Dans ce cas, son jugement sera en dernier ressort (6).

193. Si le fait est de nature à mériter

(1) Le condamné par défaut peut former opposition avant que le jugement lui ait été signifié ; mais, dans ce cas, comme dans le cas où la signification a eu lieu, il doit notifier son opposition, tant au ministère public qu'à la partie civile (Cass. 9 juillet 1813 ; S. 17, 1, 58).
Le délai de l'opposition court à compter du moment où la signification du jugement a été faite par la partie civile ou la partie publique ; la loi n'exige pas que la signification ait été faite par l'une et l'autre (Cass. 21 septembre 1810 ; Bull. crim. p. 379).
Un jugement par défaut, décidant que le cautionnement du prévenu reçu à caution est acquis au fisc, est comme les autres jugemens par défaut, susceptible d'opposition (Cass. 19 octobre 1811 ; S. 21, 1, 397 ; D. 19, 1, 555 ; P. 61, 148).
Les frais de l'expédition, de la signification du jugement et de l'opposition demeurent à la charge du prévenu, quoiqu'il soit acquitté par le jugement définitif (Cass. 30 août 1811 ; Bull. crim. p. 378 ; Id. — 26 août 1814 ; S. 15, 1, 208). V. art. 150, 199, 209.
(2) V. art. 181, 203.
(3) Le témoin qui a prêté, avant de déposer, le serment prescrit par la loi, n'est pas obligé de renouveler ce serment à une audience suivante pour répéter ou expliquer sa déposition (Cass. 13 avril 1816 ; S. 20, 1, 504).
Le serment des témoins est légalement établi, si la preuve résulte du jugement (Cass. 5 mai 1810 ; S. 20, 1, 285).
Il n'est pas nécessaire que le jugement relate les termes du serment ; il suffit qu'il énonce que le serment a été prêté selon le vœu de la loi (Cass. 15 juin 1811 ; S. 11, 1, 427 ; D. 19, 1, 381 ; P. 61, 258).
Pour qu'un jugement soit à l'abri de toute critique, il suffit que les considérans démontrent que la condamnation n'a été que le résultat de la conviction que le tribunal avait de la culpabilité du prévenu (Cass. 16 mai 1817 ; S. 17, 1, 248). V. art. 78, 317, 574, 154, 155, 156, 157, 159, 160 et 161.
Le jugement par défaut est valablement signifié au dernier domicile du condamné, indiqué dans ce jugement, bien que le condamné ait pris la fuite (Cass. 11 juin 1815 ; S. 16, 1, 155).
(4) Le tribunal peut prononcer une peine, encore que le ministère public n'y conclue pas ; il suffit que les juges soient saisis de l'action publique au moyen de la citation donnée par la partie civile à fin de condamnation à des dommages-intérêts (Cass. 27 juin 1811 ; S. 11, 1, 327).
La faculté d'ordonner l'affiche d'un jugement emporte faculté d'en ordonner la lecture publique (Cass. 25 mars 1815 ; S. 17, 1, 307). V. art. 161.
Un jugement ne saurait être annulé, parce que le ministère public a conclu seulement sur la compétence (Cass. 11 mai 1810 ; Bull. crim. p. 259).
Pour que le jugement soit réputé contradictoire à l'égard de la partie civile, il faut qu'elle ait pris des conclusions expresses, surtout lorsqu'après l'exposé il y a eu renvoi à une autre audience pour entendre les parties dans leurs plaidoiries respectives (Cass. 16 mars 1824 ; S. 24, 1, 300 ; D. 22, 1, 520).
La présence du ministère public est suffisamment constatée par la mention qui se trouve aux qualités du jugement que l'affaire était engagée entre le prévenu et le procureur du Roi (Cass. 10 fév. 1831 ; S. 31, 1, 311).
Les conclusions peuvent être prises verbalement à l'audience. Aucune disposition n'oblige à rédiger les conclusions par écrit et à les remettre sur le bureau du président (Cass. 14 août 1815 ; S. 25, 1, 5).
Lorsque c'est par le fait du prévenu qu'il n'y a pas eu d'interrogatoire, le prévenu n'est pas recevable à se pourvoir en cassation comme ayant été privé d'un moyen essentiel à sa défense, alors surtout qu'il a été représenté par un avocat ou par un avoué (Cass. 13 juillet 1831 ; S. 18, 1, 399). Cod. 3 brum. an 4, art. 184.
(5) Les tribunaux ne peuvent accorder des dommages-intérêts à la partie civile que par suite d'une condamnation pénale prononcée contre le prévenu (Cass. 27 juin 1811 ; S. 13, 1, 63). V. art. 159, 211. Cod. 3 brum. an 4, art. 434.
(6) Le tribunal de police peut se déclarer incompétent, malgré le renvoi du tribunal correctionnel. En ce cas, la

une peine afflictive ou infamante, le tribunal pourra décerner de suite le mandat de dépôt ou le mandat d'arrêt ; et il renverra le prévenu devant le juge d'instruction compétent (1).

194. Tout jugement de condamnation rendu contre le prévenu et contre les personnes civilement responsables du délit, ou contre la partie civile, les condamnera aux frais, même envers la partie publique.

Les frais seront liquidés par le même jugement (2).

195. Dans le dispositif de tout jugement de condamnation seront énoncés les faits dont les personnes citées seront jugées coupables ou responsables, la peine et les condamnations civiles.

Le texte de la loi dont on fera l'application sera lu à l'audience par le président ; il sera fait mention de cette lecture dans le jugement, et le texte de la loi y sera inséré, sous peine de cinquante francs d'amende contre le greffier (3).

196. La minute du jugement sera signée au plus tard dans les vingt-quatre heures par les juges qui l'auront rendu.

Les greffiers qui délivreront expédition d'un jugement avant qu'il ait été signé, seront poursuivis comme faussaires.

Les procureurs du Roi se feront représenter, tous les mois, les minutes des jugemens ; et, en cas de contravention au présent article, ils en dresseront procès-verbal pour être procédé ainsi qu'il appartiendra.

197. Le jugement sera exécuté à la requête du procureur du Roi et de la partie civile, chacun en ce qui le concerne.

Néanmoins, les poursuites pour le recouvrement des amendes et confiscations seront faites, au nom du procureur du Roi

---

seule voie de recours est le réglement de juges devant la Cour de cassation (Cass. 18 juillet 1817 ; S. 18, 1, 63).

(1) Lorsque le tribunal correctionnel devant lequel un accusé a été renvoyé par la chambre d'accusation se déclare incompétent, en ce que le fait constitue un crime, l'accusé peut être traduit devant une cour d'assises, sans qu'il y ait contre lui de nouvelles charges (Cass. 12 juin 1817 : Bull. crim. p. 119 ; id. — 26 août 1817 : Bull. crim. p. 207). V. art. 91, 94, 130, 230.

Mais le tribunal saisi par la chambre du conseil ne peut renvoyer le prévenu devant le juge d'instruction ; il doit se borner à déclarer son incompétence.

Le conflit doit être levé par la Cour de cassation par voie de réglement de juges (Cass. 4 février 1830 : S. 30, 1, 243 ; id. — 31 décembre 1829 : S. 30, 1, 155 ; id. — 15 avril 1830 : S. 30, 1, 353).

Le renvoi devant le juge d'instruction compétent ne peut être prononcé que lorsque le tribunal a été saisi par citation directe (Cass. 3 juin 1831 : S. 31, 1, 364 ; id. — 16 janvier 1830 ; S. 31, 1, 341).

Le jugement statuant sur la compétence, peut-il être attaqué par la voie de l'appel? M. Bourguignon adopte l'affirmative.

(2) Le ministère public ne peut pas être condamné aux dépens (Cass. 23 juin 1809 : S. 9, 1, 450 ; id. — 5 septembre 1812 : S. 13, 1, 155).

L'individu condamné en première instance doit être condamné aux frais d'appel, bien que le ministère public appelant ait succombé (Cass. 21 mai 1813 ; id. — 31 déc. 1813 : Bull. crim. p. 278, 644).

Lorsque sur l'appel a minima interjeté par le ministère public, le jugement de première instance est confirmé, le prévenu ne peut être condamné aux frais d'appel (Cass. 22 novembre 1818 : S. 18, 1, 410).

Il en serait autrement si le prévenu était incidemment appelant (Cass. 2 février 1827 : S. 28, 1, 47).

La responsabilité civile ne s'étend pas aux amendes qui, appliquées à des délits, ont essentiellement le caractère de peines ; mais elle s'étend aux dépens (Cass. 14 juillet 1814 : S. 14, 1, 279).

En matière de douanes, l'amende n'est point une peine proprement dite (Cass. 6 juin 1811 : S. 16, 1, 304).

Lorsqu'il y a lieu à responsabilité du père à raison du fait de son fils mineur, elle s'étend aux frais ou dépens envers la partie publique, comme aux dommages-intérêts envers la partie civile (Cass. 4 fév. 1830 : S. 30, 1, 243).

Le maître, civilement responsable du fait de son domestique, doit être condamné aux frais, si cette condamnation a été requise contre lui par le ministère public (Cass. 8 mars 1811 : Bull. crim. p. 76).

Lorsqu'un maître a été condamné comme civilement responsable, s'il arrive que le domestique interjette appel sans que le maître exprime un acquiescement au jugement, les frais d'appel encourus par le domestique peuvent être mis à la charge du maître (Nîmes, 16 juin 1826 ; S. 27, 2, 34).

Lorsqu'un procès est poursuivi, non par l'administration des douanes elle-même, mais bien à la requête du ministère public, l'administration des douanes ne peut être condamnée aux dépens (Cass. 28 juill. 1827 ; S. 27,1, 499).

La solidarité ne peut être prononcée que contre des individus qui ont concouru au même fait. Elle ne peut l'être contre des individus qui ont commis isolément des contraventions de même nature (Cass. 22 avril 1813 : S. 16, 1, 330).

V. Cod. civ. art. 1382 et suiv. ; Cod. proc. civ. 66, 162, 209 ; Cod. pén. 53.

(3) Il y a fausse application de la loi pénale, lorsque toutes les circonstances des faits constitutifs du délit ne sont pas énoncées dans le jugement (Cass. 9 mars 1819 : S. 19, 1, 298).

Un jugement ne doit contenir le texte de la loi qu'autant qu'il fait l'application d'une loi pénale, en prononçant une condamnation (Cass. 21 septembre 1810 : Bull. crim. p. 579 ; id. — 30 avril 1830 S. 30, 1, 367).

L'insertion du texte de la loi n'est pas nécessaire, à peine de nullité. Il suffit que la loi ait été citée (Cass. 9 mai 1823 : S. 23, 1, 347 ; D. 21, 1, 260). V. art. 163, 163, 369, 408.

On ne peut demander la nullité pour inobservation des formes dont parle l'art. 141. Cod. proc. (Cass. 14 mars 1828 : S. 28, 1, 386 ; id. — 8 mars 1829 ; S. 30, 1, 347).

Le vœu de la loi est suffisamment rempli, lorsque la loi a été citée dans le jugement par défaut, que confirme le jugement définitif (Cass. 9 mai 1823 : S. 23, 1, 347 ; D. 21, 1, 260).

On trouve dans quelques recueils l'énonciation que les jugemens des tribunaux correctionnels ne doivent pas être motivés à peine de nullité. La thèse contraire est la seule vraie ; il faut qu'un jugement rendu en police correctionnelle soit comme tout autre accompagné de motifs. La loi du 20 avril 1810, art. 7, a rappelé cette règle comme essentielle et générale pour toutes les décisions judiciaires. V. Legraverend, tom. 2, p. 35. Au surplus, si toutes les dispositions de l'art. 195 sont observées, le jugement se trouvera parfaitement motivé quant à la condamnation prononcée ; mais comme les tribunaux correctionnels peuvent rendre une foule de décisions qui ne sont pas des condamnations, il est nécessaire qu'ils les motivent.

Il suffit que les motifs qui n'avaient pas été exprimés dans le prononcé du jugement soient énoncés par le président sur la réclamation du prévenu ou de son défenseur. Peu importe qu'il n'y ait pas eu nouvelle délibération du tribunal (Cass. 29 janvier 1830 : S. 31, 1, 136). V. Cod. 3 brum. an 4, art. 189.

3

par le directeur de la régie des droits d'enregistrement et domaines (1).

198. Le procureur du Roi sera tenu, dans les quinze jours qui suivront la prononciation du jugement, d'en envoyer un extrait au procureur général près la cour royale (2).

199. Les jugemens rendus en matière correctionnelle pourront être attaqués par la voie de l'appel (3).

200. Les appels des jugemens rendus en police correctionnelle seront portés des tribunaux d'arrondissement au tribunal du chef-lieu du département.

Les appels des jugemens rendus en police correctionnelle au chef-lieu du département seront portés au tribunal du chef-lieu du département voisin, quand il sera dans le ressort de la même cour royale, sans néanmoins que les tribunaux puissent, dans aucun cas, être respectivement juges d'appel de leurs jugemens.

Il sera formé un tableau des tribunaux de chef-lieu auxquels les appels seront portés (4).

201. Dans le département où siège la cour royale, les appels des jugemens rendus en police correctionnelle seront portés à ladite cour.

Seront également portés à ladite cour les appels des jugemens rendus en police correctionelle dans le chef-lieu d'un département voisin, lorsque la distance de cette cour ne sera pas plus forte que celle du chef-lieu d'un autre département.

202. La faculté d'appeler appartiendra:

1° Aux parties prévenues ou responsables;

2° A la partie civile, quant à ses intérêts civils seulement;

3° A l'administration forestière;

4° Au procureur du Roi près le tribunal de première instance, lequel, dans le cas où il n'appellerait pas, sera tenu, dans le délai de quinzaine, d'adresser un extrait du jugement au magistrat du ministère public près le tribunal ou la cour qui doit connaître de l'appel;

5° Au ministère public près le tribunal ou la cour qui doit prononcer sur l'appel (5).

---

(1) La régie a qualité pour activer les recouvremens, mais elle ne peut valablement procéder qu'au nom du ministère public (Cass. 8 janvier 1821 : S. 22, 1, 201; D. 10, 1, 96; P. 63, 81).

Ainsi sont valables les poursuites faites à la requête de la régie, agissant au nom du procureur du Roi (Cass. 30 janvier 1826 : S. 26, 1, 356). A l'égard des amendes encourues par les notaires, la régie peut poursuivre en son nom (Cass. 10 décembre 1822 : S. 23, 1, 156; D. 21, 1, 36; P. 67, 26). V. Cod. brum. an 4, art. 190.

(2) V. art. 175, 202.

(3) L'appel pour incompétence est recevable, encore que le jugement soit de dernier ressort quant au fond (Cass. 26 février 1813 : S. 16, 1, 1).

Le jugement en dernier ressort par sa nature ne peut être attaqué par l'appel, bien qu'il soit qualifié en premier ressort et réciproquement (Cass. 26 nov. 1811; S. 16, 8, 17; id. — 4 août 1826 : S. 27, 1, 128). V. art. 202.

L'appel d'un jugement préparatoire ou d'instruction, ne peut être interjeté avant le jugement définitif; tel le jugement qui ordonne l'apport d'une pièce (Cass. 11 août 1826 : S. 27, 1, 213; id. — 22 janvier 1825 : S. 25, 1, 318; P. 75, 169).

Le jugement qui raie une cause du rôle est un jugement définitif; il est sujet à l'appel (Cass. 17 février 1824: S. 26, 1, 316). V. Cod. 3 brum. an 4, art. 192.

(4) V. loi du 20 avril 1810, art. 40.

(5) L'administration de la loterie est non recevable à interjeter appel d'un jugement qui a refusé de prononcer l'amende contre le prévenu (Cass. 30 novembre 1821: S. 22, 1, 70).

L'appel formé par un fondé de procuration générale est nul; il faut un mandat spécial (Cass. 12 sept. 1811 : S. 16, 1, 456).

Le mandat est spécial s'il porte pouvoir d'appeler de tous jugemens (Cass. 28 janvier 1823 : S. 16, 1, 456).

Un avoué, quoique sans mandat, peut valablement appeler (Cass. 23 avril 1813; S. 16, 1, 456; D. 17, 1, 373).

Le père, quoique sans pouvoir spécial de ses enfans mineurs, a qualité pour appeler des jugemens rendus contre eux (Cass. 3 juin 1821: S. 21, 1, 353; D. 19, 1, 384; P. 61, 171).

Le ministère public peut interjeter appel d'un jugement rendu conformément à ses conclusions (Cass. 25 fév. 1813 : S. 13, 1, 269; id. — 11 juin 1825 : S. 25, 1, 343).

L'appel est recevable de la part du ministère public près la cour, nonobstant l'acquiescement du procureur du Roi près le tribunal qui a rendu le jugement (Cass. 2 août 1815 : S. 16, 1, 131; D. 13, 1, 539; P. 44, 376; id. — 15 décembre 1814 : S. 15, 1, 185; id. — 17 juin 1819: S. 10, 1, 9; P. 36, 301; id. — 17 juin 1819: S. 20, 1, 121 id. — 2 février 1827 : S. 25, 1, 47).

L'ordre du procureur du Roi de mettre le prévenu en liberté n'est pas un acquiescement au jugement d'acquittement (Cass. 2 février 1827 : S. 25, 1, 47).

Ajoutons que le droit d'interjeter appel n'appartient pas seulement au ministère public du tribunal qui a jugé et au ministère public du tribunal d'appel, mais aussi au procureur général près la cour dans le ressort de laquelle est le tribunal d'appel (Cass. 14 mars 1817: Bull. crim. p. 56; id. — 1er juillet 1813 : S. 16, 1, 356).

Le substitut qui a rempli les fonctions du ministère public a qualité comme le procureur du Roi lui-même pour interjeter appel (Cass. 29 mars 1822: S. 22, 1, 369; D. 10, 1, 242).

Un jugement peut être attaqué pour cause d'incompétence par le ministère public, bien qu'il n'ait pas formé opposition à l'ordonnance de la chambre du conseil qui avait renvoyé au tribunal correctionnel (Cass. 30 mars 1816 : S. 16, 1, 239; id. — 4 septembre 1813: S. 14, 1, 8).

L'appel d'un jugement n'est pas recevable de la part de la partie civile seule, si elle n'est pas intervenue en première instance (Cass. 13 mars 1806: S. 7, 1, 1089). V. notes sur l'art. 67.

La partie civile peut appeler quelle que soit la somme à laquelle s'élèvent les intérêts civils: on ne peut appliquer la règle établie en matière civile, qui fixe à 1000 fr. la limite du dernier ressort des tribunaux de première instance (Bordeaux, 29 juillet 1830 : S. 31, 2, 78).

L'appel interjeté par les différentes personnes à qui cette voie est ouverte par l'article 202, ne produit pas les mêmes effets et ne saisit pas le tribunal d'appel ou la cour des mêmes questions. Toutes les difficultés qui peuvent s'élever à ce sujet me semblent devoir être résolues par un principe général et unique. Le jugement déféré au tribunal supérieur ne peut être réformé que dans l'intérêt de la partie ou des parties qui ont appelé; en d'autres termes, la condition de celui qui appelle ne peut être rendue pire par la décision des juges d'appel, lorsque d'ailleurs les autres parties, soit privées, soit publiques, n'ont point appelé.

205. Il y aura, sauf l'exception portée en l'article 205 ci-après, déchéance de l'appel, si la déclaration d'appeler n'a pas été faite au greffe du tribunal qui a rendu le jugement, dix jours au plus tard après celui où il a été prononcé, et si le jugement est rendu par défaut, dix jours au plus tard après celui de la signification qui en aura été faite à la partie condamnée ou à son domicile, outre un jour par trois myriamètres.

Pendant ce délai et pendant l'instance d'appel, il sera sursis à l'exécution du jugement (1).

204. La requête contenant les moyens d'appel pourra être remise dans le même délai au même greffe; elle sera signée de l'appelant, ou d'un avoué, ou de tout autre fondé de pouvoir spécial.

Dans ce dernier cas, le pouvoir sera annexé à la requête.

Cette requête pourra aussi être remise directement au greffe du tribunal où l'appel sera porté (2).

205. Le ministère public près le tribunal ou la cour qui doit connaître de l'appel, devra notifier son recours, soit au prévenu, soit à la personne civilement responsable du délit, dans les deux mois à compter du jour de la prononciation du jugement, ou, si le jugement lui a été légalement notifié par l'une des parties, dans le mois du jour de cette notification; sinon, il sera déchu (3).

Premier cas. — Le condamné a appelé seul. Alors, tout au plus, le jugement peut être confirmé, aucune peine plus grave ne peut être prononcée contre lui; les juges d'appel ne peuvent même pas déclarer que le fait considéré comme délit en première instance est un crime: se reconnaître incompétens et renvoyer le prévenu au grand criminel, ce serait aggraver sa position. Toutefois, on ne peut, sous prétexte que le fait est un crime, que les tribunaux correctionnels sont incompétens, que d'ailleurs le ministère public n'a pas attaqué le jugement, que l'action publique est éteinte, décider que le prévenu doit être renvoyé purement et simplement. Avis du Conseil-d'État du 12 nov. 1806 (Cass. 27 mars S. 16, 1, 305; 1er mai 1811; S. 16, 1, 305; 19 janv. 1811; 1816 et 3 mars 1820; S. 17, 1, 57 et S. 21, 1, 121; 25 mars 1823; S. 26, 1, 82; 9 juin 1826; S. 27, 1, 529, et D. 21, 1, 393; 30 juin 1827; S. 28, 1, 83; D. 25, 1, 423; 14 juillet 1827; S. 27, 1, 330; 25 janvier 1828; S. 28, 1, 316; D. 26, 1, 106; 22 juillet 1830; S. 30, 1, 406).

Deuxième cas. — La partie civile a appelé seule, et elle le peut, bien que le ministère public garde le silence (Cass. 17 mars 1814; S. 14, 1, 120). Alors le jugement ne peut être modifié ni dans ses dispositions pénales, ni atténué dans les condamnations prononcées contre le prévenu. V. l'avis du Conseil-d'État du 12 nov. 1806 (Cass. 17 novembre 1814; S. 15, 1, 81; 26 février 1825; S. 25, 1, 334; D. 25, 1, 318; 25 décembre 1827; S. 28, 1, 261; D. 26, 1, 74).

Troisième cas. — Le ministère public a interjeté appel seul. Alors le jugement peut être modifié quant à la peine qu'il prononce; mais on a cru qu'il fallait distinguer si le ministère public avait appelé à *minimâ*, ou s'il avait appelé du jugement, comme trop sévère; que dans la première hypothèse, la peine ne pouvait qu'être aggravée; que dans la seconde, elle ne pouvait qu'être diminuée. L'avis du Conseil-d'État du 22 novembre 1806 semblait consacrer ce système; mais plusieurs arrêts de la Cour de cassation l'ont repoussé en jugeant que, même sur l'appel à *minimâ* du ministère public, la peine peut être réduite (Cass. 27 février 1823; S. 17, 1, 326; 4 mars 1825; S. 26, 1, 50; 14 juillet 1827; S. 27, 1, 330; Paris, 9 novembre 1829; S. 30, 2, 57).

Quatrième cas. — La partie civilement responsable a seule appelé. Alors il n'y a de réformation possible qu'en ce qui touche les condamnations prononcées contre elle. Avis du Conseil-d'État du 12 novembre 1806 (Cass. 3 mars 1810; S. 21, 1, 123).

Il est facile maintenant de déterminer l'effet que produisent les appels interjetés simultanément par plusieurs des parties qui ont le droit d'appeler. V. Legraverend, tom. 2, p. 401 et suiv. V. art. 66 et 287.

(1) La partie qui fait sa déclaration d'appel dans les délais fixés par l'art. 203, n'est pas obligée de notifier son recours et les moyens à l'appui, aux termes de l'art. 205 (Cass. 29 juin 1815; S. 15, 1, 293).

Également il n'est pas nécessaire qu'expédition de la déclaration d'appel soit jointe par la partie au dossier de l'affaire (Cass. 11 janvier 1817; S. 17, 1, 393; *id.* — 11 janvier 1807; S. 17, 1, 367).

Si le dernier jour du délai se trouve être un jour férié, la déclaration d'appel ne peut être faite le lendemain (Cass. 28 août 1812; S. 17, 1, 321).

L'appel du ministère public près le tribunal ou la cour de l'appel, n'a pas besoin d'être déclaré au greffe; il suffit qu'il soit notifié dans le délai de l'art. 205 (Cass. 13 août 1813; S. 17, 1, 325).

On ne peut interjeter, comme en matière civile, appel incident, en tout état de cause et hors des délais (Cass. 18 mars 1809; S. 9, 1, 271).

Le ministère public peut requérir la déchéance contre la partie qui n'a pas appelé dans les dix jours, en tout état de cause (Cass. 30 mars 1812; S. 12, 1, 393).

L'appel est non-recevable s'il est interjeté le onzième jour après celui où le jugement a été prononcé (Cass. 18 juillet 1817; S. 20, 1, 46).

Un jugement rendu sur des reproches de témoins est réputé définitif; on ne peut en interjeter appel que dans le délai de dix jours. Sous le Code de brumaire an 4, on jugeait en sens contraire (Cass. 10 mars 1817; S. 17, 1, 364; D. 15, 1, 237; P. 49, 371).

L'appelant n'est pas obligé de produire des griefs d'appel (Cass. 19 juin 1815; S. 15, 1, 417).

L'appel émis par un prévenu ne dispense pas ses co-prévenus d'interjeter appel nominativement, et dans le délai (Cass. 16 mars 1813; S. 15, 1, 219; P. 43, 301).

Il n'y a pas lieu d'appliquer l'article 203 en matière de droits réunis (Cass. 8 août 1811; S. 23, 2, 150; D. 21, 1, 32).

L'appel par une partie civile d'un jugement à son égard contradictoire, mais, par défaut à l'égard du prévenu, est efficace, si le prévenu laisse écouler les délais de l'opposition; il n'est réputé non avenu, s'il y a opposition dans les délais (Cass. 30 août 1821; Bull. crim. p. 389).

L'appel même des jugemens par défaut doit être interjeté dix jours au plus tard après celui de la signification, à peine de déchéance. On ne peut prétendre que le délai de l'appel ne court que du jour de l'expiration du délai de l'opposition (Cass. 22 janvier 1828; S. 28, 1, 318; P. 73, 189). V. mes notes sur l'art. 174.

Le sursis à l'exécution des jugemens, pendant le délai et l'instance d'appel, n'est pas applicable à un jugement préparatoire, qui ordonne la jonction de deux instances (Cass. 22 janvier 1828; S. 28, 1, 318; P. 73, 189).

(2) La production d'une requête d'appel est facultative (Cass. 29 juin 1815; Bull. crim. p. 85).

(3) L'appel d'un jugement rendu le 18 décembre n'est pas recevable, si la notification n'en a été faite que le 19 février suivant (Cass. 22 avril 1817; Bull. crim. p. 83).

3.

206. (a) La mise en liberté du prévenu acquitté ne pourra être suspendue, lorsqu'aucun appel n'aura été déclaré ou notifié dans les trois jours de la prononciation du jugement (1).

207. La requête, si elle a été remise au greffe du tribunal de première instance, et les pièces, seront envoyées par le procureur du Roi au greffe de la cour ou tribunal auquel l'appel sera porté, dans les vingt-quatre heures après la déclaration ou la remise de la notification d'appel.

Si celui contre lequel le jugement a été rendu est en état d'arrestation, il sera, dans le même délai, et par ordre du procureur du Roi, transféré dans la maison d'arrêt du lieu où siège la cour ou le tribunal qui jugera l'appel.

208. Les jugemens rendus par défaut sur l'appel pourront être attaqués par la voie de l'opposition, dans la même forme et dans les mêmes délais que les jugemens par défaut rendus par les tribunaux correctionnels.

L'opposition emportera de droit citation à la première audience, et sera comme non avenue, si l'opposant n'y comparaît pas. Le jugement qui interviendra sur l'opposition ne pourra être attaqué par la partie qui l'aura formée, si ce n'est devant la cour de cassation (2).

209. L'appel sera jugé à l'audience, dans le mois, sur un rapport fait par l'un des juges.

210. A la suite du rapport, et avant que le rapporteur et les juges émettent leur opinion, le prévenu, soit qu'il ait été acquitté, soit qu'il ait été condamné, les personnes civilement responsables du délit, la partie civile, et le procureur du Roi, seront entendus dans la forme et dans l'ordre prescrit par l'article 190 (3).

211. Les dispositions des articles précédens sur la solennité de l'instruction, la nature des preuves, la forme, l'authenticité et la signature du jugement définitif de première instance, la condamnation aux frais, ainsi que les peines que ces articles prononcent, seront communes aux jugemens rendus sur l'appel (4).

L'appel ne doit être notifié au prévenu que lorsqu'il émane du ministère public près le tribunal qui doit en connaître, non lorsqu'il émane du ministère public près le tribunal qui a rendu le jugement (Cass. 21 janvier 1814 : S. 14, 1, 189 ; Id. — 10 mai 1816 ; Bull. crim. p. 64).

L'appel du ministère public est recevable, quoique seulement émis à l'audience où est porté l'appel de la partie (Cass. 14 juillet 1815 ; S. 16, 1, 112 ; D. 13, 1, 526 ; P. 44, 369).

La notification n'est pas nécessaire dans ce cas (Cass. 21 avril 1820 : S. 20, 1, 256 ; Id. — 20 février 1812 ; S. 12, 1, 333 ; Id. Bordeaux, 21 juillet 1830 ; S. 31, 2, 256).

Lorsque l'acte d'appel a été connu de l'intimé, cet acte ne peut être déclaré nul, pour défaut de signification à personne ou domicile (Cass. 23 mars 1809 ; S. 10, 1, 351 ; Id. — 8 juin 1809 ; S. 10, 1, 253).

(a) Ancien article 206, abrogé : « La mise en liberté du prévenu acquitté ne pourra être suspendue, lorsqu'aucun appel n'aura été déclaré ou notifié dans les dix jours de la prononciation du jugement. »

(1) Plusieurs amendemens ont été présentés dans la discussion de la loi du 28 avril 1832. On demandait que les délais de l'appel fixés à deux mois pour le procureur général, par l'article 205 du Code d'inst. crim., fussent réduits à un mois. On proposait de déclarer que s'il n'intervenait pas de condamnation, ou si la condamnation était pour un temps égal, ou moindre que celui qu'aurait duré l'arrestation, comme encore, s'il y avait ordonnance de la chambre du conseil qui déclarât qu'il n'y avait lieu à suivre, le détenu serait sur-le-champ mis en liberté.

De toutes ces propositions, la Chambre des députés n'avait adopté que celle-ci : « Le prévenu qui aura été acquitté sera mis en liberté immédiatement après la prononciation du jugement. »

La Chambre des pairs a cru qu'il était convenable d'accorder au ministère public, pour interjeter appel, un délai de trois jours au lieu du délai de dix jours établi par l'art. 206. Voici comment M. le rapporteur a justifié cette disposition :

« Nous ne dirons qu'un mot sur l'art. 206 ; il dispose que, lorsque le prévenu d'un fait puni d'une peine correctionnelle aura été acquitté, il ne sera mis en liberté qu'après le délai de dix jours qui sont laissés au ministère public pour juger s'il doit se pourvoir par appel contre le premier jugement.

« Ce jugement, rendu par trois juges, et souvent contre les conclusions du ministère public, n'est, à vrai dire, qu'un premier examen d'une affaire qui n'est souverainement jugée qu'en appel.

« La Chambre des députés, par un amendement introduit dans la discussion, a abrogé cette disposition. Le projet qui vous est soumis porte que le prévenu acquitté sera mis en liberté immédiatement après la prononciation du jugement ; de nombreuses réclamations se sont élevées contre ce changement. Votre commission vous propose de réduire à trois jours le délai de dix jours donné au ministère public par l'art. 206 du Code d'instruction criminelle. Ce délai doit suffire au ministère public pour régler son action. La société lésée et les prévenus y trouvent une suffisante garantie de leurs droits. » V. art. 24, Code pénal.

(2) Un arrêt rendu en matière correctionnelle peut être réputé par défaut contre l'appelant, encore qu'il ait présenté sa requête d'appel. Le Code d'instruction criminelle contient innovation aux dispositions du Code du 3 brum. an 4 (Cass. 22 août 1811 ; Bull. crim. p. 238 ; Id. — 22 août 1811 ; S. 12, 1, 22).

En matière de droits réunis, le délai de l'opposition est fixé par le Code d'instruction criminelle (Cass. 22 novembre 1811 ; S. 12, 1, 108). V. art. 187.

Pour qu'un jugement soit contradictoire, il suffit que le défendeur ait proposé des moyens de défense ; peu importe qu'il ait ultérieurement déclaré faire défaut (Cass. 8 septembre 1824 ; S. 25, 1, 67).

(3) Un arrêt est nul lorsque l'un des conseillers qui y ont concouru n'a pas été présent au rapport (Cass. 29 septembre 1820 ; S. 20, 1, 417).

En cas de partage d'opinion, l'avis le plus favorable l'emporte (Cass. 27 juin 1811 ; Bull. crim. p. 184). V. l'art. 347.

Les fonctions du ministère public peuvent être successivement remplies, dans une même cause, par un conseiller auditeur et par le procureur général (Cass. 20 janvier 1816 ; S. 16, 1, 337).

(4) Les juges d'appel ont faculté de ne pas ordonner une nouvelle audition des témoins entendus en première instance. Ils peuvent se déterminer d'après les notes tenues par le greffier, bien que ces notes ne soient signées ni du greffier, ni des témoins (Cass. 4 août 1810 ; S. 21, 1, 59 ; D. 18, 1, 526 ; P. 61, 264).

212. Si le jugement est réformé parce que le fait n'est réputé délit ni contravention de police par aucune loi, la cour ou le tribunal renverra le prévenu et statuera, s'il y a lieu, sur ses dommages-intérêts (1).

213. Si le jugement est annulé parce que le fait ne présente qu'une contravention de police, et si la partie publique et la partie civile n'ont pas demandé le renvoi, la cour ou le tribunal prononcera la peine, et statuera également, s'il y a lieu, sur les dommages-intérêts (2).

214. Si le jugement est annulé parce que le délit est de nature à mériter une peine afflictive ou infamante, la cour ou le tribunal décernera, s'il y a lieu, le mandat de dépôt, ou même le mandat d'arrêt, et renverra le prévenu devant le fonctionnaire public compétent; autre toutefois que celui qui aura rendu le jugement ou fait l'instruction (3).

215. Si le jugement est annulé pour violation ou omission non réparée de formes prescrites par la loi à peine de nullité, la cour ou le tribunal statuera sur le fond (4).

216. La partie civile, le prévenu, la partie publique, les personnes civilement responsables du délit, pourront se pourvoir en cassation contre le jugement (5).

TITRE II. *Des affaires qui doivent être soumises au jury.*

CHAP. Ier. *Des mises en accusation.*

217. Le procureur général près la Cour royale sera tenu de mettre l'affaire en état dans les cinq jours de la réception des pièces qui lui auront été transmises en exécution de l'article 133 ou de l'article 135, et de faire son rapport dans les cinq jours suivans, au plus tard.

Pendant ce temps, la partie civile et le prévenu pourront fournir tels mémoires qu'ils estimeront convenables, sans que le rapport puisse être retardé (6).

218. Une section de la Cour royale, spécialement formée à cet effet, sera tenue de se réunir, au moins une fois par semaine, à la chambre du conseil, pour entendre le rapport du procureur général et statuer sur ses réquisitions.

219. Le président sera tenu de faire prononcer la section au plus tard dans les trois jours du rapport du procureur général.

220. Si l'affaire est de la nature de celles qui sont réservées à la haute-cour ou à la Cour de cassation, le procureur général est tenu d'en requérir la suspension et le renvoi, et la section de l'ordonner.

221. Hors le cas prévu par l'article précédent, les juges examineront s'il existe contre le prévenu des preuves ou des indices d'un fait qualifié crime par la loi, et si ces preuves ou indices sont assez graves pour que la mise en accusation soit prononcée (7).

222. Le greffier donnera aux juges, en présence du procureur général, lecture de toutes les pièces du procès; elles seront ensuite laissées sur le bureau, ainsi que les mémoires que la partie civile et le prévenu auront fournis.

223. La partie civile, le prévenu, les témoins, ne paraîtront pas.

224. Le procureur général, après avoir déposé sur le bureau sa réquisition écrite et signée, se retirera ainsi que le greffier.

225. Les juges délibéreront entre eux sans désemparer, et sans communiquer avec personne.

226. La Cour statuera par un seul et même arrêt sur les délits connexes dont

---

Une preuve tendant à établir la demande primitive peut être faite en cause d'appel : telle est la preuve que, depuis la citation, le prévenu a fait dans les objets qui constituaient le délit des changemens de nature à en faire disparaître la trace (Cass. 14 août 1813 ; S. 25, 1, 5).

(1) Les tribunaux ne peuvent accorder de dommages-intérêts à la partie poursuivante, s'ils ne prononcent pas de peine (Cass. 30 avril 1813 ; S. 13, 1, 349 ; *id.* — 9 juin 1815 ; S. 15, 1, 410 ; D. 15, 1, 475 ; *id.* — 22 octobre 1818 ; Bull. crim. p. 413). *V.* art. 159 et 191.

(2) Les juges d'appel ne doivent renvoyer qu'après annulation pour incompétence, et dans le cas d'incompétence, à raison du lieu du délit, ou de la résidence du prévenu (Cass. 4 juillet 1811 ; S. 13, 1, 109 ; D. 10, 1, 493 ; *id.* — 21 sept. 1811 ; S. 12, 1, 3 ; D. 19, 1, 574 ; *id.* — 17 février 1816 ; S. 16, 1, 516 ; *id.* — 17 juin 1816 ; S. 17, 1, 75).

(3) La cour royale qui annule le jugement et se déclare incompétente, en ce que le fait incriminé est un crime, ne peut pas déterminer et saisir un juge d'instruction de son ressort, qui ne serait pas de droit compétent ; ce serait prononcer par forme de règlement de juges, droit qui n'appartient qu'à la Cour de cassation.

(Cass. 3 juin 1815 ; S. 16, 1, 153). *V.* art. 132 et 193. *V.* Cod. 3 brum. an 4, art. 203.

(4) Ce serait violer les règles de la compétence, de renvoyer le procès et les parties devant un autre tribunal (Cass. 5 mai 1820 ; S. 20, 1, 284).

Egalement, si, après l'annulation, le jugement, au lieu de statuer au fond, laissait au procureur général à poursuivre le prévenu (Cass. 23 juillet 1813 ; S. 16, 1, 200). *V.* art. 215, loi du 24 avril 1806.

L'obligation de statuer au fond s'applique même au cas où un jugement, en matière de presse, a été annulé par le motif que l'ordonnance de prévention dont il a été précédé n'articulait ni ne qualifiait les faits (Cass. 31 août 1817 ; S. 18, 3, 116).

(5) *V.* art. 177, 373, 408, 413, 416 et 417.

(6) La loi du 7 pluviose an 9 obligeait le directeur du jury à donner au prévenu lecture des charges et des dépositions des témoins. Legraverend et Bourguignon pensent que cette disposition doit encore être exécutée.

(7) La chambre d'accusation n'est pas compétente pour annuler un acte de la chambre du conseil qui crée un juge d'instruction adjoint (Cass. 17 octobre 1823 ; S. 24, 1, 119). *V.* notes sur les art. 133 et 135.

L'erreur des juges sur ce qui constitue un commence-

les pièces se trouveront en même temps produites devant elles (1).

227. Les délits sont connexes, soit lorsqu'ils ont été commis en même temps par plusieurs personnes réunies, soit lorsqu'ils ont été commis par différentes personnes, même en différens temps, et en divers lieux, mais par suite d'un concert formé à l'avance entre elles, soit lorsque les coupables ont commis les uns pour se procurer les moyens de commettre les autres, pour en faciliter, pour en consommer l'exécution, ou pour en assurer l'impunité (2).

228. Les juges pourront ordonner, s'il y échet, des informations nouvelles.

Ils pourront également ordonner, s'il y a lieu, l'apport des pièces servant à conviction, qui seront restées déposées au greffe du tribunal de première instance.

Le tout dans le plus court délai (3).

229. Si la Cour n'aperçoit aucune trace d'un délit prévu par la loi, ou si elle ne trouve pas des indices suffisans de culpabilité, elle ordonnera la mise en liberté du prévenu ; ce qui sera exécuté sur le champ, s'il n'est retenu pour autre cause.

Dans le même cas, lorsque la Cour statuera sur une opposition à la mise en liberté du prévenu prononcée par les premiers juges, elle confirmera leur ordonnance ; ce qui sera exécuté comme il est dit au précédent paragraphe (4).

230. Si la Cour estime que le prévenu doit être renvoyé à un tribunal de simple police ou à un tribunal de police correctionnelle, elle prononcera le renvoi, et indiquera le tribunal qui doit en connaître.

Dans le cas de renvoi à un tribunal de simple police, le prévenu sera mis en liberté (5).

231 (a). Si le fait est qualifié crime par la loi, et que la Cour trouve des charges suffisantes pour motiver la mise en accu-

---

ment d'exécution est une erreur de droit et donne lieu à la cassation (Cass. 9 janvier 1812 : S. 12, 1, 143).

Les chambres d'accusation ne peuvent pas s'occuper de l'examen des preuves ou indices d'un crime prescrit (Cass. 9 mai 1812 : Bull. crim. p. 276 ; Id. — 9 novembre 1811 ; S. 19, 1, 452).

Remarquons bien que ce ne sont pas des preuves que doivent rechercher les chambres d'accusation, que des indices sont suffisans.

Il faut que l'arrêt qui renvoie à la cour d'assises énonce qu'il existe des indices suffisans; sans cela, il sera nul pour défaut de motifs (Cass. 10 mai 1822 : S. 22, 1, 286 ; D. 20, 1, 244).

Un arrêt qui annulle une ordonnance de non-lieu est suffisamment motivé, s'il dit que les faits ont été mal qualifiés et qu'il existe contre le prévenu des charges suffisantes de faits que la loi a qualifiés crimes (Cass. 10 juillet 1828 : S. 28, 1, 261).

(1) Tous les complices d'un même fait arrêtés ensemble doivent être jugés par le même tribunal, c'est-à-dire par la cour d'assises, bien que l'un des accusés seul soit, à raison de quelque circonstance, justiciable de la cour d'assises, et que l'autre soit justiciable des tribunaux correctionnels (Cass. 14 août 1812 : S. 13, 1, 76).

Id. en cas de connexité entre un crime et un délit (Cass. 18 novembre 1813 : S. 16, 1, 51 ; P. 45, 109).

La violation de l'art. 226 n'emporte point nullité (Cass. 28 décembre 1816 : S. 17, 1, 117 ; P. 50, 257.)

Une instruction du ministre de la justice, en date du 23 frimaire an 5, rappelle la loi du 20 septembre — 19 octobre 1791, art. 7, portant que si pour raison de deux faits la même personne est dans le même temps prévenue d'un délit commun et d'un délit militaire, la poursuite en est portée devant les juges ordinaires. V. Rép. de Jurisp. aux mots connexité et délit militaire. V. art. 227, 307, 308, 360, 443, 526, 527, 540.

La connexité résultant de simples présomptions de complicité, suffit pour faire rejeter la demande de l'un des prévenus tendante à être jugé séparément (Cass. 3 juin 1826 : S. 27, 1, 178).

Un forçat doit être jugé par la cour d'assises, et non par un tribunal maritime, lorsqu'il a un complice justiciable de la cour d'assises (Cass. 3 août 1817 : S. 28, 1, 71).

Il n'y a pas connexité entre le fait d'avoir maltraité un préposé des douanes (fait de la compétence du tribunal correctionnel), et l'introduction frauduleuse (fait de la compétence du juge de paix) (Cass. 1er octobre 1818 : S. 27, 1, 13).

(2) Voy. mes notes sur l'art. 226.

(3) L'article ne s'applique pas au cas où il y a eu décision ou ordonnance passée en force de chose jugée (Cass. 19 mars 1813 : S. 13, 1, 454). V. notes sur l'art. 133 à 135, art. 235, 236, 237, 238).

Lorsqu'une chambre d'accusation, après avoir annulé l'ordonnance de non-lieu, fait reprendre l'instruction, elle ne peut renvoyer l'affaire devant un autre juge d'instruction, ni exclure de la chambre du conseil les membres qui ont concouru à l'ordonnance annulée (Cass. 10 avril 1829 ; S. 30, 1, 332).

(4) La chambre d'accusation qui rejette l'opposition formée par la partie civile contre une ordonnance de non-lieu peut, en même temps, statuer sur la demande en dommages-intérêts du prévenu contre la partie civile (Cass. 10 juin 1813 : S. 17, 2, 276).

La chambre d'accusation ne peut apprécier les simples excuses (Cass. 28 février 1823 : S. 23, 1, 265 ; février 1828 : S. 28, 1, 165 ; D. 26, 1, 145). V. Leg. tom. 1, p. 432. Mais l'exception de légitime défense est plus qu'une excuse, elle est exclusive de toute criminalité (27 mars 1818 : Bull. crim. p. 107 ; Id. — 8 janvier 1819 ; S. 19, 1, 113).

L'effraction seule n'est pas un crime, elle ne peut, seule, motiver une mise en accusation (Cass. 1er août 1823 ; S. 26, 1, 205).

Le pourvoi en cassation contre l'arrêt qui déclare n'y avoir lieu à suivre, doit être formé dans les trois jours, à peine de déchéance (Cass. 10 juin 1826 ; S. 27, 1, 190).

La partie civile est-elle recevable à se pourvoir en cassation contre un arrêt portant qu'il n'y a lieu à suivre, lorsque cet arrêt n'est point attaqué en temps utile par le ministère public ? V. notes sur l'art. 135.

(5) Un arrêt de renvoi devant un tribunal correctionnel n'a pas l'autorité de la chose jugée, relativement à l'existence du délit et à la culpabilité des prévenus (Cass. 16 pluviose an 13 : S. 6, 1, 41).

Ni quant à la compétence. Le renvoi est indicatif et non attributif de juridiction (Cass. 21 novembre 1811 : S. 12, 1, 135 ; Id. — 27 juin 1811 ; Bull. crim. p. 184 ; Id. — 12 mars 1813 ; Bull. crim. p. 113 ; Id. — 16 août 1817 ; Bull. crim. p. 207).

La chambre de mise en accusation doit prononcer expressément le renvoi, et désigner le tribunal. A défaut de renvoi et de désignation exprès, la marche de la justice serait suspendue (Cass. 10 avril 1813 : S. 23, 1, 329 ; D. 21, 1, 429). V. art. 129, 130, 192, 213.

(a) Ancien article 231, modifié en vertu de l'article 54 de la Charte : Elle ordonnera le renvoi du prévenu, soit aux assises, soit à la cour spéciale, dans le cas où

sation; elle ordonnera le renvoi du prévenu aux assises.

Si le délit a été mal qualifié dans l'ordonnance de prise de corps, la Cour l'annullera, et en décernera une nouvelle.

Si la Cour, en prononçant l'accusation du prévenu, statue sur une opposition à sa mise en liberté, elle annullera l'ordonnance des premiers juges, et décernera une ordonnance de prise de corps (1).

232. Toutes les fois que la Cour décernera des ordonnances de prise de corps, elle se conformera au second paragraphe de l'article 134.

233. L'ordonnance de prise de corps, soit qu'elle ait été rendue par les premiers juges, soit qu'elle l'ait été par la Cour, sera insérée dans l'arrêt de mise en accusation, lequel contiendra l'ordre de conduire l'accusé dans la maison de justice établie près la Cour où il sera renvoyé.

234. Les arrêts seront signés par chacun des juges qui les auront rendus; il y sera fait mention, à peine de nullité, tant de la réquisition du ministère public, que du nom de chacun des juges (2).

235. Dans toutes les affaires, les Cours royales, tant qu'elles n'auront pas décidé s'il y a lieu de prononcer la mise en accusation, pourront d'office, soit qu'il y ait ou non une instruction commencée par les premiers juges, ordonner des poursuites,

se faire apporter les pièces, informer ou faire informer, et statuer ensuite ce qu'il appartiendra (3).

236. Dans le cas du précédent article, un des membres de la section dont il est parlé en l'article 218 fera les fonctions de juge-instructeur (4).

237. Le juge entendra les témoins, ou commettra, pour recevoir leurs dépositions, un des juges du tribunal de première instance dans le ressort duquel ils demeurent, interrogera le prévenu, fera constater par écrit toutes les preuves ou indices qui pourront être recueillis, et décernera, suivant les circonstances, les mandats d'amener, de dépôt ou d'arrêt.

238. Le procureur général fera son rapport dans les cinq jours de la remise que le juge instructeur lui aura faite des pièces.

239. Il ne sera décerné préalablement aucune ordonnance de prise de corps; et s'il résulte de l'examen, qu'il y a lieu de renvoyer le prévenu à la Cour d'assises (a), ou au tribunal de police correctionnelle, l'arrêt portera cette ordonnance, ou celle de se représenter, si le prévenu a été admis à la liberté sous caution (5).

240. Seront, au surplus, observées les autres dispositions du présent Code qui ne sont point contraires aux cinq articles précédens.

241. Dans tous les cas où le prévenu sera

---

cette cour serait compétente, d'après les règles établies au titre VI du présent livre. »

(1) La cour d'assises saisie par arrêt de renvoi ne peut pas se déclarer incompétente, sous prétexte que le fait n'est pas réputé crime par la loi ; elle doit soumettre les accusés aux débats, sauf à statuer, quant à la peine, selon le vœu de la loi (Cass. 28 mars 1816 : S. 16, 1, 2⁴4 ; Id. — 13 juillet 1827 : S. 27, 1, 517 ; Id. — 14 septembre 1828 : S. 28, 1, 113).

Celui qui est accusé de soustraction de pièces ne peut être jugé pour fait de concussion (Cass. 16 septembre 1819 : S. 20, 1, 41).

Lorsqu'un individu est mis en accusation pour un crime avec récidive, l'identité ou la récidive doit être déclarée ou indiquée par la chambre d'accusation, sans renvoyer aux juges qui ont prononcé la première condamnation (Cass. 30 juillet 1812 : 13, 1, 73). V. les art. 9, 226, 271, 338 et 554.

Les chambres d'accusation ne peuvent renvoyer les prévenus des poursuites, en se bornant à déclarer que les faits ne constituent ni crime ni délit (Cass. 27 juin 1828 : S. 28, 1, 251). V. art. 154.

Il y a lieu de renvoyer à la cour d'assises les faits de haute trahison et d'attentat à la sûreté de l'Etat qui peuvent être considérés comme étant de la compétence de la cour des pairs, tant que la cour des pairs n'en est pas saisie par un acte exprès (Cass. 8 déc. 1830 : Bull. crim. p. 431). V. art. 28 de la Charte de 1830 et 33 de la Charte de 1814.

La Constitution du 22 frimaire an 8, art 3, dit que la mise en accusation suspend l'exercice des droits politiques. M. Legraverend fait remarquer qu'elle ne suspend pas l'exercice des droits civils, d'où la conclusion que les actes faits par l'accusé sont valables, sauf les cas de fraude. V. Cod. 3 brum. an 4, art. 210, 243 et 329.

(2) La déclaration d'un juge qu'il n'a pas été de l'avis de la majorité, doit être cassée par la Cour de cassation (Cass. 27 juin 1821 : S. 21, 1, 266 ; D. 10, 1, 316 ; P. 63, 533). Par exemple, si le juge ajoute à sa signature le mot dissident (Cass. 18 août 1831 : S. 31, 1, 339).

Id. de la protestation faite au greffe manifestant l'opinion du juge (Cass. 21 avril 1827 : S. 27, 1, 516). V. l'art. 196.

Le défaut de signature par les juges, n'emporte pas nullité (Cass. 10 mars 1827 : S. 27, 1, 387).

(3) Le droit que donne l'art. 235 aux cours royales n'est pas restreint par l'art. 11 de la loi du 20 avril 1810 qui parle des poursuites à faire sur les dénonciations d'un ou plusieurs conseillers. D'ailleurs, le droit de mettre en action la cour royale appartient au procureur général, comme aux conseillers et présidens de la cour (Cass. 9 janvier 1811 : S. 17, 1, 327). V. les notes sur l'art. 228.

La chambre d'accusation, saisie de l'opposition à une ordonnance de la chambre du conseil, peut ordonner une nouvelle information, tant contre les prévenus que contre un individu non compris dans l'instruction et prononcer sa mise en accusation (Cass. 10 mars 1827 : S. 27, 1, 357).

L'art. 235, Cod. inst. crim. n'autorise pas une cour à ordonner au procureur-général de prendre des renseignemens sur les motifs qui ont déterminé la mise au cachot d'un prévenu (Cass. 26 février 1825 : S. 25, 1, 338). V. art. 30. Cod. 3 brum. an 4, art. 438.

(4) Les ordonnances des membres des chambres d'accusation des cours royales, remplissant les fonctions de juges d'instruction, ne sont pas sujettes à cassation (Cass. 2 novembre 1821 : Bull. crim. p. 629).

Le conseiller qui a fait les fonctions de juge d'instruction peut et doit concourir à l'arrêt de mise en accusation (Cass. 21 janvier 1813 : S. 17, 1, 277 ; Id. — 2 novembre 1811 ; Bull. crim. p. 629).

Encore que par l'effet du roulement annuel il ait cessé de faire partie de la chambre, et sa présence n'exige point l'éloignement momentané d'un autre conseiller (Cass. 10 et 21 fév. 1824 : S. 24, 1, 397 et 598). V. art. 227.

(a) Ancien article 239, modifié en vertu de l'article 54 de la Charte ; V. à la cour spéciale.

(5) La chambre d'accusation ne peut ordonner le renvoi en état de mandat d'amener d'un prévenu de délit politique, devant la cour d'assises (Cass. 18 février 1831 : S. 31, 1, 109).

renvoyé à la Cour d'assises (a), le procureur général sera tenu de rédiger un acte d'accusation.

L'acte d'accusation exposera : 1° la nature du délit qui forme la base de l'accusation; 2° le fait et toutes les circonstances qui peuvent aggraver ou diminuer la peine : le prévenu y sera dénommé et clairement désigné.

L'acte d'accusation sera terminé par le résumé suivant :

En conséquence, N....; est accusé d'avoir commis tel meurtre, tel vol, ou tel autre crime, avec telle et telle circonstance (1).

242. L'arrêt de renvoi et l'acte d'accusation seront signifiés à l'accusé, et il lui sera laissé copie du tout (2).

243. Dans les vingt-quatre heures qui suivront cette signification, l'accusé sera transféré de la maison d'arrêt dans la maison de justice établie près la Cour où il doit être jugé (3).

244. Si l'accusé ne peut être saisi ou ne se présente point, on procédera contre lui par contumace, ainsi qu'il sera réglé ci-après au chapitre II du titre IV du présent livre.

245. Le procureur général donnera avis de l'arrêt de renvoi à la cour d'assises (b), tant au maire du lieu du domicile de l'accusé, s'il est connu, qu'à celui du lieu où le délit a été commis.

246. Le prévenu à l'égard duquel la Cour royale aura décidé qu'il n'y a pas lieu au renvoi à la Cour d'assises (c), ne pourra plus y être traduit à raison du même fait, à moins qu'il ne survienne de nouvelles charges (4).

247. Sont considérés comme charges nouvelles, les déclarations des témoins, les pièces et procès-verbaux qui, n'ayant pu être soumis à l'examen de la Cour royale, sont cependant de nature, soit à fortifier les preuves que la Cour aurait trouvées trop faibles, soit à donner aux faits de nouveaux développemens utiles à la manifestation de la vérité (5).

248. En ce cas, l'officier de police judiciaire, ou le juge d'instruction, adressera sans délai copie des pièces et charges au procureur général près la Cour royale; et, sur la réquisition du procureur général, le président de la section criminelle indiquera le juge devant lequel il sera, à la

---

(a) « Ancien article 241, modifié en vertu de l'art. 54 de la Charte : » Ou à la Cour spéciale. »

(1) L'acte d'accusation pour tentative de crime, doit, à peine de nullité, exprimer que la tentative a été accompagnée de toutes les circonstances énoncées en l'art. 2 du Code pénal (Cass. 26 juillet 1811 : S. 11, 1, 181).

Lorsque l'acte d'accusation ne rapporte pas les circonstances caractéristiques du crime et que ces circonstances, quoique énoncées dans l'arrêt de renvoi, n'ont pas été comprises dans les questions soumises au jury, il y a lieu de casser l'acte d'accusation et tout ce qui l'a suivi (Cass. 21 septembre 1827 : S. 28, 1, 109).

L'auteur d'un délit n'est pas suffisamment désigné par cette expression, un inconnu, quand même il serait dit que l'inconnu a commis le crime sous le faux nom d'un tel (Cass. 7 janvier 1825 : S. 25, 1, 261).

Lorsque le résumé de l'acte d'accusation présente des omissions qui effaceraient la criminalité du fait, c'est au dispositif même de l'arrêt de mise en accusation que le président doit se reporter pour la position des questions au jury (Cass. 2 décembre 1825 : S. 26, 1, 293).

La loi du 8 avril 1831 donne au ministère public la faculté de saisir les cours d'assises de la connaissance des délits de la presse et d'affichage et criage publics, par citation donnée directement au prévenu, sans qu'il soit nécessaire de suivre les formes ordinaires de la mise en accusation.

Cependant il résulte de la discussion de la loi du 8 avril 1831, que le procureur général peut laisser l'instruction suivre sa marche ordinaire; toutefois, et même dans ce dernier cas, il n'est pas nécessaire qu'il y ait un acte d'accusation dressé contre le prévenu (Arrêt du 4 mars 1831 : S. 1831, 1, 88; D. 1831, 1, 131). *V.* les notes dans ma Collection des Lois, tom. 31, p. 294.

(2) *V.* l'art. 241. *V.* Cod. 3 brum. au 4, art. 223 et 259.

(3) *V.* art. 166.

(b) Ancien article 243, modifié en vertu de l'article 54 de la Charte : » Ou à la cour spéciale. »

(c) Ancien article 246 : « A l'une de ces cours. »

(4) Un nouveau point de vue ne peut avoir l'effet de nouvelles charges (Cass. 19 mars 1813 : S. 13, 1, 454).

L'instruction sur de nouvelles charges n'est directement

attribuée aux chambres des mises en accusation que dans le cas où ces chambres auraient déjà connu des anciennes charges, et qu'à raison de leur insuffisance, ces chambres auraient déclaré qu'il n'y a pas lieu à suivre : hors ce cas, l'instruction, à raison de nouvelles charges, doit être faite par la chambre du conseil (Cass. 31 août 1831 : Bull. crim. p. 593).

La Cour de cassation a jugé par arrêt du 10 avril 1823 (S. 23, 1, 352) que l'ordonnance de non-lieu, rendue par une chambre du conseil, ne peut empêcher de reprendre l'instruction, s'il survient des charges nouvelles. M. Legraverend pense, comme je l'ai fait remarquer dans les notes sur l'article 135, que nonobstant l'ordonnance de non-lieu, et bien qu'il n'y ait pas eu d'opposition à cette ordonnance, la cour royale peut même sans charges nouvelles ordonner des poursuites nouvelles. Mais j'ai dit aussi que la Cour de cassation considère les ordonnances de non-lieu non frappées d'opposition, comme ayant la même autorité que les arrêts des chambres d'accusation, et comme étant un obstacle insurmontable à toutes poursuites, s'il n'est pas survenu des charges nouvelles. Legrav. t. 1, p. 593 et suiv. cite un arrêt de la Cour de cassation du 18 juin 1817, qui a jugé que si la chambre d'accusation a mal réglé la compétence, si l'erreur vient à être reconnue, et que le tribunal correctionnel saisi par l'arrêt de renvoi se déclare incompétent, rien n'empêche que *sans charges nouvelles*, le prévenu soit mis en accusation et traduit devant la cour d'assises. M. Legraverend approuve cette doctrine; mais il conteste un autre point jugé par le même arrêt, savoir que l'art. 246 n'est applicable qu'en matière criminelle proprement dite; et qu'ainsi en matière correctionnelle *sans charges nouvelles*, les poursuites peuvent être reprises. « La doctrine de l'arrêt me paraît contraire à la loi, dit le savant criminaliste, à moins qu'on ne consiste à dire qu'en matière correctionnelle, il n'y aurait pas lieu à reprendre les poursuites, même sur des charges nouvelles. » Je pense que M. Legraverend s'est laissé entraîner trop loin; qu'on soutienne que l'article 246 est applicable aux matières correctionnelles, et qu'il faut des charges nouvelles pour autoriser de nouvelles poursuites, très-bien; mais qu'on prétende que les poursuites nouvelles seront impossibles, même en présence de charges nouvelles, c'est ce qui ne peut être admis. *V.* Cod. 3 brum. au 4, art. 235.

(5) *V.* loi du 6 ventose an 2.

poursuite de l'officier du ministère public, procédé à une nouvelle instruction, conformément à ce qui a été prescrit,

Pourra toutefois le juge d'instruction décerner, s'il y a lieu, sur les nouvelles charges, et avant leur envoi au procureur général, un mandat de dépôt contre le prévenu qui aurait été déjà mis en liberté d'après les dispositions de l'article 229.

249. Le procureur du Roi enverra, tous les huit jours, au procureur général, une notice de toutes les affaires criminelles, de police correctionnelle ou de simple police, qui seront survenues (1).

250. Lorsque, dans la notice des causes de police correctionnelle ou de simple police, le procureur général trouvera qu'elles présentent des caractères plus graves, il pourra ordonner l'apport des pièces dans la quinzaine seulement de la réception de la notice, pour ensuite être par lui fait, dans un autre délai de quinzaine du jour de la réception des pièces, telles réquisitions qu'il estimera convenables, et par la Cour être ordonné dans le délai de trois jours ce qu'il appartiendra (2).

CHAP. II. *De la formation des Cours d'assises.*

251. Il sera tenu des assises dans chaque département, pour juger les individus que la cour royale y aura renvoyés.

252. (a) Dans les départemens où siégent les Cours royales, les assises seront tenues par trois des membres de la Cour, dont l'un sera président.

Les fonctions du ministère public seront remplies, soit par le procureur général, soit par un des avocats généraux, soit par un des substituts du procureur général.

Le greffier de la Cour y exercera ses fonctions par lui-même ou par l'un de ses commis assermentés (3).

253. (b) Dans les autres départemens, la Cour d'assises sera composée : 1° d'un conseiller à la Cour royale délégué à cet effet, et qui sera président de la Cour d'assises ; 2° de deux juges pris, soit parmi les conseillers de la Cour royale, lorsque celle-ci jugera convenable de les déléguer à cet effet, soit parmi les présidens ou juges du tribunal de première instance du lieu de la tenue des assises ; 3° du procureur du Roi près le tribunal ou de l'un de ses substituts, sans préjudice des dispositions contenues dans les articles 265, 271 et 284 ; 4° du greffier du tribunal ou de l'un de ses commis assermentés (4).

254. (c) *Abrogé.*

---

(1) V. art. 47, 250, 275 et 290.

(2) L'article 250 n'autorise pas une chambre d'accusation à annuler une ordonnance de la chambre du conseil, si le procureur du Roi n'y a pas formé opposition, alors qu'il n'y a pas de partie civile (Cass. 19 mars 1812 : S. 12, 1, 384). V. Bourguignon sur cet article, et les notes sur les art. 135 et 146.

(a) Ancien article 252, abrogé par la loi du 4 mars 1831 : « Dans le département où siége la cour royale, les assises seront tenues par cinq de ses membres, dont l'un sera président.

« Le procureur général, ou l'un de ses substituts, y remplira les fonctions du ministère public.

« Le greffier de la cour y exercera ses fonctions. »

(3) Un arrêt de cour d'assises doit constater, à peine de nullité, qu'il a été rendu par le nombre de juges prescrit par la loi (Cass. 13 décembre 1818 : S. 16, 1, 200).

La loi du 25 brumaire an 8, qui permet l'adjonction des juges suppléans dans les tribunaux criminels, n'a été abrogée ni par l'art. 252, ni par la loi du 20 avril 1810 (Cass. 27 juillet 1820 : S. 21, 1, 5).

La cour d'assises, dans la ville où siége la cour royale, est une chambre temporaire dont le concours est indispensable, dans le cas où une décision doit émaner de la cour entière (Cass. 6 février 1823 : S. 23, 1, 178).

La cour criminelle de la Corse peut juger au nombre de six juges (Cass. 11 mai 1817 : S. 17, 1, 524 ; Id. — 7 février 1818 ; S. 18, 1, 173).

L'ordonnance du 5 novembre 1816 rétablit le jury en Corse. V. ma Coll. des Lois. V. loi du 20 avril 1810, art. 163 Décret du 6 juill. 1810, art. 79 et 93.

(b) Ancien article 253, abrogé par la loi du 4 mars 1831 : « Dans les autres départemens, la cour d'assises sera composée : 1° d'un membre de la cour royale, délégué à cet effet, et qui sera le président des assises ; 2° de quatre juges pris parmi les présidens et les juges plus anciens du tribunal de première instance du lieu de la tenue des assises ; 3° du procureur du Roi près ce tribunal, ou de l'un de ses substituts ; 4° du greffier du même tribunal.

« Dans le texte primitif décrété en 1808, le troisième paragraphe de cet article était ainsi conçu : « 3° d'un sub-

stitut du procureur général qui portera le titre de procureur impérial criminel. » Le changement ci-dessus a été introduit dans l'édition officielle publiée par ordonnance du 9 septembre 1816. »

Il faut ajouter que l'édition officielle du 9 septembre 1816 n'a fait ce changement qu'en vertu de la loi du 25 décembre 1815, qui supprime les procureurs criminels. V. notes sur l'art. 254.

(4) V. art. 265, 284 et 288.

Un conseiller auditeur peut être délégué pour présider une cour d'assises (Cass. 6 février 1818 : S. 18, 1, 184).

Remarquons que la loi du 10 décembre 1830 supprime les conseillers auditeurs.

Lorsque des juges moins anciens ont été appelés en remplacement de ceux qui les précédent sur le tableau, il y a présomption légale que ceux-ci ont été légitimement empêchés. Au surplus, la violation de l'article 253 n'emporte pas nullité (Cass. 27 mars 1828 : S. 28, 1, 391).

Un arrêt remarquable de la Cour de cassation a déjà interprété la loi du 4 mars 1831 ; il a jugé que les cours d'assises, quoique composées de trois juges seulement, peuvent, aux termes des art. 191 et 803 Cod. inst. crim. prononcer des peines contre les délits commis à leur audience, et à la simple majorité ; bien qu'à l'époque où les articles 191 et 203 ont été publiés les cours fussent composées de cinq juges et offrissent sous ce rapport plus de garanties. En serait-il de même des crimes commis à l'audience ? La cour de cassation n'a pas eu à statuer sur ce point, et elle dit elle-même dans les considérans de son arrêt, qu'il est inutile de rechercher quelle peut être, sur le jugement des crimes commis à l'audience, l'influence de la loi du 4 mars 1831, puisqu'il ne s'agit dans la cause que des délits correctionnels pour la répression desquels la simple majorité des juges suffit (Cass. 27 février 1832 : S. 32, 1, 162).

(c) Ancien article 254, abrogé par la loi du 4 mars 1831 : « La cour royale pourra cependant déléguer un ou plusieurs de ses membres pour compléter le nombre des quatre juges de la cour d'assises. »

255. (a) *Abrogé.*

256. (b) *Abrogé* (1).

257. Les membres de la Cour royale qui auront voté sur la mise en accusation, ne pourront, dans la même affaire, ni présider les assises, ni assister le président, à peine de nullité.

Il en sera de même à l'égard du juge d'instruction (2).

258. Les assises se tiendront ordinairement dans le chef-lieu de chaque département (3).

La Cour royale pourra néanmoins désigner un tribunal autre que celui du chef-lieu.

259. La tenue des assises aura lieu tous les trois mois (4).

Elles pourront se tenir plus souvent, si le besoin l'exige.

260. Le jour où les assises doivent s'ouvrir sera fixé par le président de la cour d'assises.

Les assises ne seront closes qu'après que toutes les affaires criminelles qui étaient en état lors de leur ouverture, y auront été portées (5).

261. Les accusés qui ne seront arrivés dans la maison de justice qu'après l'ouverture des assises, ne pourront y être jugés que lorsque le procureur général l'aura requis, lorsque les accusés y auront consenti, et lorsque le président l'aura ordonné.

En ce cas, le procureur général et les accusés seront considérés comme ayant renoncé à la faculté de se pourvoir en nullité contre l'arrêt portant renvoi à la Cour d'assises.

262. Les arrêts de la Cour d'assises ne pourront être attaqués que par la voie de la cassation et dans les formes déterminées par la loi (6).

263. Si, depuis la notification faite aux jurés en exécution de l'article 389 du présent Code, le président de la Cour d'assises se trouve dans l'impossibilité de remplir ses fonctions, il sera remplacé par le plus ancien des autres juges de la Cour royale nommés ou délégués pour l'assister; et, s'il n'a pour assesseur aucun juge de la Cour royale, par le président du tribunal de première instance.

264. Les juges de la Cour royale seront, en cas d'absence ou de tout autre empêchement, remplacés par d'autres juges de la même Cour, et, à leur défaut, par des juges de première instance; ceux de première instance le seront par les suppléans.

Les juges-auditeurs qui seront présens et auront l'âge requis concourront pour le remplacement avec les juges de première instance, suivant l'ordre de leur réception (7).

265. Le procureur général pourra, même étant présent, déléguer ses fonctions à l'un de ses substituts.

Cette disposition est commune à la cour royale et à la cour d'assises (8).

§ Ier. Fonctions du président.

266. Le président est chargé: 1° d'entendre l'accusé lors de son arrivée dans la maison de justice; 2° de convoquer les jurés, et de les tirer au sort.

Il pourra déléguer ces fonctions à l'un des juges.

267. Il sera de plus chargé personnellement de diriger les jurés dans l'exercice de leurs fonctions, de leur exposer l'affaire sur laquelle ils auront à délibérer, même de leur rappeler leur devoir, de présider à toute l'instruction et de déterminer l'ordre entre ceux qui demanderont à parler.

Il aura la police de l'audience (9).

(a) Ancien article 255, abrogé par la loi du 4 mars 1831: « Si le nombre de ces délégués est au-dessous de celui des juges qui, avec le président, doivent composer la cour, ce nombre sera complété dans le tribunal de première instance, suivant la règle établie en l'art. 253. »

(b) Ancien article 256, abrogé en vertu de la loi du 10 décembre 1830 : « Dans tous les cas, les juges-auditeurs pourront être envoyés à la cour d'assises, pour y faire le service de juges, si toutefois ils ont l'âge requis. »

(1) La loi du 10 déc. 1830 supprime les juges auditeurs.

(2) La loi du 25 décembre 1815, art. 2, porte que les fonctions du ministère public qui étaient attribuées aux procureurs au criminel, seront exercées par nos procureurs près les tribunaux de première instance des arrondissemens dans lesquels siégeront les cours d'assises, ou par leurs substituts.

Le juge qui a voté dans un arrêt de plus ample informé, n'est pas empêché de présider la cour d'assises (Cass. 11 juillet 1816 ; S. 16, 1, 310).

Le juge qui a procédé par délégation du président à la levée d'un plan du lieu où le crime a été commis, peut être membre de la cour d'assises (Cass. 9 sept. 1819 ; Bull. crim, p. 315). Mais le juge qui a fait une partie de l'instruction ne peut siéger à la cour d'assises (Cass. 4 novembre 1830; S. 31, 1, 366).

Le juge, qui membre de la chambre du conseil a statué sur la mise en prévention, peut néanmoins faire partie de la cour d'assises (Cass. 15 avril 1830 ; S. 30, 1, 261).

Les membres de la chambre d'accusation qui a prononcé le renvoi en police correctionnelle, peuvent juger l'affaire comme membres de la chambre des appels de police correctionnelle (Cass. 10 fév. 1831 ; S. 31, 1, 311).

Bien que le père ait voté sur l'accusation, le fils peut assister le président aux assises, après le décès de son père (Cass. 26 août 1831 ; S. 32, 1, 77; D. 13, 1, 501 P. 72, 411).

(3 et 4) V. loi du 20 avril 1810, art. 17, 19 et 21 ; décr. du 6 juillet 1810, art. 80 et 90.

(5) V. art. 307.

(6) Toutefois l'arrêt d'une cour d'assises qui a condamné la partie civile à des dommages-intérêts envers l'accusé, peut être attaqué par la voie de l'opposition. Cette opposition, si elle n'a été formée qu'après la clôture de la session, peut être portée devant les juges de la session suivante (Cass. 19 avril 1817 ; S. 18, 1, 20; D. 15, 1, 381). V. art. 408, 416 et suit. ; et les art. 7 et 17 de la loi du 20 avril 1810.

(7) V. l'art. 255 et 97; loi du 20 avril 1810, art. 7 et 17; décret du 6 juillet 1810.

(8) V. décret du 6 juillet 1810, art. 48.

(9) La distribution des billets pour entrer à l'audience n'est pas une contravention à la loi de la publicité (Cass. 2 février 1811 ; S. 11, 1, 103). V. les art. 310, 319, 327, 354, 341, 504, 505. Un président a pu ordonner que l'accusé serait introduit avec des menottes pour entendre la lecture de la déclaration du jury (Cass. 7 oct. 1830 ; S. 31, 1, 368).

268. Le président est investi d'un pouvoir discrétionnaire, en vertu duquel il pourra prendre sur lui tout ce qu'il croira utile pour découvrir la vérité; et la loi charge son honneur et sa conscience d'employer tous ses efforts pour en favoriser la manifestation (1).

269. Il pourra, dans le cours des débats, appeler, même par mandat d'amener, et entendre toutes personnes, ou se faire apporter toutes nouvelles pièces qui lui paraîtraient, d'après les nouveaux développemens donnés à l'audience, soit par les accusés, soit par les témoins, pouvoir répandre un jour utile sur le fait contesté.

Les témoins ainsi appelés ne prêteront point serment, et leurs déclarations ne seront considérées que comme renseignemens (2).

270. Le président devra rejeter tout ce qui tendrait à prolonger les débats sans donner lieu d'espérer plus de certitude dans les résultats.

§ II. Fonctions du procureur général près la cour royale.

271. Le procureur général près la cour royale poursuivra, soit par lui-même, soit par son substitut, toute personne mise en accusation suivant les formes prescrites au chapitre Ier du présent titre. Il ne pourra porter à la cour aucune autre accusation, à peine de nullité, et, s'il y a lieu, de prise à partie (3).

272. Aussitôt que le procureur général ou son substitut aura reçu les pièces, il apportera tous ses soins à ce que les actes préliminaires soient faits et que tout soit en état, pour que les débats puissent commencer à l'époque de l'ouverture des assises.

273. Il assistera aux débats; il requerra l'application de la peine; il sera présent à la prononciation de l'arrêt (4).

274. Le procureur général, soit d'office, soit par les ordres du ministre de la justice, charge le procureur du Roi de poursuivre les délits dont il a connaissance (5).

275. Il reçoit les dénonciations et les plaintes qui lui sont adressées directement, soit par la cour royale, soit par un fonctionnaire public, soit par un simple citoyen, et il en tient registre.

Il les transmet au procureur du Roi (6).

276. Il fait, au nom de la loi, toutes les réquisitions qu'il juge utiles; la cour est tenue de lui en donner acte et d'en délibérer (7).

277. Les réquisitions du procureur général doivent être de lui signées; celles faites dans le cours d'un débat seront retenues par le greffier sur son procès-verbal; et elles seront aussi signées par le procureur général: toutes les décisions auxquelles auront donné lieu ces réquisitions, seront signées par le juge qui aura présidé et par le greffier (8).

278. Lorsque la cour ne déférera pas à la réquisition du procureur général, l'instruction ni le jugement ne seront arrêtés ni suspendus, sauf après l'arrêt, s'il y a

---

(1) Lorsque les débats ont été fermés, le président voulant les rouvrir, et l'accusé s'y opposant, la difficulté doit être résolue par la cour d'assises elle-même, non par le président seul (Cass. 30 août 1817 ; S. 18, 1, 29). V. art. 399.

Le pouvoir discrétionnaire du président ne s'étend pas à ce point qu'il puisse renvoyer une affaire à une autre session pour faire entendre un témoin indiqué dans le cours des débats (Cass. 10 janvier 1834 ; S. 34, 1, 207 ; D. 33, 1, 197; P. 70, 190).

Ni à ce point qu'il puisse seul décider si la déclaration du jury est un non sens et s'il y a lieu de renvoyer les jurés dans leur chambre, pour rendre une nouvelle déclaration (Cass. 17 av il 1934 ; S. 34, 1, 333 ; D. 33, 1, 141 ; P. 70, 398).

Le président peut dresser lui-même et produire aux débats le plan figuratif des lieux où le crime a été commis (Cass. 26 juin 1828 : S. 28, 1, 353).

(2) Le président peut faire entendre, mais seulement par forme de renseignement et sans prestation de serment, les parens les plus proches de l'accusé, quoique celui-ci s'oppose formellement à leur audition (Cass. 18 octobre 1813 : S. 17, 1, 327 ; Id. — 20 septembre 1817, 27 mars et 16 juin 1818 : S. 18, 1, 109 et 381). Id. Pour la femme de l'accusé (Cass. 4 nov. 1830 : S. 31, 1, 366).

M. Carnot critique cette jurisprudence. MM. Bourguignon et Legraverend pensent qu'il n'existe aucun moyen pour contraindre le témoin ainsi appelé à répondre (Leg. tom. 1er, p. 184). V. art. 322.

Cependant le pouvoir qu'a le président d'une cour d'assises de statuer seul sur l'opposition de l'accusé à l'audition d'un témoin appelé en vertu du pouvoir discrétionnaire, peut être subordonné à une délibération de la cour (Cass. 27 juillet 1820 : S. 21, 1, 3 ; D. 18, 1, 506 ; P. 69, 148). V. art. 333 et 317.

Il peut ordonner que les interrogatoires subis par l'un des accusés décédé pendant l'instruction, et les révélations par lui faites avant son décès, soient lues à l'audience (Cass. 14 août 1817 : S. 18, 1, 80 ; Id. — 4 nov. 1830 : S. 31, 1, 366 ; id. — 16 juin 1831 ; S. 31, 1, 389).

Il peut ordonner la lecture de la déposition écrite du fils de l'accusé (Cass. 16 mai 1831 : S. 31, 1, 361).

Il peut ordonner la lecture de la déclaration écrite d'un témoin, surtout s'il prend la précaution d'avertir les jurés que leur opinion doit essentiellement se former sur les dépositions orales des témoins (Cass. 14 septembre 1826 : S. 27, 1, 231).

Le pharmacien appelé en vertu du pouvoir discrétionnaire du président, pour examiner les causes et la nature de taches présumées de sang existant sur les vêtemens d'un accusé, et en rendre compte oralement et par voie de renseignement, est dispensé de la prestation de serment (Cass. 10 avril 1823 : S. 23, 1, 366).

Id. Pour le médecin appelé à donner de simples renseignemens (Cass. 25 fév. 1831 : S. 31, 1, 289 ; Id. — 2 avril 1831 : S. 31, 1, 365).

(3) Une cour d'assises ne peut juger un prévenu qui ne lui a pas été spécialement renvoyé par une cour royale, après accusation. — Peu importe qu'il y eût un renvoi à une cour prévôtale ultérieurement dessaisie (Cass. 8 août 1818 : S. 18, 1, 399). V. art. 519.

V. les notes sur l'art. 376.

(4) Un arrêt n'est pas nul, parce que le même officier du ministère public n'a pas assisté à toutes les audiences (Cass. 15 novembre 1818 : S. 16, 1, 455 ; D. 24, 1, 365). V. art. 292.

(5) V. art. 37, et les art. 45, 46 et 47 de la loi du 20 avril 1810. Cod. 3 brum. an 4, art. 280.

(6) V. art. 63 et suivans. Cod. 3 brum. au 4, art. 293.

(7) V. art. 278 et 403.   (8) V. art. 370.

lieu, le recours en cassation par le procureur général.

279. Tous les officiers de police judiciaire, même les juges d'instruction, sont soumis à la surveillance du procureur général.

Tous ceux qui, d'après l'article 9 du présent Code, sont à raison de fonctions, même administratives, appelés par la loi à faire quelques actes de la police judiciaire, sont, sous ce rapport seulement, soumis à la même surveillance (1).

280. En cas de négligence des officiers de police judiciaire et des juges d'instruction, le procureur général les avertira : cet avertissement sera consigné par lui sur un registre tenu à cet effet.

281. En cas de récidive, le procureur général les dénoncera à la cour.

Sur l'autorisation de la cour, le procureur général les fera citer à la chambre du conseil.

La cour leur enjoindra d'être plus exacts à l'avenir, et les condamnera aux frais tant de la citation que de l'expédition et de la signification de l'arrêt (2).

282. Il y aura récidive, lorsque le fonctionnaire sera repris, pour quelque affaire que ce soit, avant l'expiration d'une année, à compter du jour de l'avertissement consigné sur le registre.

283. Dans tous les cas où les procureurs du Roi et les présidens sont autorisés à remplir les fonctions d'officier de police judiciaire ou de juge d'instruction, ils pourront déléguer au procureur du Roi, au juge d'instruction, et au juge-de-paix, même d'un arrondissement communal voisin du lieu du délit, les fonctions qui leur sont respectivement attribuées, autres que le pouvoir de délivrer les mandats d'amener, de dépôt et d'arrêt contre les prévenus.

§ III. Fonctions du procureur du Roi au criminel (a).

284. Le procureur du Roi au criminel, dont il est parlé en l'article 253 (b), remplacera près la cour d'assises le procureur général dans les départemens autres que celui où siége la cour royale ; sans préjudice de la faculté que le procureur général aura toujours de s'y rendre lui-même pour y exercer ses fonctions (3).

285. Ce substitut résidera dans le chef-lieu du département (4).

286. Si les assises se tiennent dans une autre ville que le chef-lieu, il s'y transportera.

287. Le procureur du Roi au criminel remplira aussi les fonctions du ministère public dans l'instruction et dans le jugement des appels de police correctionnelle.

288. En cas d'empêchement momentané, il sera remplacé par le procureur du Roi près le tribunal de première instance du chef-lieu.

289. Il surveillera les officiers de police judiciaire du département (5).

290. Il rendra compte au procureur général, une fois tous les trois mois, et plus souvent s'il en est requis, de l'état de la justice du département, en matière criminelle, de police correctionnelle et de simple police.

CHAP. III. *De la procédure devant la cour d'assises.*

291. Quand l'accusation aura été prononcée, si l'affaire ne doit pas être jugée dans le lieu où siége la cour royale, le procès sera, par les ordres du procureur général, envoyé, dans les vingt-quatre heures, au greffe du tribunal de première instance du chef-lieu du département, ou au greffe du tribunal qui pourrait avoir été désigné.

Dans tous les cas, les pièces servant à conviction qui seront restées déposées au greffe du tribunal d'instruction, ou qui auraient été apportées à celui de la cour royale, seront réunies dans le même délai au greffe où doivent être remises les pièces du procès.

292. Les vingt-quatre heures courront du moment de la signification, faite à l'accusé, de l'arrêt de renvoi devant la cour d'assises.

L'accusé, s'il est détenu, sera, dans le même délai, envoyé dans la maison de justice du lieu où doivent se tenir les assises.

293. Vingt-quatre heures au plus tard après la remise des pièces au greffe et l'arrivée de l'accusé dans la maison de justice, celui-ci sera interrogé par le président de la cour d'assises, ou par le juge qu'il aura délégué (6).

294. L'accusé sera interpellé de décla-

---

(1) V. loi du 20 avril 1810, art. 60. Cod. 3 brum. an 4, art. 22 et 283.

(2) Les mesures de discipline prises en vertu de l'article 280, et même les arrêts rendus aux termes de l'art. 281, ne sont pas sujets au recours en cassation (Cass. 13 fév. 1813 : S. 16, 1, 29). V. art. 483, Cod. instr.

(3) V. art. 32, 46, 330 et 384.

(a) « Plusieurs dispositions de ce paragraphe sont sans objet depuis la loi du 23 décembre 1815, qui supprime les procureurs au criminel.

(b) La loi du 23 décembre 1815 a supprimé les procureurs criminels. V. la note sur l'art. 253.

(b) « V. ci-dessus en note l'ancien article 253, modifié d'abord dans le texte publié officiellement le 9 septembre 1816, puis par la loi du 4 mars 1831.

(5) L'article 5 de la loi du 23 décembre 1815 porte que les fonctions de surveillance qui étaient attribuées aux procureurs au criminel par le Code d'instruction criminelle et les réglemens postérieurs, sont exercées directement par les procureurs généraux.

(6) Le défaut de preuve que le juge qui a procédé à l'interrogatoire de l'accusé, ait reçu du président de la cour d'assises délégation à cet effet, ne donne point ouverture à cassation (Cass. 26 juin 1817 : Bull. crim.

rer le choix qu'il aura fait d'un conseil pour l'aider dans sa défense; sinon le juge lui en désignera un sur-le-champ, à peine de nullité de tout ce qui suivra.

Cette désignation sera comme non avenue, et la nullité ne sera pas prononcée, si l'accusé choisit un conseil (1).

295. Le conseil de l'accusé ne pourra être choisi par lui ou désigné par le juge que parmi les avocats ou avoués de la cour royale ou de son ressort, à moins que l'accusé n'obtienne du président de la cour d'assises la permission de prendre pour conseil un de ses parens ou amis (2).

296. Le juge avertira de plus l'accusé que, dans le cas où il se croirait fondé à former une demande en nullité, il doit faire sa déclaration dans les cinq jours suivans, et qu'après l'expiration de ce délai il n'y sera plus recevable.

L'exécution du présent article et des deux précédens sera constatée par un procès-verbal, que signeront l'accusé, le juge et le greffier: si l'accusé ne sait ou ne veut pas signer, le procès-verbal en fera mention (3).

297. Si l'accusé n'a point été averti, conformément au précédent article, la nullité ne sera pas couverte par son silence: ses droits seront conservés, sauf à les faire valoir après l'arrêt définitif.

298. Le procureur général est tenu de faire sa déclaration dans le même délai, à compter de l'interrogatoire, et sous la même peine de déchéance portée en l'article 296 (4).

299. La déclaration de l'accusé et celle du procureur général doivent énoncer l'objet de la demande en nullité.

Cette demande ne peut être formée que contre l'arrêt de renvoi à la cour d'assises, et dans les trois cas suivans:

1° Si le fait n'est pas qualifié crime par la loi;

2° Si le ministère public n'a pas été entendu;

3° Si l'arrêt n'a pas été rendu par le nombre de juges fixé par la loi (5).

---

p. 135). *V.* art. 166, Cod. inst. ; décret du 10 juill. 1810.

(1) Il n'y a pas nullité dans le cas où l'accusé a refusé le défenseur nommé d'office, et où le défenseur lui-même a refusé de défendre (Cass. 3 octobre 1822 : S. 22, 1, 394; D. 20, 1, 414; P. 64, 321).

La nécessité d'un conseil a lieu lors même que l'accusé est devant une cour de renvoi, seulement pour l'application de la peine, et encore que l'accusé ait eu un interprète (Cass. 22 avril 1813 : S. 13, 1, 344).

L'avocat de l'accusé appelé à déposer comme témoin doit, à peine de nullité, être remplacé par un autre défenseur, pendant tout le temps que dure sa déposition (Cass. 4 janvier 1831 : S. 31, 1, 136; D. 19, 1, 136 ; P. 60, 443).

Il n'est pas nécessaire que le procès-verbal mentionne qu'il a été demandé par le président à l'accusé s'il avait fait choix d'un conseil, lorsque, dans le fait, il a été assisté (Cass. 21 février 1818 ; Bull. crim. p. 113).

Un seul défenseur suffit pour deux accusés du même crime, lorsque leurs défenses sont communes (Cass. 12 mai 1818 : Bull. crim. p. 224).

L'absence du conseil de l'accusé pendant une partie des débats n'opère nullité qu'autant que cette absence serait causée par le ministère public ou par la cour (Cass. 18 juin 1830 : S. 30, 1, 375).

L'absence du défenseur au moment des débats et de l'audition du premier témoin, n'est pas une cause de nullité, lorsque d'ailleurs l'accusé a été réellement pourvu d'avance d'un défenseur (Cass. 26 nov. 1829 : S. 30, 1, 48).

Lorsqu'un accusé pourvu d'office d'un défenseur, lors de son interrogatoire, est assisté dans les débats par un autre défenseur, dans le silence du procès-verbal des débats, la substitution doit être présumée l'effet du choix de l'accusé (Cass. 31 déc. 1819 : S. 30, 1, 151).

Devant les chambres appelées à prononcer sur des offenses commises envers elles, des défenseurs ont toujours été admis. *V.* notes dans ma Collection des Lois, sur l'article 16 de la loi du 25 mars 1822; Cod. 3 brum. an 4, art. 521.

(2) Les avoués ont le droit de plaider devant les cours d'assises et devant les tribunaux correctionnels (Cass. 12 janvier 1828 : S. 28, 1, 231; *Id.* — 23 juin 1827; S. 27, 1, 521). *V.* art. 185.

La faculté accordée à l'accusé, par l'article 295, Code d'instruction, avait été restreinte par l'art. 10 du décret du 14 décembre 1810, tellement que les avocats ne pouvaient plus être appelés, ou aller plaider hors du tribunal de leur arrondissement, qu'une une autorisation du ministre de la justice (Ordonn. du 20 no-

tembre 1822 , art. 39 ; Cass. 3 octobre 1822 : S. 22, 1, 394; D. 20, 1, 414; P. 64, 321) ; mais l'ordonnance du 27 août 1830 a rendu à l'art. 295 'out son effet.

(3) Lorsqu'un acte d'accusation porte sur des faits qui n'ont pas un caractère suffisant de criminalité, la Cour de cassation peut annuler cet acte, encore que ni le prévenu ni le procureur général ne l'aient attaqué devant la cour d'assises. Ici ne s'applique pas l'art. 296 (Cass. 14 février 1812 : S. 32, 1, 386).

En matière de délits de la presse, le délai pour se pourvoir en cassation, contre l'arrêt de renvoi devant la cour d'assises, est celui de trois jours fixé par l'article 373 du Code d'instruction criminelle, pour les arrêts de compétence. L'article 296 s'applique au cas de mise en accusation pour crime, et non au cas de renvoi pour délit (Cass. 23 juillet 1830 : S. 31, 1, 9; D. 13, 1, 501; P. 59, 254). *V.* art. 373 et 416.

L'accusé est non-recevable à se pourvoir en nullité contre l'arrêt de mise en accusation, lorsqu'au moment de son interrogatoire par le président, il a, sur l'interpellation du président, déclaré consentir à être jugé dans la session alors ouverte (Cass. 8 juillet 1830 : S. 301, 365).

La cour d'assises saisie d'un délit de la presse par renvoi de la chambre d'accusation, ne peut statuer sur les questions de nullité de la saisie et de l'instruction. Ces questions étant virtuellement jugées par l'arrêt de renvoi, l'accusé peut se pourvoir seulement contre cet arrêt (Cass. 4 août 1831 : S. 31, 1, 282).

(4) Le défaut de pourvoi, de la part du procureur général près la cour royale , contre l'arrêt de renvoi , n'empêche pas le pourvoi du procureur du Roi près la cour d'assises contre le même arrêt (Cass. 10 juillet 1812 ; Bull. crim. p. 327).

(5) Nonobstant les dispositions limitatives de l'art. 299, un arrêt de renvoi peut être dénoncé à la Cour de cassation s'il est vicié d'incompétence; et cela, non dans les cinq jours, aux termes de l'art. 296, mais dans les trois jours, conformément à l'art. 373, de la signification de l'arrêt (Cass. 25 juillet 1811 : S. 16, 1, 456; *Id.* — 19 juin 1816; S. 27, 1, 190; D. 25, 1, 38).

On peut citer aussi deux arrêts, des 4 avril et 27 juin 1811 (S. 11, 1, 195 et 300), qui n'ont pas précisément eu pour objet de résoudre la question en droit, mais qui l'ont décidée par le fait, puisqu'ils ont cassé des arrêts de renvoi, par le motif qu'ils étaient viciés d'incompétence.

Il y a ouverture à cassation, si l'accusation est vague, si elle n'énonce pas des faits. Telle est, par exemple,

300. La déclaration doit être faite au greffe.

Aussitôt qu'elle aura été reçue par le greffier, l'expédition de l'arrêt sera transmise par le procureur général près la cour royale au procureur général près la cour de cassation, laquelle sera tenue de prononcer, toutes affaires cessantes.

301. Nonobstant la demande en nullité, l'instruction sera continuée jusqu'aux débats exclusivement.

302. Le conseil pourra communiquer avec l'accusé après son interrogatoire.

Il pourra aussi prendre communication de toutes les pièces, sans déplacement et sans retarder l'instruction (1).

303. S'il y a de nouveaux témoins à entendre, et qu'ils résident hors du lieu où se tient la cour d'assises, le président, ou le juge qui le remplace, pourra commettre, pour recevoir leurs dépositions, le juge d'instruction de l'arrondissement où ils résident, ou même d'un autre arrondissement : celui-ci, après les avoir reçues, les enverra closes et cachetées au greffier qui doit exercer ses fonctions à la cour d'assises.

304. Les témoins qui n'auront pas comparu sur la citation du président ou du juge commis par lui, et qui n'auront pas justifié qu'ils en étaient légitimement empêchés, ou qui refuseront de faire leurs dépositions, seront jugés par la cour d'assises, et punis conformément à l'article 80.

305. Les conseils des accusés pourront prendre ou faire prendre, à leurs frais, copie de telles pièces du procès qu'ils jugeront utiles à leur défense.

Il ne sera délivré gratuitement aux accusés, en quelque nombre qu'ils puissent être, et dans tous les cas, qu'une seule copie des procès-verbaux constatant le délit, et des déclarations écrites des témoins.

Les présidens, les juges et le procureur général, sont tenus de veiller à l'exécution du présent article (2).

306. Si le procureur général ou l'accusé ont des motifs pour demander que l'affaire ne soit pas portée à la première assemblée du jury, ils présenteront au président de la cour d'assises une requête en prorogation de délai.

Le président décidera si cette proroga-

---

la déclaration qu'un tel était prévenu d'avoir fait usage d'une pièce fausse, sachant qu'elle était fausse, sans expliquer ni ce qu'était la pièce fausse, ni en quoi consistait l'usage (Cass. 9 septembre 1819 ; S. 20, 1, 34). Cependant un arrêt du 10 juillet 1828 a jugé que l'usage fait sciemment constituant le crime, il est inutile de dire en quoi a consisté l'usage (S. 28, 1, 161). V. articles 408 et 416.

L'individu poursuivi comme banqueroutier frauduleux, et qui prétend n'être pas en état de faillite, doit se pourvoir contre l'arrêt de renvoi, en ce que le fait n'est pas qualifié crime ; il serait non-recevable à se pourvoir, par ce motif, contre l'arrêt de condamnation (15 avril 1825 et 18 mars 1826 : S. 26, 1, 98, 410).

M. Legraverend, t. 2, p. 445, fait remarquer qu'il existe une antinomie apparente entre l'article 299, qui restreint à trois les moyens de cassation contre l'arrêt de renvoi, et qui n'accorde que cinq jours pour se pourvoir, et l'art. 408, qui dispose que, soit dans l'arrêt de renvoi, soit dans l'instruction et la procédure qui ont été faites devant les cours d'assises, soit dans l'arrêt de condamnation, il y a eu violation ou omission de quelques-unes des formalités prescrites à peine de nullité, cette omission ou violation donne ouverture à cassation.

M. Legraverend concilie les deux textes. Il fait remarquer que les art. 296, 298 et 299 ne parlent du pourvoi que contre l'arrêt même de renvoi et d'un pourvoi fondé sur les moyens énumérés dans l'art. 299 ; que ce pourvoi doit être formé dans les cinq jours ; mais qu'il peut arriver qu'antérieurement à l'arrêt de renvoi il ait été rendu un arrêt vicieux sous le rapport de la compétence, ou que l'arrêt de renvoi lui-même, quoique portant sur un fait qualifié crime par la loi, ait violé, sous d'autres rapports, les règles de la compétence, comme si la cour qui l'a rendu était sans qualité pour le rendre ; que des arrêts ainsi frappés du vice d'incompétence peuvent sans doute, pour ce vice, être attaqués en cassation, soit par le ministère public, soit par la partie intéressée, aux termes des articles 408 et 416 du Code d'instruction criminelle ; mais que le pourvoi est alors soumis aux règles ordinaires. V. les arrêts ci-dessus.

Il y a ouverture à cassation contre la disposition d'un arrêt qui ordonne illégalement que l'accusé renvoyé à la cour d'assises sera en état de mandat d'amener (Cass. 18 février 1831 : S. 31, 1, 109).

(1) Il n'y a point ouverture à cassation par cela seul que l'accusé dont il s'agit de constater l'identité a été tenu au secret, n'a pas eu la liberté de communiquer avec son conseil avant l'ouverture des débats, et qu'il n'a pu faire assigner les témoins à décharge.... lorsque, ultérieurement, il a eu tous les délais et tous les moyens nécessaires pour communiquer avec son conseil et appeler les témoins (Cass. 21 août 1818 : S. 19, 1, 110 ; P. 53, 379).

La communication de l'accusé avec son défenseur peut être environnée de toutes les mesures de sûreté qui paraissent nécessaires au président et au procureur général, sans que ces mesures donnent ouverture à cassation (Cass. 3 octobre 1822 : S. 22, 1, 394 ; D. 20, 1, 414 ; P. 64, 321). V. Cod. 3 brum. an 4, art. 322.

(2) L'article 305 n'exige la remise que de la copie des procès-verbaux constatant les délits, et des déclarations écrites des témoins ; il ne s'étend à aucune autre pièce (Cass. 13 avril 1824 : S. 24, 1, 323). Surtout si l'accusé n'a pas demandé copie des autres pièces (Cass. 14 janvier 1830 : S. 30, 1, 146).

Si le prévenu n'a pas demandé délivrance de la copie des pièces, il ne peut se faire un moyen de nullité de ce que ces copies ne lui ont pas été délivrées (10 décembre 1824 : S. 25, 1, 141 ; D. 25, 1, 78).

La disposition portant qu'il ne doit être délivré aux accusés qu'une seule copie, souffre exception au cas où un accusé est jugé séparément de son coaccusé et à une session postérieure. En ce cas, l'omission de cette délivrance séparée emporte nullité, lorsque la délivrance a été demandée et qu'il y a eu refus (Cass. 13 juin 1827 : S. 27, 1, 343 ; D. — 6 juillet 1827 ; S. 28, 1, 116).

La partie civile n'a pas le droit rigoureux d'exiger communication des pièces, ou expédition à ses frais (Cass. 19 mai 1827 : S. 27, 1, 333).

Egalement, en matière correctionnelle, le prévenu n'a pas le droit rigoureux d'exiger à ses frais, sans l'autorisation du procureur général, copie des pièces de la procédure et de l'instruction écrite, ni même d'exiger qu'il lui en soit donné communication, à lui ou à son conseil, par la voie du greffe, sans déplacement (17 mai 1826 : S. 27, 1, 36).

L'accusé renvoyé devant une nouvelle cour d'assises par la Cour de cassation a droit à une nouvelle copie des pièces (Alby, 10 mai 1818 : S. 23, 2, 161). V. Cod. 3 brum. an 4, art. 310.

tion doit être accordée ; il pourra aussi, d'office, proroger le délai (1).

307. Lorsqu'il aura été formé à raison du même délit plusieurs actes d'accusation contre différens accusés, le procureur général pourra en requérir la jonction, et le président pourra l'ordonner, même d'office (2).

308. Lorsque l'acte d'accusation contiendra plusieurs délits non connexes, le procureur général pourra requérir que les accusés ne soient mis en jugement, quant à présent, que sur l'un ou quelques-uns de ces délits, et le président pourra l'ordonner d'office (3).

309. Au jour fixé pour l'ouverture des assises, la cour ayant pris séance, douze jurés se placeront dans l'ordre désigné par le sort, sur des sièges séparés du public, des parties et des témoins, en face de celui qui est destiné à l'accusé (4).

CHAP. IV. *De l'examen, du jugement et de l'exécution.*

SECTION 1re. De l'examen.

310. L'accusé comparaîtra libre, et seulement accompagné de gardes pour l'empêcher de s'évader. Le président lui demandera son nom, ses prénoms, son âge, sa profession, sa demeure et le lieu de sa naissance (5).

311. Le président avertira le conseil de l'accusé qu'il ne peut rien dire contre sa conscience ou contre le respect dû aux lois, et qu'il doit s'exprimer avec décence et modération.

312. Le président adressera aux jurés debout et découvert (6) le discours suivant :

« Vous jurez et promettez devant Dieu
« et devant les hommes d'examiner avec

« l'attention la plus scrupuleuse les
« charges qui seront portées contre N.... ;
« de ne trahir ni les intérêts de l'accusé, ni
« ceux de la société qui l'accuse ; de ne
« communiquer avec personne jusqu'après
« votre déclaration ; de n'écouter ni la
« haine ou la méchanceté, ni la crainte
« ou l'affection ; de vous décider d'après
« les charges et les moyens de défense,
« suivant votre conscience et votre intime
« conviction, avec l'impartialité
« et la fermeté qui conviennent à un
« homme probe et libre. »

Chacun des jurés, appelé individuellement par le président, répondra, en levant la main : *Je le jure ;* à peine de nullité (7).

313. Immédiatement après, le président avertira l'accusé d'être attentif à ce qu'il va entendre.

Il ordonnera au greffier de lire l'arrêt de la cour royale portant renvoi à la cour d'assises, et l'acte d'accusation.

Le greffier fera cette lecture à haute voix.

314. Après cette lecture, le président rappellera à l'accusé ce qui est contenu en l'acte d'accusation, et lui dira : « Voilà
« de quoi vous êtes accusé ; vous allez entendre les charges qui seront produites
« contre vous. »

315. Le procureur général exposera le sujet de l'accusation ; il présentera ensuite la liste des témoins qui devront être entendus, soit à sa requête, soit à la requête de la partie civile, soit à celle de l'accusé.

Cette liste sera lue à haute voix par le greffier.

Elle ne pourra contenir que les témoins dont les noms, profession et résidence auront été notifiés, vingt-quatre heures au moins avant l'examen de ces témoins, à

---

(1) L'accusé ne peut plus demander le renvoi lorsque les débats sont ouverts, ou qu'ils sont au moment de s'ouvrir par la réunion des juges, des jurés et des témoins (Cass. 13 oct. 1815 : S. 17, 1, 16 ; D. 14, 1, 346).
Mais le renvoi peut être ordonné par le président, lors même que l'ouverture des débats serait fixée (Cass. 16 avril 1818 ; Bull. crim. p. 189).
Le refus par la cour d'assises de renvoyer l'affaire à la session suivante, sur la demande de l'accusé, ne peut donner ouverture à cassation (Cass. 24 décembre 1824 : S. 26, 1, 94). V. art. 354.
(2) V. art. 453.
(3) L'accusé n'a pas la faculté de demander que des délits non connexes soient jugés séparément : cette faculté n'est accordée qu'au ministère public (Cass. 24 janvier 1828 : S. 28, 1, 271).
(4) Les débats doivent être publics, à peine de nullité (Cass. 28 janv. 1828 : S. 28, 1, 279 ; D. 28, 1, 163).
Le procès-verbal doit, à peine de nullité, contenir mention expresse de la publicité (Cass. 19 février 1828 : S. 28, 1, 330 ; D. 28, 1, 156).
Si la publicité est dangereuse, les débats seuls doivent être secrets : tout ce qui précède doit être public, à peine de nullité (Cass. 12 décembre 1823 : S. 24, 1, 181 ; D. 22, 1, 96 ; P. 69, 133). *Id.* pour ce qui les suit, 22 avril 1820 ; S. 20, 1, 296).
Le jugement qui ordonne le huis-clos doit être rendu publiquement (Cass. 12 décembre 1823 : S. 24, 1, 181 ;

D. 22, 1, 96 ; P. 69, 233).
Dans une affaire où les débats ont eu lieu à huis-clos, si l'arrêt dit *fait et prononcé publiquement*, il n'y a pas mention suffisante que ce qui a suivi les débats a été public (Cass. 18 septembre 1828 : S. 24, 1, 103 ; D. 21, 1, 409 ; P. 69, 91).
Il n'est pas nécessaire, à peine de nullité, que l'arrêt qui rejette la demande de l'accusé, tendante à ce que l'audience cesse d'être secrète, soit rendu *publiquement* (Cass. 19 avr. 1826 ; S. 27, 1, 68). V. art. 294 et 372. Cod. 3 brum. an 4, art. 355.
(5) V. art. 267 et notes. Cod. 3 brum. an 4, art. 342.
(6) Lisez *découverts.* On conçoit que l'article veut que les jurés soient *découverts* ; et en laissant le mot au singulier, ce serait le président qui devrait se découvrir. Dans l'édition officielle de 1809, on lit *découverts. V.* Bulletin des Lois, 4e série, n° 214 bis.
(7) Le procès-verbal doit énoncer, à peine de nullité, que le président a adressé aux jurés le discours, et qu'après ce discours les jurés ont prêté le serment individuel (Cass. 14 septembre 1810 : S. 11, 1, 93 ; D. 18, 1, 576 ; P. 59, 78 ; *Id.* — 18 juin 1810 ; S. 10, 1, 372 ; *Id.* — 1er juillet 1824 et 12 février 1825 ; S. 28, 1, 180 et 343 ; D. 23, 1, 114).
L'énonciation qu'après la prestation du serment par les jurés, la même formalité a été remplie à l'égard des jurés supplémentaires, est suffisante (Cass. 8 janv. 1824 ; S. 24, 1, 104 ; D. 22, 1, 18 ; P. 69, 177). Cod. 3 br. an 4, art. 342 ;

l'accusé, par le procureur général ou la partie civile, et au procureur général par l'accusé; sans préjudice de la faculté accordée au président par l'article 269.

L'accusé et le procureur général pourront, en conséquence, s'opposer à l'audition d'un témoin qui n'aurait pas été indiqué ou qui n'aurait pas été clairement désigné dans l'acte de notification.

La cour statuera de suite sur cette opposition (1).

316. Le président ordonnera aux témoins de se retirer dans la chambre qui leur sera destinée. Ils n'en sortiront que pour déposer. Le président prendra des précautions, s'il en est besoin, pour empêcher les témoins de conférer entre eux du délit et de l'accusé, avant leur déposition (2).

317. Les témoins déposeront séparément l'un de l'autre, dans l'ordre établi par le procureur général. Avant de déposer, ils prêteront, à peine de nullité, le serment de parler sans haine et sans crainte, de dire toute la vérité et rien que la vérité.

Le président leur demandera leurs noms, prénoms, âge, profession, leur domicile ou résidence, s'ils connaissaient l'accusé avant le fait mentionné dans l'acte d'accusation, s'ils sont parens ou alliés soit de l'accusé, soit de la partie civile, et à quel degré; il leur demandera encore s'ils ne sont pas attachés au service de l'un ou de l'autre; cela fait, les témoins déposeront oralement (3).

318. Le président fera tenir note, par le greffier, des additions, changemens ou

---

(1) L'audition d'un témoin contrairement à l'art. 315 ne donne lieu à cassation qu'autant que l'audition a eu lieu au mépris de l'opposition, soit du ministère public, soit de l'accusé (Cass. 11 février 1813 : S. 17, 1, 327; *id.* — 29 avril 1819; S. 19, 1, 312; D. 17, 1, 319; P. 57, 90).

Au surplus, l'opposition serait tardive après la prestation de serment (Cass. 2 avril 1831 : S. 31, 1, 191).

Un témoin dont le nom n'est pas compris dans la liste notifiée peut être entendu, en vertu du pouvoir discrétionnaire, sans prestation de serment (Cass. 27 septembre 1824 : S. 25, 1, 87; D. 25, 1, 44).

Mais s'il a été cité par l'accusé, il doit, à peine de nullité, être entendu avec prestation de serment (Cass. 16 sept. 1830 : S. 31, 1, 18; *id.* — 4 nov. 1830; S. 31, 1, 366. *V.* toutefois arrêt du 11 nov. 1830 : S. 31, 1, 366).

Une erreur ou omission dans l'énonciation des noms ou prénoms d'un témoin n'emporte pas nullité, si les désignations sont suffisantes pour faire reconnaître le témoin, si l'accusé lui-même l'a reconnu (Cass. 25 août 1826 : S. 27, 1, 256).

Le défaut d'indication de la *profession* d'un témoin n'emporte pas nullité, si ce témoin n'avait pas de profession, et si l'accusé a reconnu que les noms ne pouvaient s'appliquer à aucun autre individu (Cass. 4 septembre 1828 : S. 28, 1, 349). *V.* art. 408.

Au surplus, l'accusé qui a laissé déposer sans opposition des témoins, ne peut se faire plus tard un moyen de nullité de l'irrégularité de la notification (Cass. 1er avril 1830 : S. 30, 1, 319). *V.* Cod. 3 brum. an 4, art. 346.

(2) Il n'y a point nullité par cela seul qu'un témoin a pu avoir connaissance des déclarations des témoins entendus avant lui (Cass. 1818 : Bull. crim. p. 149). *V.* Cod. 3 brum. an 4, art. 348.

(3) *V.* art. 71, 72, 74, 79, 80, 82, 282, 310 à 317.

La déposition d'un militaire peut, sans nullité, être admise par écrit (Cass. 14 avril 1815 : S. 15, 1, 317). *V.* loi du 18 prairial an 2.

Les enfans au-dessous de quinze ans doivent prêter serment, à peine de nullité, à moins que le président, usant de son pouvoir discrétionnaire, n'ait décidé qu'ils ne seraient entendus qu'à titre de renseignemens. L'article 79 ne s'applique point aux débats (Cass. 7 février 1812 : S. 12, 1, 302 et 342).

Jugé en sens contraire (Cass. 3 déc. 1812, sections réunies : S. 16, 1, 424).

Cependant, point de nullité parce qu'un enfant au-dessous de quinze ans a été entendu dans les débats comme témoin *avec prestation de serment* (Cass. 2 janvier 1818 : S. 18, 1, 161).

Point de nullité parce que les experts, appelés en vertu du pouvoir discrétionnaire du président, pour donner leur avis sur une pièce arguée de faux, ont été entendus sans prêter serment (Cass. 4 février 1819 : S. 19, 1, 320; D. 17, 1, 288; P. 56, 295).

Jugé en sens contraire, à ce point qu'un individu d'abord entendu comme témoin, avec prestation de serment, et qui est chargé ensuite de faire un rapport comme expert, doit prêter un nouveau serment en cette qualité (Cass. 19 juin 1827 : S. 28, 1, 57).

Le serment doit, à peine de nullité, contenir, outre la promesse de dire la vérité et de ne dire que la vérité, la promesse de dire *toute la vérité* (Cass. 16 juin 1814 : S. 14, 1, 257; *id.* — 6 octobre 1814 et 27 janvier 1815 : S. 15, 1, 87 et 213).

Egalement, la promesse de *parler sans haine et sans crainte* (Cass. 1er octobre 1814 : S. 15, 1, 86).

Le serment de dire *toute la vérité et rien que la vérité*, suffit devant un tribunal correctionnel. Il n'y a pas nécessité de promettre de parler *sans haine et sans crainte* (Cass. 23 novembre 1815 : S. 16, 1, 96).

L'art. 317 s'applique aux témoins à décharge comme aux témoins à charge (Cass. 16 janvier 1812 : S. 12, 1, 328; *id.* — 5 janvier 1815; S. 14, 1, 211).

Si un individu, entendu d'abord sans prestation de serment, en vertu du pouvoir discrétionnaire, a déposé ensuite comme témoin à décharge en prêtant le serment, bien qu'une partie de la déposition ait été faite sans prestation de serment, le défaut de serment ne vicie pas la totalité de la déposition (Cass. 6 mai 1819 : S. 19, 1, 404; D. 17, 1, 454).

Lorsqu'il y a eu plusieurs séances, il est nécessaire, à peine de nullité, qu'à chaque séance, le greffier constate que les témoins entendus ont prêté le serment. Il ne suffit point d'une constatation lors de la première séance (Cass. 18 avril 1812 : S. 12, 1, 397; *id.* — 15 mars 1822; S. 22, 1, 212; *id.* 22 et 30 décembre 1824; S. 25, 1, 316 et 317).

On doit suivre, pour l'audition des témoins, l'ordre établi dans la liste du procureur général, mais non à peine de nullité (Cass. 14 juillet 1827 : S. 28, 1, 72).

M. Legraverend, t. 1er, p. 277, M. Carnot, sur l'article 75 du Code d'inst. crim. pensent que les juges peuvent recevoir le serment d'un témoin avec les formes particulières à sa religion; mais que ces formalités ne sont point nécessaires, et que, quelle que soit la religion du témoin, le serment ordinaire suffit. Ainsi jugé relativement à des juifs. Arrêts des 29 mai 1826 (S. 27, 1, 57, et 10 et 12 juillet 1828; S. 28, 1, 36 et 261).

Les membres d'une association religieuse, appelés comme témoins en justice, ne sont pas dispensés de la prestation de serment (Cass. 30 déc. 1824; S. 25, 1, 303).

Un avocat peut être astreint à prêter serment, lorsque la cour restreint sa déposition aux faits qui seraient venus à sa connaissance, autrement que dans l'exercice de sa profession d'avocat (Cass. 14 septembre 1827 : S. 28, 1, 391). *V.* art. 322.

Le président peut, en vertu de son pouvoir discrétionnaire, ordonner la lecture de la déclaration écrite de témoins non comparans, mais valablement excusés, même malgré l'opposition de l'accusé, surtout lorsqu'il prend soin d'avertir les jurés que ces dépositions écrites ne doivent être considérées que comme de simples renseignemens (Cass. 25 août 1826 : S. 27, 1, 256).

variations qui pourraient exister entre la déposition d'un témoin et ses précédentes déclarations.

Le procureur général et l'accusé pourront requérir le président de faire tenir note de ces changemens, additions et variations (1).

319. Après chaque déposition, le président demandera au témoin si c'est de l'accusé présent qu'il a entendu parler; il demandera ensuite à l'accusé s'il veut répondre à ce qui vient d'être dit contre lui.

Le témoin ne pourra être interrompu : l'accusé ou son conseil pourront le questionner par l'organe du président, après sa déposition, et dire, tant contre lui que contre son témoignage, tout ce qui pourra être utile à la défense de l'accusé.

Le président pourra également demander au témoin et à l'accusé tous les éclaircissemens qu'il croira nécessaires à la manifestation de la vérité.

Les juges, le procureur général et les jurés auront la même faculté, en demandant la parole au président (2).

La partie civile ne pourra faire de questions soit au témoin, soit à l'accusé, que par l'organe du président.

320. Chaque témoin, après sa déposition, restera dans l'auditoire, si le président n'en a ordonné autrement, jusqu'à ce que les jurés se soient retirés pour donner leur déclaration.

321. Après l'audition des témoins produits par le procureur général et par la partie civile, l'accusé fera entendre ceux dont il aura notifié la liste, soit sur les faits mentionnés dans l'acte d'accusation, soit pour attester qu'il est homme d'honneur, de probité, et d'une conduite irréprochable.

Les citations faites à la requête des accusés seront à leurs frais, ainsi que les salaires des témoins cités, s'ils en requièrent; sauf au procureur général à faire citer à sa requête les témoins qui lui seront indiqués par l'accusé, dans le cas où il jugerait que leur déclaration pût être utile pour la découverte de la vérité.

322. Ne pourront être reçues les dépositions :

1° Du père, de la mère, de l'aïeul, de l'aïeule, ou de tout autre ascendant de l'accusé, ou de l'un des accusés présens et soumis au même débat ;

2° Des fils, fille, petit-fils, petite-fille, ou de tout autre descendant ;

3° Des frères et sœurs ;

4° Des alliés aux mêmes degrés ;

5° Du mari et de la femme, même après le divorce prononcé ;

6° Des dénonciateurs dont la dénonciation est récompensée pécuniairement par la loi ;

Sans néanmoins que l'audition des personnes ci-dessus désignées puisse opérer une nullité, lorsque, soit le procureur général, soit la partie civile, soit les accusés, ne se sont pas opposés à ce qu'elles soient entendues (3).

Le défaut d'audition des témoins à charge ou à décharge n'emporte pas nullité lorsqu'ils ne se sont pas présentés, et que leur audition n'a pas été réclamée par l'accusé (Cass. 18 mars 1816 : S. 16, 1, 420).

Point de nullité pour défaut de mention des réponses faites par les témoins aux interpellations: s'ils connaissaient l'accusé avant le fait objet de l'accusation; s'ils sont parens ou alliés de l'accusé ou de la partie civile; s'ils ne sont pas attachés à leur service (Cass. 14 juillet 1817 : S. 18, 1, 71).

Point de nullité si le président a omis des interpellations autres que celle relative au serment, notamment s'il a omis de demander l'âge des témoins (Cass. 13 avril 1830 : S. 30, 1, 351). La mention du serment doit se trouver dans le procès-verbal, à peine de nullité (Cass. 30 juin 1831 : S. 31, 1, 376). Cod. 3 brum. an 4, art. 349.

(1) V. art. 341.

(2) Point de nullité pour omission de l'interpellation au témoin appelé en vertu du pouvoir discrétionnaire, si c'est de l'accusé qu'il a entendu parler (Cass. 11 mai 1827 : S. 27, 1, 343).

Le droit d'adresser au témoin toute interpellation qui pourra être utile à la défense de l'accusé est subordonné à l'appréciation de la cour (Cass. 22 septembre 1817 : S. 18, 1, 91).

Toutefois, il y a ouverture à cassation, si la faculté d'adresser des questions aux témoins a été tellement gênée que la défense en ait souffert (Cass. 18 septembre 1818 : S. 18, 1, 76). Cod. 3 brum. an 4, art. 363.

(3) L'enfant naturel, incestueux ou adultérin, de la femme, est allié du mari de cette femme (Cass. 6 avril 1809 : S. 9, 1, 136). Jugé, au contraire, que l'ascendant naturel n'est pas parent dans le sens de l'article (24 décembre 1823 : S. 23, 1, 3-5).

Un frère peut être témoin contre les coaccusés de son frère, si celui-ci est contumace (Cass. 9 brumaire an 10 :

S. 2, 1, 180).

L'oncle de l'accusé peut être entendu comme témoin (Cass. 13 janvier 1810 : S. 10, 1, 173 ; D. 18, 1, 94 ; P. 57, 31).

Un témoin peut être entendu sur des faits à charge qu'il tient d'une personne, qui elle-même ne pourrait être entendue, à raison de sa parenté ou de son alliance avec l'accusé (Cass. 30 mai 1818 : S. 18, 1, 361; D. 16, 1, 365; P. 51, 401).

Celui qui a été co-prévenu et renvoyé de la prévention, peut être témoin (Cass. 6 mai 1815 : S. 15, 1, 333).

Un témoin parent d'un coaccusé peut être entendu. On peut lire au débats et remettre aux jurés un interrogatoire subi par un prévenu mis hors d'accusation (Cass. 10 janvier 1817 : S. 17, 1, 193; même dans le cas où ce prévenu serait parent au degré prohibé (Cass. 27 juin 1823 : S. 24, 1, 86; Id. — 10 avril 1828 : S. 28, 1, 382).

Les négocians par lesquels ont eu lieu des opérations de courtage clandestin peuvent être entendus comme témoins contre le coupable (Cass. 9 mars 1810 : S. 22, 1, 216).

Lorsque des parens sont accusés et jugés ensemble pour les mêmes crimes, les allégations de l'un au préjudice de l'autre, ne peuvent être assimilées à des dépositions comme témoin (Cass. 8 janvier 1824 : S. 24, 1, 104; D. 23, 1, 18; P. 69, 177).

L'audition de l'individu condamné aux travaux forcés, avec prestation de serment, n'emporte pas nullité lorsque ni le ministère public, ni l'accusé ne se sont opposés à l'audition (Cass. 22 janvier 1813 : S. 13, 1, 313; Id. — 18 novembre 1819 : S. 20, 1, 313).

Point de nullité si les créanciers du failli sont entendus comme témoins sur l'accusation de banqueroute frauduleuse, lorsqu'ils ne sont pas parties civiles, et que le failli ne s'est pas opposé à leur audition (Cass. 15 avril 1815 : S. 16, 1, 95).

Les avocats des parties ne sont pas incapables d'être

323. Les dénonciateurs autres que ceux récompensés pécuniairement par la loi pourront être entendus en témoignage ; mais le jury sera averti de leur qualité de dénonciateurs (1).

324. Les témoins produits par le procureur général ou par l'accusé seront entendus dans le débat, même lorsqu'ils n'auraient pas préalablement déposé par écrit, lorsqu'ils n'auraient reçu aucune assignation, pourvu, dans tous les cas, que ces témoins soient portés sur la liste mentionnée dans l'article 315.

325. Les témoins, par quelque partie qu'ils soient produits, ne pourront jamais s'interpeller entre eux.

326. L'accusé pourra demander, après qu'ils auront déposé, que ceux qu'il désignera se retirent de l'auditoire, et qu'un ou plusieurs d'entre eux soient introduits et entendus de nouveau, soit séparément, soit en présence les uns des autres.

Le procureur général aura la même faculté.

Le président pourra aussi l'ordonner d'office (2).

327. Le président pourra, avant, pendant ou après l'audition d'un témoin, faire retirer un ou plusieurs accusés, et les examiner séparément sur quelques circonstances du procès ; mais il aura soin de ne reprendre la suite des débats généraux qu'après avoir instruit chaque accusé de ce qui se sera fait en son absence, et de ce qui en sera résulté (3).

328. Pendant l'examen, les jurés, le procureur général et les juges pourront prendre note de ce qui leur paraîtra important, soit dans les dépositions des témoins, soit dans la défense de l'accusé, pourvu que la discussion n'en soit pas interrompue.

329. Dans le cours ou à la suite des dé-

positions, le président fera représenter à l'accusé toutes les pièces relatives au délit et pouvant servir à conviction ; il l'interpellera de répondre personnellement s'il les reconnaît : le président les fera aussi présenter aux témoins, s'il y a lieu.

330. Si, d'après les débats, la déposition d'un témoin paraît fausse, le président pourra, sur la réquisition soit du procureur général, soit de la partie civile, soit de l'accusé, et même d'office, faire sur-le-champ mettre le témoin en état d'arrestation. Le procureur général, et le président ou l'un des juges par lui commis, rempliront à son égard, le premier, les fonctions d'officier de police judiciaire ; le second, les fonctions attribuées aux juges d'instruction dans les autres cas.

Les pièces d'instruction seront ensuite transmises à la cour royale, pour y être statué sur la mise en accusation (4).

331. Dans le cas de l'article précédent, le procureur général, la partie civile ou l'accusé, pourront immédiatement requérir, et la cour ordonner, même d'office, le renvoi de l'affaire à la prochaine session.

332. Dans le cas où l'accusé, les témoins ou l'un d'eux, ne parleraient pas la même langue ou le même idiome, le président nommera d'office, à peine de nullité, un interprète âgé de vingt-un ans au moins, et lui fera, sous la même peine, prêter serment de traduire fidèlement les discours à transmettre entre ceux qui parlent des langages différens.

L'accusé et le procureur général pourront récuser l'interprète en motivant leur récusation.

La cour prononcera.

L'interprète ne pourra, à peine de nullité, même du consentement de l'accusé ni du procureur général, être pris parmi les témoins, les juges et les jurés (5).

témoins (Cass. 22 fév. 1818 : S. 18, 1, 270). V. art. 317.

Depuis l'application du Code d'instr. à la Guyane française (Ord. du 10 mai 1819), les esclaves peuvent être admis à déposer contre leurs maîtres sans prestation de serment et à titre de simple renseignement (Cass. 27 janvier 1831 : S. 31, 1, 57). V. Cod. 3 brum. an 4, art. 358.

(1) L'obligation d'avertir le jury, si les témoins sont dénonciateurs, n'est pas prescrite à peine de nullité (Cass. 18 mai 1815 : S. 15, 1, 398 ; D. 15, 1, 44 ; P. 44, 181).

Celui qui n'a fait de déclaration qu'après la plainte déposée ne peut être considéré comme dénonciateur (Cass. 30 juillet 1831 : S. 31, 1, 411) ; au surplus, la cour d'assises a un pouvoir discrétionnaire pour décider si un témoin doit être considéré comme dénonciateur (Cass. 11 nov. 1830 : S. 31, 1, 366). V. art. 30 et suiv. et art. 322.

(2) L'omission de statuer ou le défaut de procès-verbal constatant qu'il a été statué sur la réquisition de l'accusé emporte nullité (Cass. 11 janvier 1817 : S. 17, 1, 104 ; P. 47, 349). V. art. 317.

(3) Le président qui fait retirer un ou plusieurs accusés doit instruire chaque accusé de ce qui s'est fait en son absence, et de ce qui en est résulté, à peine de nullité (Cass. 27 janvier 1815 : S. 25, 1, 155 ; D. 21, 2, 29 ; P. 66, 445). Alors même que l'interrogatoire séparé

aurait eu lieu avant l'audition des témoins (Cass. 12 août 1815 : S. 15, 1, 426 ; D. 23, 2, 457).

L'article est également applicable, qu'il y ait un ou plusieurs accusés (Cass. 19 août 1819 : S. 20, 1, 52).

Le président peut charger l'un des membres de la cour de rendre compte aux accusés de ce qui s'est passé en leur absence (Cass. 26 mai 1816 : S. 27, 1, 177).

(4) Il entre dans le pouvoir discrétionnaire du président de rejeter seul les réquisitions du ministère public tendant à l'arrestation d'un témoin (Cass. 2 mars 1827 : S. 27, 1, 435). V. Cod. 3 brum. an 4, art. 367.

(5) Il y a nécessité de nommer un interprète, encore que le président ait rendu lui-même à l'accusé la déposition des témoins, et que l'accusé ait déclaré l'explication du président suffisante (Cass. 11 février 1812 : S. 12, 1, 337).

Il ne suffit pas que l'interprète ait fait la promesse de dire la vérité, il faut qu'il fasse le serment prescrit, à peine de nullité, par l'art. 332, et que le procès-verbal des débats constate la prestation du serment (Cass. 4 juin 1812 : S. 13, 1, 49 ; id. — 8 juillet 1813 : Bull. crim. p. 367).

Toutefois, la formule n'est pas sacramentelle ; il suffit

333. Si l'accusé est sourd-muet et ne sait pas écrire, le président nommera d'office, pour son interprète, la personne qui aura le plus d'habitude de converser avec lui.

Il en sera de même à l'égard du témoin sourd-muet.

Le surplus des dispositions du précédent article sera exécuté.

Dans le cas où le sourd-muet saurait écrire, le greffier écrira les questions et observations qui lui seront faites; elles seront remises à l'accusé ou au témoin, qui donneront par écrit leurs réponses ou déclarations. Il sera fait lecture du tout par le greffier (1).

334. Le président déterminera celui des accusés qui devra être soumis le premier aux débats, en commençant par le principal accusé, s'il y en a un.

Il se fera ensuite un débat particulier sur chacun des autres accusés.

335. A la suite des dépositions des témoins, et des dires respectifs auxquels elles auront donné lieu, la partie civile ou son conseil et le procureur général seront entendus, et développeront les moyens qui appuient l'accusation.

L'accusé et son conseil pourront leur répondre.

La réplique sera permise à la partie civile et au procureur général, mais l'accusé ou son conseil auront toujours la parole les derniers.

Le président déclarera ensuite que les débats sont terminés (2).

336. Le président résumera l'affaire.

Il fera remarquer aux jurés les principales preuves pour ou contre l'accusé.

Il leur rappellera les fonctions qu'ils auront à remplir.

Il posera les questions ainsi qu'il sera dit ci-après (3).

337. La question résultant de l'acte d'accusation sera posée en ces termes :

« L'accusé est-il coupable d'avoir commis tel meurtre, tel vol ou tel autre crime, avec toutes les circonstances comprises dans le résumé de l'acte d'accusation ? (4) »

---

que le serment prêté ait le même sens (Cass. 15 avril 1824 : S. 24, 1, 328).

Le serment n'est pas également obligatoire, quand il s'agit de traduire un écrit (Cass. 12 juillet 1816 : S. 16, 1, 310).

L'interprète peut être pris parmi les citoyens portés sur la liste des jurés qui n'ont pas été désignés par le sort pour composer le tableau définitif (Cass. 21 mai 1812 : S. 17, 1, 314). V. art. 383, Code d'inst. crim.

Un domestique, un étranger non naturalisé, peuvent être appelés à remplir les fonctions d'interprète (Cass. 2 mars 1827 : S. 27, 1, 433). V. Cod. 3 br. an 4, art. 368.

(1) L'âge de vingt-et-un ans, exigé de l'interprète, par l'art. 332, Cod. d'inst. crim. n'est pas exigé pour l'interprète des sourds-muets accusés ou témoins (Cass. 23 décembre 1824 : S. 25, 1, 162).

(2) Le refus de laisser lire une consultation de médecins, tendante à détruire le fait de l'accusation, n'est pas une atteinte au droit de défense, donnant ouverture à cassation, lorsque d'ailleurs la cour a réservé au défenseur de faire valoir dans le débat tous ses moyens (Cass. 15 mars 1822 : S. 22, 1. 212).

L'omission des formes prescrites, d'une manière absolue, dans l'intérêt de la défense des accusés, est substantielle et emporte nullité de plein droit. Elle ne peut être couverte même par le consentement de l'accusé (Cass. 19 juin 1823 : S. 23, 1, 377; D. 21, 1, 330; *id.* — 20 juin 1823; S. 23, 1, 378; *id.* — 10 juillet 1823; S. 23, 1, 425; D. 21, 1, 378). V. art. 311.

Si une peine de discipline est requise et prononcée à l'audience, contre un avocat, sans qu'il y ait réclamation de sa part, son silence est réputé renonciation au droit de se défendre (Cass. 26 avril 1820 : S. 20, 1, 297; P. 58, 19).

Après la clôture des débats, de nouveaux témoins ne peuvent être entendus à la charge de l'accusé (Cass. 30 août 1817 : S. 18, 1, 29; D. 18, 1, 447; P. 51, 308). V. art. 268.

L'accusé ou son conseil doivent les derniers, et après le ministère public, avoir la parole non-seulement dans la défense proprement dite, mais encore dans tous les incidens qui peuvent s'élever dans le cours des débats, notamment sur la demande du défenseur de l'accusé, de faire arrêter un témoin à charge, comme faux témoin (Cass. 8 mai 1826; S. 27, 1. 38).

Id. bien que le défenseur réclame la parole, en l'absence de l'accusé (Cass. 28 janvier 1830 : S. 30, 1, 66).

Il n'est pas permis à l'accusé d'adresser à quelques-uns des jurés, avant sa comparution devant la cour d'assises, un écrit dans lequel il discute ses moyens de défense. En ce cas, il y a lieu par la cour d'assises de renvoyer l'affaire à une session prochaine (Paris, 10 juin 1830 : S. 30, 2, 191). V. Cod. 3 brum. an 4, art. 370.

(3) La mention au procès-verbal que le président a fait le *résumé* de l'affaire suffit (Cass. 4 décembre 1815 : S. 16, 1, 33; D. 14, 1, 2; P. 44, 321; *id.* — 10 juin 1830; S. 30, 1, 373).

Le résumé du président n'est soumis à aucune observation, et encore moins à des interpellations. Cependant si le résumé présente des faits nouveaux, et énonce des pièces nouvelles, l'accusé peut demander à être entendu sur ces faits ou sur ces pièces, la clôture des débats préalablement annulée (Cass. 27 avril 1820 : S. 20, 1, 297; P. 58, 19).

C'est à la cour d'assises, et non au président seul, à statuer sur la réclamation contre la position des questions (Cass. 30 mars 1815 : S. 15, 1, 220; *id.* — 16 juin 1815; S. 15, 1, 196; D. 13, 1, 456; P. 43, 28).

Un arrêt ne peut être annulé par le motif que la cour a refusé d'entendre les réclamations de l'accusé sur la position des questions (Cass. 13 juin 1816 : S. 19, 1, 479).

Mais l'arrêt est nul s'il rejette sans motifs la demande de l'accusé, tendant à la position d'une question aux jurés, sur le fait de légitime défense (Cass. 3 février 1821 : S. 21, 1, 215).

Lorsque l'acte d'accusation porte sur un crime, le président peut poser au jury la question de savoir si l'accusé est coupable de tentative de ce crime (Cass. 3 fév. 1821; S. 21, 1, 216; *id.* — 14 mai 1813; S. 17, 1, 161; *id.* — 18 août 1817; S. 18, 1, 79; D. 15, 1, 470; P. 51, 170).

Le président a le droit de poser les questions dans l'ordre qu'il juge le plus convenable, par exemple, des questions relatives à la complicité, avant les questions relatives au fait principal (Cass. 8 avril 1830 : S. 30, 1, 197).

Également, on peut poser la question relative aux circonstances constitutives du crime, avant la question relative au fait principal (Cass. 14 décembre 1815 : S. 16, 1, 33; D. 14, 1, 2; P. 43, 321). V. Cod. 3 brum. an 4, 372.

(4) Lorsque les questions posées au jury n'embrassent pas toutes les circonstances constitutives du crime, objet de l'accusation, la déclaration affirmative du jury n'autorise pas l'application de la peine, mais elle ne purge point l'accusation. Il y a lieu de casser l'arrêt qui prononce la peine, mais on doit renvoyer l'accusé

338. S'il résulte des débats une ou plusieurs circonstances aggravantes, non mentionnées par l'acte d'accusation, le président ajoutera la question suivante :

« L'accusé a-t-il commis le crime avec telle ou telle circonstance ? (1) »

339. (a) Lorsque l'accusé aura proposé pour excuse un fait admis comme tel par la loi, le président devra, à peine de nullité, poser la question ainsi qu'il suit :

« Tel fait est-il constant ? (2) »

à de nouveaux débats (Cass. 19 juin 1813; S. 23, 1, 373; D. 22, 1, 316; id. — 4 juillet 1833; S. 33, 1, 426).

Le mode de position des questions n'étant pas prescrit à peine de nullité, ne peut, au cas d'inobservation de la loi, être un moyen de cassation (Cass. 18 mai 1815; S. 15, 1, 399; P. 44, 185; id. — 6 février 1818; S. 18, 1, 168).

Ne doivent être réputés complices que les accusés à l'égard desquels le jury a déclaré constans des faits de complicité, tels qu'ils sont déterminés en l'art. 60 du Code pénal, etc.

Il ne suffit pas que le jury ait déclaré que l'accusé était complice (Cass. 24 janvier 1818 ; S. 18, 1, 131). V. notes sur l'art. 69, Code d'Inst. crim.

La question de savoir, dans le cas d'accusation de crime contre la sûreté de l'État, si un accusé, en révélant le complot, a procuré l'arrestation de ses complices, doit être résolue par le jury (Cass. 29 avril 1819 ; S. 19, 1, 312 ; D. 27, 1, 519 ; P. 57, 90).

Lorsque plusieurs vols compris dans l'acte d'accusation, certains seulement sont imputés à l'un des prévenus, la déclaration du jury que l'accusé est coupable d'un grand nombre de vols ne peut servir de base à sa condamnation (Cass. 16 février 1822 ; S. 22, 1, 236 ; D. 20, 1, 233 ; P. 64, 524).

Dans une accusation de meurtre, au lieu de demander au jury si l'accusé est coupable de *meurtre*, il est mieux de demander s'il est coupable d'*homicide commis volontairement*. Les jurés pourraient ne pas comprendre le sens légal du mot *meurtre* (Cass. 23 juin 1823 ; S. 23, 1, 374 ; D. 21, 1, 505). V. art. 336, 335, 339, 345, 365 et 408.

C'est d'après l'arrêt de renvoi, combiné avec l'acte d'accusation, et non d'après l'ordonnance de mise en prévention, que le président d'une cour d'assises doit poser les questions au jury (Cass. 8 avril 1818; S. 27, 1, 10).

Dans une accusation de banqueroute frauduleuse, la déclaration du jury portant que l'accusé ne justifie pas de l'emploi de toutes ses recettes n'équivaut pas à la déclaration que l'accusé est *coupable* de ne pas justifier de l'emploi de *ses recettes* (Cass. 14 avril 1837 ; S. 37, 1, 514 ; id. — 1er avril 1826; S. 27, 1, 81).

La réponse affirmative du jury, sur chacun des faits énumérés dans l'article 593, Code de commerce, réunis au fait de faillite et à la circonstance de fraude au préjudice des créanciers légitimes, suffit pour constater le crime de banqueroute frauduleuse (Cass. 5 juin 1825 ; S. 26, 1, 153; id. — 13 nov. 1829 ; S. 30, 1, 356).

Dans une accusation de banqueroute frauduleuse, la déclaration qu'il y a eu supposition d'une dette entre l'accusé et un créancier fictif, n'est pas nulle, par cela seul que le nom de ce créancier fictif ne se trouverait pas rappelé dans la question, lorsque d'ailleurs ce créancier est désigné dans l'acte d'accusation, qu'il a été cité aux débats et entendu comme témoin (Cass. 18 mars 1826; S. 26, 1, 420). Il faut qu'il y ait déclaration expresse du jury sur la question de savoir si l'accusé était *négociant failli* (Cass. 16 sept. 1830 ; S. 31, 1, 185).

La question de savoir si une pièce arguée de faux est une *écriture de commerce ou de banque*, ou bien une *écriture privée*, est une question de droit qui doit être résolue par la cour d'assises, et non par le jury (Cass. 28 mai 1825 ; S. 26, 1, 89; id. — 7 octobre 1825; S. 26, 1, 120). V. Code pénal, art. 147.

La décision sur la question de savoir si un acte faux est de nature à opérer obligation ou décharge, peut donner ouverture à cassation (Cass. 19 février 1825 ; S. 25, 1, 230; D. 25, 1, 256).

Lorsque dans l'acte d'accusation sont énoncées des circonstances incriminées par la loi, et qu'elles sont omises, soit dans le résumé de cet acte, soit dans les questions posées au jury, il y a lieu d'annuler ces questions (Cass. 15 septembre 1826; S. 27, 1, 310). V. Cod. 3 brum. an 4, art. 374.

(1) Une circonstance atténuante ou aggravante ne peut influer sur l'application de la peine, qu'autant que cette circonstance a été l'objet d'une question soumise au jury, et qu'elle a été constatée par sa déclaration. La cour d'assises ne pourrait pas constater de telles circonstances, à fin d'aggravation ou d'adoucissement de peine (Cass. 4 janvier 1822 ; S. 22, 1, 191).

En général, les cours d'assises ne peuvent connaître d'un fait nouveau résultant des débats, qu'autant qu'il se lie au fait qui est l'objet de l'accusation. Plusieurs arrêts ont fait l'application de cette règle.

Dans une accusation de blessure à fin de meurtre, on peut poser une question pour blessure sans dessein de tuer (Cass. 2 août 1816 ; S. 16, 1, 505 ; P. 46, 325).

Dans une accusation de vol, on peut poser une question subsidiaire sur la complicité par recélé, non portée dans l'acte d'accusation (Cass. 20 juin 1811 ; S. 17, 1, 316; id. — 13 août 1818; S. 18, 1, 38).

En matière d'homicide volontaire, la question de *préméditation* doit être posée, relativement au complice, de même que relativement à l'auteur du crime. Mais lorsque les faits de complicité reprochés à l'accusé sont eux-mêmes constitutifs de la préméditation, la déclaration de culpabilité sur les faits de complicité emporte virtuellement déclaration sur les circonstances de préméditation (Cass. 20 janvier 1814 ; S. 15, 1, 341 ; P. 41, 653).

La question de récidive doit être décidée par la cour d'assises, non par le jury (Cass. 13 juin 1812 ; S. 17, 1, 316). V. art. 351.

Dans une accusation de banqueroute simple ou frauduleuse, le président ne peut poser au jury une question d'escroquerie (Cass. 30 juin 1836 ; S. 27, 1, 207).

Dans une accusation d'infanticide, on ne peut poser une question de tentative d'avortement, ou de suppression de part (Cass. 6 octobre 1817 ; S. 18, 1, 75; D. 11, 1, 500; id. — 30 août 1825; S. 26, 1, 4).

Dans une accusation de complicité d'un crime, pour en avoir facilité l'exécution, on peut poser la question de savoir si l'accusé a procuré les instrumens nécessaires pour commettre le crime (Cass. 2 mars 1827 ; S. 27, 1, 423).

Lorsque les circonstances d'un crime non mentionnées dans l'arrêt de renvoi ou dans l'acte d'accusation, ont été soumises au jury, elles sont présumées être résultées des débats (Cass. 18 mars 1826 ; S. 26, 1, 410; id. — 8 avril 1830; S. 30, 1, 297).

Cependant, une question subsidiaire de complicité, non comprise dans l'arrêt de renvoi, ne peut être soumise au jury, qu'autant qu'elle est expressément déclarée résulter des débats, et que le défenseur de l'accusé a pu être entendu sur cette circonstance (Cass. 9 déc. 1825 ; S. 26, 1, 313).

Il suffit que le procès-verbal énonce que les questions résultent des débats ; il n'est pas nécessaire qu'il indique de quelle partie des débats (Cass. 15 janvier 1825 ; S. 25, 1, 170 ; P. 71, 590).

Lorsqu'une circonstance constitutive du crime se trouve omise dans le dispositif de l'arrêt de renvoi et dans le résumé de l'acte d'accusation, la cour d'assises peut et doit réparer cette omission dans la position des questions, si la circonstance omise résulte de l'ensemble de ces deux actes et des débats (Cass. 28 déc. 1827 ; S. 28, 1, 191).

Une question relative à une circonstance aggravante peut être posée au jury, quoiqu'elle ait été écartée par l'arrêt de renvoi, notamment celle relative à l'emploi de fausses clefs (Cass. 19 août 1830 ; S. 31, 1, 185).

Il n'est pas nécessaire de poser une question spéciale pour les circonstances résultant des débats ; on peut comprendre ces circonstances dans les questions résultant de l'acte d'accusation (Cass. 3 fév. 1826 ; S. 26, 1, 358). V. art. 241.

(a) Ancien article 339, abrogé : « Lorsque l'accusé aura proposé pour excuse un fait admis comme tel par la loi, la question sera ainsi posée :

« Tel fait est-il constant ? »

(2) M. le rapporteur à la chambre des pairs, sur la loi

340. (a) Si l'accusé a moins de seize ans, le président posera, à peine de nullité, cette question :

« L'accusé a-t-il agi avec discernement ? (1) »

341. (b) En toute matière criminelle, même en cas de récidive, le président, après avoir posé les questions résultant de l'acte d'accusation et des débats, avertira le jury, à peine de nullité, que s'il pense, à la majorité de plus de sept voix, qu'il existe, en faveur d'un ou de plusieurs accusés reconnus coupables, des circonstan-

ces atténuantes, il devra en faire la déclaration en ces termes :

« A la majorité de plus de sept voix, il « y a des circonstances atténuantes en « faveur de tel accusé. »

Ensuite le président remettra les questions écrites aux jurés, dans la personne du chef du jury ; et il leur remettra en même temps l'acte d'accusation, les procès-verbaux qui constatent les délits, et les pièces du procès autres que les déclarations écrites des témoins.

Il fera retirer l'accusé de l'auditoire (2).

---

du 28 avril 1832, a prétendu que cet article confirmait la jurisprudence constante de la Cour de cassation : c'est une erreur. La Cour de cassation jugeait au contraire que le président de la cour d'assises, ou en cas de difficulté, la cour elle-même avait le droit d'examiner si la question résultait ou non des débats et de décider par suite s'il y avait lieu de poser la question. (Arrêts du 6 mars 1823, du 20 janvier 1824, du 28 août 1828, du 16 janvier 1829 ; S. 23, 1, 214 ; 24, 1, 209 ; 29, 1, 33 et 203 ; D. 11, 1, 213 ; 21, 1, 611 ; 26, 1, 407 ; 27, 1, 111). Maintenant la question devra toujours être posée. La cour ne pourrait refuser que par le motif que le fait allégué ne serait pas admis comme excuse par la loi. V. les notes sur l'art. 341.

L'accusé d'homicide volontaire, acquitté sur ce chef, ne peut être puni pour homicide involontaire, qu'autant qu'il est constaté par la déclaration du jury que l'homicide a été commis par maladresse, imprudence, inattention, négligence, ou inobservation des réglemens (Cass. 6 mars 1813 ; S. 13, 1, 244 ; D. 11, 1, 115).

Les jurés ne peuvent prononcer que sur le fait matériel d'excuse ; il ne leur appartient pas de décider d'une manière générale que le crime est excusable, ni si le fait proposé pour excuse est admis comme tel par la loi (Cass. 16 juin 1815 ; S. 15, 1, 196 ; D. 15, 1, 456 ; P. 43, 25).

V. au surplus, pour les cas excusables, les art. 65, 106, 107, 138, 321, 322, 324, 325, 326, 327, 328, 329 du Code pénal et les notes.

Le ministère public a aussi bien que l'accusé le droit de requérir la position des questions d'excuse (Cass. 6 juillet 1816 ; S. 17, 1, 64).

L'exception de démence ne nécessite pas la position d'une question particulière, en ce que la démence excluant toute idée de culpabilité, en résolvant la question de savoir si l'accusé est coupable, le jury décide en même temps si cet accusé était sain d'esprit (Cass. 9 septembre 1815 ; S. 16, 1, 449 ; Id. — 16 octobre 1815 ; S. 17, 1, 17 ; D. 16, 1, 685, 1, 17, 511 ; Id. — 11 mars 1813 ; S. 17, 1, 91).

Id. Pour la question de légitime défense, tellement que les jurés doivent répondre : non coupable, chaque fois que le meurtre ou la tentative de meurtre a été commis en état de légitime défense (Cass. 4 octobre 1827 ; S. 28, 1, 66).

La circonstance de provocation ne peut être proposée comme excuse du crime de meurtre, qu'autant qu'il s'agit d'une provocation violente (art. 321, Cod. pénal ; Cass. 4 septembre 1818 ; S. 28, 1, 349).

(a) Ancien article 340, abrogé : « Si l'accusé a moins de seize ans, le président posera cette question : L'accusé a-t-il agi avec discernement ? »

(1) L'addition faite à la déclaration affirmative de la culpabilité de l'accusé, des mots, mais sans discernement, est sans aucun effet légal lorsque l'accusé était âgé de plus de seize ans (Cass. 1er septembre 1826 ; S. 27, 1, 263).

(b) Ancien article 341, abrogé, pour le second paragraphe, par la loi du 4 mars 1831, et pour le surplus par la loi de ce jour : « Le président, après avoir posé les questions, les remettra aux jurés dans la personne du chef du jury ; et il leur remettra en même temps l'acte d'accusation, les procès-verbaux qui constatent le délit, et les pièces du procès, autres que les déclarations écrites des témoins.

« Il avertira les jurés que si l'accusé est déclaré coupable du fait principal à la simple majorité, ils doivent

en faire mention en tête de leur déclaration.

« Il fera retirer l'accusé de l'auditoire, »

(2) M. le garde-des-sceaux, en discutant la loi du 28 avril 1832 à la chambre des députés, a expliqué ainsi la disposition de cet article :

« Sans doute l'opinion du jury se trouvera entraînée quelquefois par la considération de la rigueur de la peine ; mais l'influence de cette considération ne saurait être absolument évitée, et il vaut mieux lui faire une juste part que de s'exposer à l'impunité et que de laisser accréditer la doctrine dangereuse de l'omnipotence. Si la déclaration des circonstances atténuantes était dévolue à la cour, l'incertitude du jury sur le point de savoir si la cour les déclarerait, en le laissant dans l'inquiétude sur les conséquences de sa décision, le jetterait dans un excès d'indulgence, parce qu'il ne serait pas certain d'échapper à un excès de sévérité.

« Toutefois, la cour aussi doit conserver une grande latitude dans l'application de la peine. Arbitrer et proportionner la peine est une opération délicate et difficile, qui exige une suite d'observations et de comparaisons qu'il appartient au magistrat permanent de faire.

« Pour arriver à une proportion équitable et vraie entre le délit et la peine, le projet de loi propose que lorsque le jury aura déclaré l'existence des circonstances atténuantes, la cour dans l'application de la peine, soit obligée de descendre d'un degré dans l'échelle pénale, et qu'en même temps elle ait la faculté de descendre, si bon lui semble, de deux degrés. Ainsi qu'un fait contre lequel le Code pénal prononce la peine des travaux forcés à perpétuité soit déclaré constant, mais avec circonstances atténuantes, la cour ne pourra pas lui appliquer une plus forte peine que celle des travaux forcés à temps, et elle pourra n'appliquer que la moindre (V. l'art. 463, Cod. pénal).

« La déclaration des circonstances atténuantes ne doit pas être confondue avec les cas d'excuses légales et expressément prévues par le Code. Pour ces cas d'excuses, le projet de loi (V. art. 339) retire aux cours la faculté que leur laissait la jurisprudence, d'accorder ou de refuser la position des questions qui y sont relatives. Toutes les fois que l'accusé aura proposé pour excuse un fait admis comme tel par la loi, le président sera tenu de demander au jury si ce fait est constant.

« Quant à la déclaration des circonstances atténuantes, elle ne portera pas sur tel ou tel fait particulier ; elle sera générale, et résultera de l'impression qui aura été produite sur le jury par l'ensemble des débats. Le jury ne sera point provoqué à répondre oui ou non ; le président l'avertira qu'il peut déclarer les circonstances atténuantes ; s'il n'est pas d'avis qu'elles existent, il se taira ; il laissera son cours à la justice de droit commun. L'avertissement du président aura lieu, à peine de nullité ; il aura lieu en toute matière, même dans le cas de circonstances aggravantes légalement déclarées. En effet, quoiqu'il doive résulter de là une apparence de contradiction, il est facile de voir que la contradiction ne sera que dans les mots. Un vol accompagné de circonstances aggravantes, d'escalade, d'effraction, de récidive, peut néanmoins être accompagné aussi de circonstances atténuantes.

« Si les déclarations de circonstances atténuantes étaient abandonnées à la minorité du jury, on pourrait craindre le relâchement que leur usage indiscret apporterait à nos mœurs judiciaires, qu'il importe de ne point affaiblir. L'atténuation étant une modification essentielle de la criminalité, il faut une majorité pour en déclarer l'existence. Les voix qui se seraient prononcées pour l'acquittement ne peuvent pas raisonnablement être prises seules en considération pour atténuer une culpabilité qui a été reconnue constante, malgré leur dénégation. Au contraire, les voix qui auront condamné ne devront pas facilement être soupçonnées de vouloir trop atténuer l'effet de la condamnation qui sera leur ouvrage. Les circonstances atténuantes devront donc être déclarées à la majorité de plus de sept voix, majorité nécessaire pour la condamnation.

« Il résulterait de là qu'une moitié au moins des voix qui auront reconnu la culpabilité reconnaîtra aussi que le criminel ne mérite pas d'être frappé par toute la rigueur de la loi. »

M. le rapporteur a ajouté : « Quelque habileté que le législateur ait apportée dans la graduation des diverses espèces de crime, il est impossible de ne pas avouer que les circonstances déterminées qui servent de base à cette graduation, n'ont pas toujours, dans le fait, l'importance qu'elles avaient dans la prévision du législateur : quelle différence, souvent immense, entre telle et telle heure de la nuit, telle et telle effraction, telle et telle escalade, telle et telle violence, telle et telle préméditation ! Combien se trouve alors insuffisante la simple latitude du maximum au minimum, pour trouver des peines qui correspondent avec exactitude à des culpabilités semblables au jugement de la loi, mais si dissemblables au jugement de la conscience ! Combien se manifeste, surtout l'imperfection du système, quand il s'agit de peines qui ne comportent pas de modération, comme la mort ou les peines perpétuelles.

« À la vérité, la loi admet, comme atténuant de plein droit la culpabilité et la peine, certaines circonstances qualifiées d'excuses, telles que la minorité au-dessous de seize ans, la provocation violente, la défense pendant le jour contre l'effraction ou l'escalade, le flagrant délit d'adultère, etc. Mais ces circonstances sont étroitement définies, et ne s'appliquent qu'à quelques crimes ; tandis qu'il est évident que tous les crimes sont susceptibles d'atténuation, et que les circonstances atténuantes sont, par leur nature, indéfinissables et illimitées.

« Il n'y a donc d'autre remède aux inconvéniens qui viennent d'être signalés, que d'introduire, dans chaque accusation, un droit absolu d'atténuer le crime et la peine, et de rectifier ainsi, par l'appréciation circonstanciée de la conscience, l'appréciation générale de la loi ; déjà la loi du 25 juin 1824 avait admis le correctif des circonstances atténuantes, mais elle ne l'avait admis que pour un petit nombre de crimes ; elle ne lui faisait produire qu'une faible diminution de peine ; enfin, elle attribuait la déclaration des circonstances atténuantes aux cours d'assises (V. art. 4 de la loi du 25 juin 1824, et les notes, tom. 24 de ma Collection, p. 517 et suiv. On sait que cette loi est abrogée par l'art. 103 de la loi du 28 avril 1832).

« L'extension des circonstances atténuantes à tous les cas, a obtenu, dans les cours royales, dont les observations ont été communiquées à votre commission par M. le garde-des-sceaux, un assentiment presque unanime. Quelques-unes, cependant, auraient voulu excepter les crimes atroces, comme le parricide, l'assassinat, l'empoisonnement. Votre commission a unanimement rejeté ces exceptions, que la grande majorité des cours royales avait déjà rejetées. Elle a pensé qu'il n'y avait pas de crimes dont, dans des circonstances rares, sans doute, l'atrocité ne pût être atténuée par l'entraînement de la passion, la légitimité de la vengeance, la violence de la provocation morale, ou d'incompréhensibles égaremens de la raison. Elle n'a pas voulu que, dans ces circonstances où un intérêt puissant s'attacherait à un accusé, dont la vie serait menacée, le jury fût condamné à ne rien accorder à cet intérêt ; elle a craint que, forcé par la loi à taire une partie de sa conviction, il ne la dissimulât toute entière, et ne s'affranchît par l'impunité d'une tâche rendue trop pénible.

« L'attribution au jury du droit de déclarer les circonstances atténuantes a obtenu les suffrages de la grande majorité des cours royales ; elle a été unanimement approuvée par votre commission.

« Votre commission ne s'est pourtant pas dissimulé l'abus que le jury pourrait faire de ce système : la déclaration des circonstances atténuantes peut devenir de style,

et par suite, toutes les peines être diminuées d'un degré. Qui pourrait dire les conséquences de cette perturbation dans le système général. Le prochain général qui, depuis quelque temps, entraîne le jury vers l'indulgence, et même vers l'impunité, peut faire craindre, en effet, qu'il use avec peu de discrétion et de mesure, du pouvoir nouveau qui lui est conféré.

« Le Gouvernement a été préoccupé de cette pensée, et a cherché d'avance un remède à un abus qu'il était facile de prévoir. Ce remède est dans la majorité de huit voix, exigée pour la déclaration des circonstances atténuantes, comme pour la déclaration de culpabilité. Il est difficile de penser que la condescendance et la faiblesse suffisent pour la formation de cette majorité, surtout si l'on considère que sur ces huit voix, quatre, au moins, ont déjà voté pour la condamnation, et fait preuve d'une fermeté qui ne doit pas être facilement ébranlée.

« Quelques personnes ont trouvé étrange, qu'au mépris de la faveur qui s'attache toujours aux accusés, la minorité suffise pour écarter la déclaration des circonstances atténuantes. Cette anomalie n'est qu'apparente. Sur les douze voix qui ont délibéré, quatre ont dû être pour l'acquittement, puisqu'elles n'ont pas cru à l'existence du crime ; elles ne sont pas compétentes pour se prononcer sur les circonstances qui l'atténuent. C'est aux huit voix qui ont condamné, qu'il appartient de caractériser le fait qu'elles ont reconnu constant. C'est donc avec raison que le projet exige que la minorité de ces huit voix, entre dans la majorité qui déclare les circonstances atténuantes. Du reste, il suffirait de dire, qu'en créant un pouvoir extraordinaire d'atténuation en faveur des accusés, le législateur a bien le droit de soumettre l'exercice de ce nouveau pouvoir à toutes les conditions, et à toutes les garanties que l'intérêt de la société exige.

« Vous remarquerez, messieurs, que le jury n'est point interrogé sur l'existence des circonstances atténuantes, comme il l'est sur l'existence du crime : en craignant qu'en interrogeant son équité, on ne provoquât sa clémence. On a voulu lui épargner une réponse pénible, et qu'il suffît de son silence pour confirmer la rigueur de la loi.

« Tels sont, messieurs, les motifs qui ont déterminé votre commission à adopter le système des circonstances atténuantes, tel qu'il est organisé par le projet de loi. Elle a pensé que ce système avait été heureusement complété par la disposition qui soumet également au jury tous les faits d'excuses allégués par l'accusé. Jusqu'ici, la jurisprudence, plus encore que le texte de la loi, attribuait au président de la cour d'assises le droit de ne pas poser au jury les questions résultant de faits d'excuses. Les vœux unanimes de la magistrature et du barreau appelaient, depuis long-temps, une interprétation conforme à celle du projet de loi. Il faut encore rattacher, au système des circonstances atténuantes la disposition du projet qui éclaircit et complète l'art. 463 du Code pénal, en appliquant, même en cas de récidive, la faculté presque indéfinie d'atténuation que cet article attribue aux tribunaux correctionnels. »

M. Podenas avait demandé qu'à ces mots : *en toute matière criminelle*, on substituât ceux-ci : *en toutes matières soumises au jury*, afin que les délits de la presse et les délits politiques, qui ne sont pas *matières criminelles*, dans la rigoureuse acception du mot, fussent compris dans la disposition ; que le jury pût déclarer, à l'égard de ces délits, l'existence des circonstances atténuantes, et que les peines fussent réduites en conséquence. Cette proposition a été rejetée. Ainsi, il est bien certain qu'en matière criminelle seulement, et non en matière de délits de presse et de délits politiques, le jury pourra déclarer qu'il y a des circonstances atténuantes. Cette résolution paraît au premier aperçu bien sévère ; et l'on ne comprend pas comment la faveur accordée aux accusés des crimes les plus graves est refusée aux accusés de délits de la presse ou de délits politiques ; mais avec la réflexion, on reconnaît que cela doit être ainsi, et M. Parant, au nom de la commission, l'a très-clairement établi. « Je suppose, a-t-il dit, que le jury déclare que tel individu est coupable d'un crime, mais qu'il y a des circonstances atténuantes, la cour d'assises sera maîtresse d'appliquer le minimum de la peine, ou même de descendre au-dessous de ces peines. Elle le pourra d'autant plus facilement que l'art. 463, Cod. pén. sera applicable. La cour d'assises ne pourrait rien faire autre

542. Les questions étant posées et remises aux jurés, ils se rendront dans leur chambre pour y délibérer.

Leur chef sera le premier juré sorti par le sort, ou celui qui sera désigné par eux et du consentement de ce dernier.

Avant de commencer la délibération, le chef des jurés leur fera lecture de l'instruction suivante, qui sera, en outre, affichée en gros caractères dans le lieu le plus apparent de leur chambre :

« La loi ne demande pas compte aux « jurés des moyens par lesquels ils se sont « convaincus ; elle ne leur prescrit point « de règles desquelles ils doivent faire « particulièrement dépendre la plénitude « et la suffisance d'une preuve ; elle leur « prescrit de s'interroger eux-mêmes dans « le silence et le recueillement, et de « chercher, dans la sincérité de leur con- « science, quelle impression ont faite sur « leur raison les preuves rapportées contre « l'accusé, et les moyens de sa défense. « La loi ne leur dit point : Vous tiendrez « pour vrai tout fait attesté par tel ou tel « nombre de témoins ; elle ne leur dit pas « non plus : Vous ne regarderez pas comme « suffisamment établie toute preuve qui ne « sera pas formée de tel procès-verbal, de « telles pièces, de tant de témoins ou de tant « d'indices ; elle ne leur fait que cette « seule question, qui renferme toute la « mesure de leurs devoirs : Avez-vous une « intime conviction ?

« Ce qu'il est bien essentiel de ne pas « perdre de vue, c'est que toute la déli- « bération du jury porte sur l'acte d'ac- « cusation ; c'est aux faits qui le consti- « tuent et qui en dépendent, qu'ils doi- « vent uniquement s'attacher ; et ils « manquent à leur premier devoir, lorsque, « pensant aux dispositions des lois péna- « les, ils considèrent les suites que pourra « avoir, par rapport à l'accusé, la décla- « ration qu'ils ont à faire. Leur mission « n'a pas pour objet la poursuite ni la « punition des délits ; ils ne sont appelés « que pour décider si l'accusé est, ou non, « coupable du crime qu'on lui impute. »

343. Les jurés ne pourront sortir de leur chambre qu'après avoir formé leur déclaration.

L'entrée n'en pourra être permise pendant leur délibération, pour quelque cause que ce soit, que par le président et par écrit.

Le président est tenu de donner au chef de la gendarmerie de service l'ordre spécial et par écrit de faire garder les issues de leur chambre : ce chef sera dénommé et qualifié dans l'ordre.

La cour pourra punir le juré contrevenant d'une amende de cinq cents francs au plus. Tout autre qui aura enfreint l'ordre, ou celui qui ne l'aura pas fait exécuter, pourra être puni d'un emprisonnement de vingt-quatre heures (1).

344. Les jurés délibéreront sur le fait

---

chose. En effet, s'il s'agissait d'un crime, la peine prononcée par la loi étant celle de la détention à perpétuité, par exemple, s'il y a des circonstances atténuantes, la cour appliquera la peine immédiatement inférieure, les travaux forcés à temps ; mais il s'agit d'un délit auquel s'applique une peine correctionnelle, au-dessous de cette peine il n'y a rien absolument : l'amendement est donc inutile et inapplicable. »

M. Podenas a fait remarquer qu'aux termes de l'art. 463, la peine correctionnelle peut être réduite aux peines de simple police, et qu'on peut aussi prononcer séparément l'amende ou l'emprisonnement.

M. le rapporteur a repris : « Un système de circonstances atténuantes ne peut se combiner qu'avec un système de gradation de peines. Par exemple, la déclaration de circonstances atténuantes, relativement à un crime emportant la peine des travaux forcés à perpétuité, réduit de droit la peine aux travaux forcés à temps et facultativement à la réclusion. Il faut donc une échelle de peines graduées, afin que le système des circonstances puisse recevoir son application : or, en matière de délit, il n'y en a pas. Si l'on descendait jusqu'aux peines de simple police, il y aurait dans les matières correctionnelles une atténuation énorme, et très-souvent hors de toute proportion avec les circonstances atténuantes. Je suppose, en effet, que le délit doive entraîner une peine d'emprisonnement d'un à cinq ans : si le jury admet les circonstances atténuantes, il faudra descendre aux peines de simple police, c'est-à-dire à cinq jours de prison. Dès lors, l'art. 463 devrait être totalement écarté ; car, dans la législation actuelle, les juges peuvent réduire les peines ; mais, en restant, s'ils le jugent convenable, dans les limites des peines correctionnelles, ils peuvent réduire l'emprisonnement de trois mois à quinze jours : ils ne sont pas forcés de descendre à des peines de simple police. L'amendement de M. Podenas,

avec les conséquences qu'il se propose d'en déduire, n'aurait donc pas seulement pour objet de transférer le pouvoir de déclarer les circonstances atténuantes, en matière correctionnelle, des juges au jury, il dénature entièrement ce pouvoir ; il lui attache des conséquences obligatoires bien étendues ; il convertit en une obligation impérieuse la faculté que l'art. 463 accorde aux tribunaux de descendre aux peines de simple police. Il supprime les peines intermédiaires auxquelles les juges pourraient s'arrêter. Cette proposition serait subversive de la gradation des peines et de l'ordre des juridictions. »

L'inobservation de la disposition qui défend de remettre aux jurés les déclarations écrites des témoins, n'entraîne pas la nullité des débats. On ne peut considérer comme déposition de témoin, la déclaration écrite d'un accusé (Cass. 30 mai 1818 : S. 18, 1, 56 ; D. 16, 1, 365 ; P. 52, 401 ; id. — 16 août 1830 : S. 31, 1, 335).

Également l'article ne s'étend pas aux dépositions contre un co-prévenu décédé durant l'instruction (Cass. 15 avril 1824 : S. 24, 1, 316). V. loi du 4 mars 1831, art. 4.

Lorsqu'un accusé demande lecture d'une déposition écrite, pour l'opposer à une déposition orale, la contestation sur ce point ne peut être résolue par le pouvoir discrétionnaire du président (Cass. 19 août 1819 : S. 19, 1, 392 ; P. 55, 492).

(1) La défense aux jurés de communiquer au dehors pendant leur délibération n'emporte pas la peine de nullité (Cass. 6 février 1812 : S. 12, 1, 108).

Il semble résulter d'un arrêt de cassation du 3 mars 1816 que le président de la cour ne peut jamais entrer dans la chambre des jurés pour leur donner des éclaircissements (S. 16, 1, 339) ; mais un autre arrêt du 26 mai 1826 a jugé qu'il peut y entrer sur leur invitation (S. 27, 1, 176) ; un troisième, qu'il suffit que le procès-verbal énonce que l'invitation a eu lieu, qu'il n'est pas nécessaire qu'il constate

principal, et ensuite sur chacune des circonstances (1).

345. (a) Le chef du jury les interrogera d'après les questions posées, et chacun d'eux répondra ainsi qu'il suit :

1° Si le juré pense que le fait n'est pas constant, ou que l'accusé n'en est pas convaincu, il dira :

« Non, l'accusé n'est pas coupable. » En ce cas, le juré n'aura rien de plus à répondre.

2° S'il pense que le fait est constant, que l'accusé en est convaincu, et que la preuve existe à l'égard de toutes les circonstances, il dira : « Oui, l'accusé est coupable d'avoir commis le crime avec toutes les circonstances comprises dans la position des questions. »

3° S'il pense que le fait est constant, que l'accusé en est convaincu, mais que la preuve n'existe qu'à l'égard de quelques-unes des circonstances, il dira : « Oui, l'accusé est coupable d'avoir commis le crime avec telle circonstance, mais il n'est pas constant qu'il l'ait fait avec telle autre. »

4° S'il pense que le fait est constant, que l'accusé en est convaincu, mais qu'aucune des circonstances n'est prouvée, il dira : « Oui, l'accusé est coupable, mais sans aucune des circonstances. »

5° S'il pense que des circonstances atténuantes existent en faveur de l'accusé, il dira : « Oui, il y a des circonstances atténuantes en faveur de l'accusé (2). »

346. Le juré fera de plus, s'il y a lieu,

---

qu'elle a été faite par écrit, et qu'il en indique les motifs (5 mai 1827 : S. 27, 1, 420) ; et un quatrième, enfin, a décidé que sans aucune énonciation au procès-verbal, il y a présomption, que si le président est entré, c'est sur l'invitation du jury (14 septembre 1827 : S. 28, 1, 392).

(1) Dans une accusation de plusieurs crimes punis de différentes peines, le jury ne peut se contenter de déclarer par une seule réponse : *Oui, l'accusé est coupable*. Il faut une réponse sur chaque fait. S'il ne fait qu'une seule réponse, la cour doit annuler la décision, et en demander une nouvelle (Cass. 27 octobre 1815 : S. 16, 1, 68).

La déclaration du jury qui résout la question relative au fait principal, mais qui ne s'explique pas sur la question relative aux circonstances, est incomplète. La cour doit en exiger une seconde (Cass. 4 avril 1822 : S. 22, 1, 260 ; P. 64, 418 ; *Id.* — 25 juin 1820 : S. 20, 1, 323).

Lorsque la déclaration affirmative du jury, sur une tentative de crime, ne contient aucune réponse sur l'une des circonstances constitutives de la criminalité, l'omission ne peut être réparée à l'audience par une addition à la déclaration écrite des jurés, approuvée individuellement par chacun d'eux, et sur l'affirmation du chef du jury, qu'il y a eu seulement erreur de sa part. La cour doit, à peine de nullité, ordonner que les jurés se retireront de nouveau dans leur chambre, pour compléter collectivement leur déclaration (Cass. 14 septembre 1830 : S. 30, 1, 447).

La déclaration du jury qu'il y a eu crime commis dans le dessein d'empoisonner, et qu'il n'y a pas eu préméditation ou intention criminelle, est nulle comme contradictoire (Cass. 26 vend. an 12 : S. 6, 2, 513).

Id. de la déclaration du jury, qu'il y a eu crime de guet-à-pens, et qu'il n'y a pas eu de préméditation ou intention criminelle (Cass. 4 juin 1812 : S. 13, 1, 50).

Il n'y a point contrariété entre deux réponses, dont l'une déclare l'homicide volontaire, et dont l'autre déclare que l'homicide a eu pour cause la nécessité d'une légitime défense : le jury a pu spontanément et sans être interrogé, déclarer la nécessité de légitime défense (Cass. 29 avril 1819 : S. 19, 1, 432).

Il n'y a pas contradiction dans la déclaration qu'un individu est coupable de soustraction, et qu'il n'a pas agi frauduleusement (Cass. 10 mars 1812 : S. 12, 1, 384).

Si le jury, interrogé sur le fait principal et sur des circonstances aggravantes, ne répond que sur le fait du crime, il n'y a pas lieu à appliquer la peine que comporteraient les circonstances aggravantes (Cass. 18 août 1815 : S. 15, 1, 404 ; P. 45, 107 ; *Id.* — 8 mars 1816 ; S. 16, 1, 256).

La déclaration du jury que l'accusé est coupable d'avoir commis volontairement le crime, et qu'il était en démence au moment de l'action, n'implique point une contradiction. Elle doit être entendue comme exclusive de toute culpabilité légale (Cass. 4 janvier 1817 : S. 17, 2, 399).

Encore que le fait déclaré constant par le jury soit énoncé en termes qui ne se trouvent pas identiquement dans l'article appliqué. Il n'y a point cependant fausse application de la loi, si les expressions des jurés et celles de la loi ont évidemment le même sens (Cass. 4 janvier 1818 : S. 18, 1, 163).

La réponse du jury portant que l'accusé est coupable par ignorance, suffit pour l'application de la peine (Cass. 14 juillet 1831 : S. 31, 1, 417).

En ce qui touche les réponses du jury sur les questions de complicité, *V.* les notes sur les art. 59, 60 et suiv. Code pénal, et sur l'art. 337 du Cod. d'inst. crim.

(a) Ancien article 345, abrogé : Le chef du jury les interrogera d'après les questions posées, et chacun d'eux répondra ainsi qu'il suit :

1° Si le juré pense que le fait n'est pas constant, ou que l'accusé n'en est pas convaincu, il dira :

« Non, l'accusé n'est pas coupable. »

En ce cas, le juré n'aura rien de plus à répondre.

2° S'il pense que le fait est constant et que l'accusé en est convaincu, il dira :

« Oui, l'accusé est coupable d'avoir commis le crime, avec toutes les circonstances comprises dans la position des questions. »

3° S'il pense que le fait est constant, que l'accusé en est convaincu, mais que la preuve n'existe qu'à l'égard de quelques-unes des circonstances, il dira :

« Oui, l'accusé est coupable d'avoir commis le crime avec telle circonstance, mais il n'est pas constant qu'il l'ait fait avec telle autre. »

4° S'il pense que le fait est constant, que l'accusé en est convaincu, mais qu'aucune des circonstances n'est prouvée, il dira :

« Oui, l'accusé est coupable, mais sans aucune des circonstances. »

(2) Dans une accusation de faux, la cour d'assises est seule compétente pour décider, d'après la déclaration du jury, sur le fait et sur la moralité du fait, si le faux est crime ou délit, s'il y a faux en écriture authentique, ou en écriture de banque, ou de commerce, ou en écriture privée (Cass. 2 juin 1825 : S. 26, 1, 88).

Le jury, interrogé sur une question de complicité dans laquelle le président a omis les circonstances nécessaires pour en caractériser la criminalité, ne peut se permettre de suppléer à ces circonstances dans sa réponse (Cass. 2 décembre 1815 : S. 16, 1, 295).

Une déclaration sur un fait non compris dans les questions ne peut servir de base à l'application d'une peine (Cass. 15 janvier 1824 : S. 24, 1, 232 ; D. 22, 2, 105).

Lorsque le jury répond : *Oui, l'accusé n'est pas coupable*, cette réponse doit être considérée comme *négative* de la culpabilité (Cass. 10 septembre 1817 : S. 18, 1, 209).

Lorsque, sur deux questions posées au jury, l'une sur la culpabilité d'un individu comme auteur, l'autre sur sa complicité, le jury répond négativement quant à la première question, et garde le silence quant à la seconde, la déclaration est incomplète ; il y a lieu de l'annuler et

une réponse particulière pour les cas prévus par les articles 339 et 340.

347. (a) La décision du jury se formera contre l'accusé, à la majorité de plus de sept voix.

Elle se formera à la même majorité de plus de sept voix sur l'existence des circonstances atténuantes.

Dans l'un et l'autre cas, la déclaration du jury constatera cette majorité, à peine de nullité, sans que jamais le nombre de voix puisse y être exprimé (1).

348. Les jurés rentreront ensuite dans l'auditoire, et reprendront leur place.

Le président leur demandera quel est le résultat de leur délibération.

Le chef de jury se lèvera, et, la main placée sur son cœur, il dira : « Sur mon « honneur et ma conscience, devant Dieu « et devant les hommes, la déclaration du « jury est : Oui, l'accusé, etc., Non, l'ac- « cusé, etc. (2). »

349. La déclaration du jury sera signée par le chef et remise par lui au président, le tout en présence des jurés.

Le président la signera et la fera signer par le greffier (3).

350. La déclaration du jury ne pourra jamais être soumise à aucun recours (4).

---

d'ordonner que les deux questions de culpabilité, même celle qui a été répondue négativement, seront soumises à un nouveau jury (Cass. 11 janv. 1818 : S. 18, 1, 193).

La déclaration que l'accusé est auteur ou complice n'est pas certaine sur le fait principal ; elle n'est pas complète relativement à la complicité dont elle ne constate pas les circonstances constitutives ; elle est essentiellement nulle (Cass. 19 juillet 1824 : S. 24, 1, 395 ; D. 22, 1, 478).

Bien que la loi prononce une amende égale à la quotité du tort résultant d'un crime, la quotité du tort peut être déterminée par les juges, notamment en cas de concussion (Cass. 16 août 1824 : S. 25, 1, 77 ; D. 25, 1, 30 ; P. 72, 411).

Est contradictoire la déclaration du jury, qu'un accusé de banqueroute frauduleuse a justifié de l'emploi de toutes ses recettes, que ses livres offraient sa véritable situation active et passive, et que l'accusé aurait dans ces mêmes livres supposé une dette passive et collusoire, fait des écritures simulées, etc. (Cass. 18 mars 1826 : S. 26, 1, 410).

Lorsqu'il est évident qu'un seul juré a voté oui et non sur deux questions identiques, la déclaration entière du jury est réputée contradictoire et doit être annulée.

Ainsi, lorsque le jury ayant eu à prononcer d'abord, sur la question de meurtre, et sur la question de légitime défense, huit jurés ont résolu affirmativement la question de meurtre, et sept ont résolu négativement la question de légitime défense, il y a nécessairement dans les cinq qui ont affirmé la légitime défense, un juré qui a aussi affirmé le meurtre qui exclut l'idée de légitime défense. Donc contradiction (Cass. 3 mars 1826 : S. 26, 1, 389).

Il n'y a contrariété emportant nullité, entre deux déclarations du jury, qu'autant que les deux déclarations sont émises par le même jury, et à la suite du même débat ; ainsi, l'accusé peut être déclaré coupable de coups et de blessures ayant occasioné la mort, bien qu'une précédente déclaration, rendue par un autre jury, à l'égard d'un complice de même fait, porte que les coups et blessures n'ont pas occasioné la mort (Cass. 18 juin 1830 : S. 30, 1, 375).

Ainsi, encore bien qu'un premier jury ait déclaré l'un des accusés coupable sans les circonstances aggravantes, le second jury peut déclarer l'autre accusé du même crime coupable avec les circonstances aggravantes (Cass. 1er juillet 1830 : S. 30, 1, 408).

Lorsque la question posée au jury sur une tentative de meurtre énonce les circonstances constitutives de la criminalité de la tentative, si le jury répond : Oui l'accusé est coupable, sans les circonstances aggravantes, dans une telle réponse, il y a confusion des circonstances constitutives de la criminalité avec des circonstances aggravantes ; elle est contradictoire (Cass. 18 janvier 1830 : S. 30, 1, 141).

La réponse affirmative sur une question alternative est une base légale pour la condamnation, lorsque chacun des faits compris dans la question alternative donne lieu à la même peine (Cass. 8 juillet 1830 : S. 30, 1, 407).

La déclaration du jury qu'un accusé est coupable d'attentat à la pudeur, mais sans violence ou publicité, n'est point contradictoire, bien que l'exclusion de la violence ou de la publicité fasse disparaître toute culpabilité (Cass. 28 janvier 1830 : S. 30, 1, 66).

Le jury, interrogé sur la question de savoir si l'accusé est coupable d'homicide volontaire avec préméditation fait une réponse suffisante en disant : Oui, l'accusé est coupable avec la circonstance mentionnée ; car il n'y a qu'une circonstance : la préméditation ; la volonté n'est pas une circonstance, c'est un élément constitutif du crime (Cass. 15 juillet 1830 : S. 30, 1, 295). Cod. 3 brum. an 4, art. 389.

(a) Ancien art. 347, abrogé par la loi du 4 mars 1831 et par la loi de ce jour : « La décision du jury se formera pour ou contre l'accusé, à la majorité, à peine de nullité.

« En cas d'égalité de voix, l'avis favorable à l'accusé prévaudra. »

(1) Cet article reproduit l'art. 5 de la loi du 4 mars 1831, dans la partie qui détermine comment se forme la majorité du jury, et qui impose au jury l'obligation d'énoncer cette majorité dans sa déclaration ; mais la loi de 1831 ajoute : « Le président de la cour d'assises rappellera au jury, avant qu'il entre en délibération ; les dispositions du présent article. » Cette règle doit être observée, quoiqu'elle ne soit pas placée dans l'art. 347.

Avant la loi du 28 avril 1832, on considérait comme acquittement la déclaration du chef du jury qu'il y a six voix pour et six voix contre (Cass. 23 juin 1814 : S. 14, 1, 243). Il en serait de même aujourd'hui si le chef du jury disait qu'il y a eu sept voix pour la culpabilité, cinq voix contre.

La déclaration du jury est nulle, si elle énonce qu'elle a été rendue à l'unanimité (Cass. 30 juin 1831 : S. 31, 1, 356).

(2) La déclaration n'est pas nulle, parce que le chef du jury n'a pas écrit en tête, dans la chambre des jurés, les mots : Sur mon honneur et ma conscience, devant Dieu et devant les hommes. Il peut les écrire dans la salle d'audience avant de prononcer la déclaration (Cass. 16 juillet 1812 : S. 13, 1, 422).

Une déclaration ne saurait être annulée, parce qu'elle ne contient pas la formule : Oui, l'accusé, etc. Non, l'accusé, etc. (Cass. 23 juin 1814 : Bull. crim. p. 60).

V. art. 350.

Lorsque les jurés sont rentrés dans l'auditoire de la cour d'assises, il ne leur est plus permis de retourner, sur la demande de l'un d'eux, dans la chambre de délibération, la cour d'assises seule a le droit de les renvoyer (Cass. 11 octobre 1827 : S. 28, 1, 214). V. Cod. 3 brum. an 4, art. 413.

(3) La déclaration du jury est valable quoique non datée (Cass. 10 août 1826 : S. 27, 1, 113).

Le paraphe du président de la cour ne suffit pas (Cass. 11 août 1826 : S. 27, 1, 130).

La déclaration verbale du chef du jury, énonçant le nombre de voix pour ou contre l'accusé, ne peut prévaloir sur la déclaration écrite, signée et lue à l'audience, énonçant une distribution de voix différente défavorable à l'accusé (Cass. 28 janvier 1830 : S. 30, 1, 141).

Le président du jury n'est pas tenu d'écrire lui-même la déclaration du jury ; il suffit qu'il y appose sa signature (Cass. 24 décembre 1829 : S. 30, 1, 115).

(4) Lorsque le jury a fait sa déclaration, il a con-

351. (a). *Abrogé* (1).

352. Si, hors le cas prévu par le précédent article (2), les juges sont unanimement convaincus que les jurés, tout en observant les formes, se sont trompés au fond, la cour déclarera qu'il est sursis au jugement, et renverra l'affaire à la session suivante, pour être soumise à un nouveau jury, dont ne pourra faire partie aucun des premiers jurés.

Nul n'aura le droit de provoquer cette mesure; la cour ne pourra l'ordonner que d'office, et immédiatement après que la déclaration du jury aura été prononcée publiquement et dans le cas où l'accusé aura été convaincu, jamais lorsqu'il n'aura pas été déclaré coupable.

La cour sera tenue de prononcer immédiatement après la déclaration du second jury, même quand elle serait conforme à la première (3).

353. L'examen et les débats, une fois entamés, devront être continués sans interruption, et sans aucune espèce de com-

---

sommé ses pouvoirs ; toute déclaration ultérieure est prohibée par la loi (Cass. 13 mars 1813 ; S. 13, 1, 343 ; *id.* — 17 avril 1824 ; S. 24, 2, 353 ; D. 22, 1, 261 P. 70, 593 ; — *id.* 14 octobre 1825 ; S. 27, 1, 43). Sauf toutefois le cas de déclaration obscure, équivoque, contradictoire. *V.* notes sur l'art. 345.

Au surplus, ce n'est pas au président seul, c'est à la cour à apprécier si la première réponse en rend une seconde indispensable (Cass. 26 août 1826 ; S. 28, 1, 55).

Lorsque le chef des jurés a déclaré devant la cour d'assises que la décision du jury est que l'accusé n'est pas coupable, toute réclamation individuelle des jurés est sans force, et lors même que sept jurés attesteraient avoir voté contre l'accusé (Cass. 23 juin 1814 ; S. 15, 1, 243).

Les déclarations passées au greffe, postérieurement à l'arrêt, par quelques-uns des jurés et par le président de la cour, et portant que le chef du jury a prononcé une décision différente de la réponse écrite et revêtue des signatures prescrites par la loi, ne peuvent modifier, étendre ni restreindre cette dernière (Cass. 13 juin 1816 ; Bull. crim. p. 77).

Lorsque le procès-verbal des débats énonce que l'arrêt a été rendu sur une seconde déclaration du jury provoquée par le motif que la première était équivoque, sans rapporter les termes de la première déclaration, et que d'ailleurs cette première déclaration n'est pas produite, l'arrêt doit être cassé, en ce que l'irrégularité de la première déclaration n'étant pas prouvée, la légalité de la seconde n'est pas justifiée (Cass. 18 nov. 1810 ; S. 10, 1, 148 ; D. 18, 1, 14).

Lorsque par une première déclaration, le jury s'est expliqué en faveur de l'accusé, soit sur une circonstance constitutive, soit sur une circonstance aggravante du crime, le bénéfice de cette déclaration est acquis à l'accusé. S'il y a lieu de renvoyer les jurés dans leur chambre, en ce qu'ils ne se sont pas expliqués sur toutes les questions posées, le jury ne peut, par sa seconde déclaration, modifier ce que la première contient de favorable à l'accusé. (Cass. 18 avril 1822 ; S. 22, 1, 314 ; D. 20, 1, 317 ; P. 65, 94).

Lorsqu'après la déclaration du jury, la cour d'assises, encore saisie, a connaissance de nouveaux faits à charge ou à décharge, qui n'ont pu être compris dans les premières questions soumises au jury, la cour doit annuler la clôture des débats, et ce qui l'a suivie, ouvrir un nouveau débat sur ce fait, pour qu'ensuite il y ait un nouveau résumé et une nouvelle position de questions au jury (Cass. 16 juin 1820 ; S. 20, 1, 323).

Les réponses négatives et régulières du jury doivent être maintenues, lorsque l'arrêt de condamnation vient à être annulé (Cass. 15 avril 1824 ; S. 24, 1, 325).

Cependant lorsque le jury, interrogé sur la question de savoir si l'accusé est coupable de vol commis la nuit, avec escalade dans une *maison habitée*, se borne à répondre affirmativement sur la circonstance de la nuit, négativement sur celle de l'escalade, et qu'il omet de répondre sur celle de la maison habitée, il y a lieu par la Cour de cassation, en cassant l'arrêt intervenu sur une telle déclaration, d'annuler en totalité la déclaration du jury, même dans la partie répondue négativement en faveur de l'accusé (Cass. 9 février 1827 ; S. 28, 1, 372).

Lorsqu'une cour d'assises, jugeant que la déclaration du jury implique contradiction, renvoie les jurés dans leur chambre pour répondre de nouveau, il y a chose jugée sur la nullité ou insuffisance de la première déclaration ; la cour ne peut, après la seconde déclaration, faire revivre la première pour servir de base à son arrêt (Cass. 9 octobre 1823 ; S. 24, 1, 150 ; D. 21, 1, 483 ; P. 65, 408).

Lorsque le jury a déclaré l'accusé coupable de tentative de vol de fruits de la terre, la cour ne peut ajouter que les fruits n'étaient pas encore détachés de leur tige, et prononcer en conséquence l'absolution de l'accusé (Cass. 31 janvier 1828 ; S. 29, 1, 237). *V.* Cod. 3 br. an 4, art. 415.

(a) Ancien article 351, abrogé par la loi du 4 mars 1831 : « Si néanmoins l'accusé n'est déclaré coupable du fait principal qu'à une simple majorité, les juges délibéreront entre eux sur le même point ; et si l'avis de la minorité des jurés est adopté par la majorité des juges, de telle sorte qu'en réunissant le nombre de voix, ce nombre excède celui de la majorité des jurés et de la minorité des juges, l'avis favorable à l'accusé prévaudra.»

(1) Telle était la première rédaction du Code, publiée en 1808 ; mais la loi du 24 mai 1821 l'avait modifiée, en disposant qu'il suffisait que la majorité des juges se fût prononcée pour l'accusé, alors même que cette majorité jointe à la minorité des jurés serait inférieure à la minorité des juges, jointe à la majorité des jurés (*V.* ma Collection des Lois).

La loi du 4 mars 1831, art. 3 et 4, a supprimé l'article en entier. Ainsi désormais, jamais la cour n'est appelée à concourir avec le jury à la constatation des faits ; et il faut toujours huit voix au moins pour que la déclaration du jury soit rendue à une majorité suffisante. *V.* l'article 347.

Ces changemens ne dispensent de rappeler les décisions intervenues, soit sous l'empire de la première rédaction du Code, soit sous l'empire de la loi du 24 mai 1821, et qui portaient principalement sur la question de savoir si la délibération de la cour était nécessaire aussi bien sur les circonstances aggravantes que sur les faits principaux et constitutifs du crime. La Cour de cassation jugeait que la cour ne pouvait délibérer que sur le fait principal et non sur les circonstances aggravantes.

(2) L'article précédent étant abrogé, la rédaction aurait dû être modifiée.

(3) Lorsqu'entre plusieurs accusés il y en a d'acquittés et d'autres déclarés coupables, le renvoi à un nouveau jury ne doit avoir lieu que relativement aux accusés déclarés coupables (Cass. 2 juillet 1812 ; S. 13, 1, 84).

Cet article ne s'applique point au cas où la déclaration du jury est favorable à l'accusé (Cass. 13 mars 1812 ; S. 12, 1, 376).

Ainsi quand un accusé est déclaré convaincu de meurtre sans préméditation, si la cour renvoie à un nouveau jury, ce doit être pour prononcer sur le fait même du meurtre, et non plus pour prononcer sur la préméditation (Cass. 23 juin 1814 ; S. 14, 1, 257 ; D. 13, 1, 509 ; P. 40, 616).

De mot *immédiatement* doit s'entendre ainsi : qu'entre la déclaration du jury et la prononciation du renvoi de l'affaire à la session prochaine, la cour d'assises ne peut point suspendre la séance ni exercer aucun acte de sa juridiction. La faculté de renvoi ne peut être ôtée à la cour par cela seul que le ministère public aurait, avant la prononciation du renvoi, pris des conclusions pour l'application de la peine (Cass. 27 février 1812 ; S. 17, 2, 317).

munication au-dehors, jusqu'après la déclaration du jury inclusivement. Le président ne pourra les suspendre que pendant les intervalles nécessaires pour le repos des juges, des jurés, des témoins et des accusés (1).

354. Lorsqu'un témoin qui aura été cité ne comparaîtra pas, la cour pourra, sur la réquisition du procureur général, et avant que les débats soient ouverts par la déposition du premier témoin inscrit sur la liste, renvoyer l'affaire à la prochaine session (2).

355. Si, à raison de la non-comparution du témoin, l'affaire est renvoyée à la session suivante, tous les frais de citation, actes, voyages de témoins, et autres ayant pour objet de faire juger l'affaire, seront à la charge de ce témoin, et il y sera contraint, même par corps, sur la réquisition du procureur général, par l'arrêt qui renverra les débats à la session suivante.

Le même arrêt ordonnera, de plus, que ce témoin sera amené par la force publique devant la cour pour y être entendu.

Et néanmoins, dans tous les cas, le témoin qui ne comparaîtra pas, ou qui refusera soit de prêter serment, soit de faire sa déposition, sera condamné à la peine portée en l'article 80.

356. La voie de l'opposition sera ouverte contre ces condamnations, dans les dix jours de la signification qui en aura été faite au témoin condamné ou à son domicile, outre un jour par cinq myriamètres ; et l'opposition sera reçue, s'il prouve qu'il a été légitimement empêché ; ou que l'amende contre lui prononcée doit être modérée.

Section II. Du jugement et de l'exécution.

357. Le président fera comparaître l'accusé, et le greffier lira en sa présence la déclaration du jury (3).

358. Lorsque l'accusé aura été déclaré non coupable, le président prononcera qu'il est acquitté de l'accusation, et ordonnera qu'il soit mis en liberté, s'il n'est retenu pour autre cause.

La cour statuera ensuite sur les dommages-intérêts respectivement prétendus, après que les parties auront proposé leurs fins de non-recevoir ou leurs défenses, et que le procureur général aura été entendu.

La cour pourra néanmoins, si elle le juge convenable, commettre l'un des juges pour entendre les parties, prendre connaissance des pièces, et faire son rapport à l'audience, où les parties pourront encore présenter leurs observations, et où le ministère public sera entendu de nouveau.

L'accusé acquitté pourra aussi obtenir des dommages-intérêts contre ses dénonciateurs, pour fait de calomnie ; sans néanmoins que les membres des autorités constituées puissent être ainsi poursuivis à raison des avis qu'ils sont tenus de donner, concernant les délits dont ils ont cru acquérir la connaissance dans l'exercice de leurs fonctions, et sauf contre eux la demande en prise à partie, s'il y a lieu.

Le procureur général sera tenu, sur la réquisition de l'accusé, de lui faire connaître ses dénonciateurs (4).

359. Les demandes en dommages-intérêts, formées soit par l'accusé contre ses

---

(1) La jurisprudence et l'usage ont établi que les juges et les jurés peuvent, pendant les débats, aller dîner et coucher chez eux ou à l'auberge, et que les intervalles de suspension peuvent comprendre plusieurs heures (Cass. 9 août 1811 : S. 12, 2, 327).

Il a même été jugé qu'on ne peut se faire un moyen de nullité de ce que les débats auraient été suspendus par le président pendant plus de vingt-quatre heures ; et, par exemple, renvoyés du samedi soir au lundi matin (Cass. 1er avril 1830 : S. 30, 1, 319). V. Legraverend, tome 2, p. 187.

Des débats ouverts peuvent être suspendus à raison de circonstances particulières et imprévues que la cour d'assises doit apprécier, et sur lesquelles elle doit statuer dans sa conscience (Cass. 9 septembre 1819 : Bull. crim. p. 315). V. Cod. 3 brum. an 4, art. 418.

(2) La cour d'assises peut ordonner le renvoi d'une affaire à une session ultérieure pour entendre un témoin absent dont la déposition lui paraît utile, alors même que les débats de cette affaire ont déjà commencé (Cass. 16 nov. 1829 : S. 30, 1, 113).

La cour d'assises peut, d'office, renvoyer l'affaire, alors même que le ministère public déclare expressément qu'il renonce à l'audition du témoin, et requiert qu'il soit passé outre aux débats (Cass. 10 août 1824 : S. 25, 1, 196).

Le renvoi peut être ordonné par le président seul, tant que l'affaire n'est pas portée à l'audience (Cass. 4 février 1825 : S. 25, 1, 330 ; D. 23, 1, 210).

Le renvoi d'une affaire à une autre session peut être

prononcé par la cour d'assises hors des cas prévus par les art. 330, 331 et 354 (Cass. 11 nov. 1830 : S. 31, 1, 366).

(3) La lecture de la déclaration du jury doit être faite en présence de l'accusé, à peine de nullité. En tous cas, le silence du procès-verbal fait présumer que la formalité a été omise (Cass. 4 avril 1819 : S. 30, 1, 356). V. Cod. 3 brum. an 4, art. 428.

(4) Les acquittés du crime peuvent, nonobstant leur acquittement, être condamnés à des dommages-intérêts comme responsables (Cass. 22 juill. 1813 : S. 13, 1, 447).

La déclaration du jury, que non-seulement l'accusé n'est pas coupable, mais même qu'il n'y a pas eu imprudence de sa part, n'empêche pas la cour d'assises de prononcer qu'il y a eu faute de la part de l'accusé, et par suite de le condamner à des dommages-intérêts (Cass. 16 mars 1819 : S. 18, 1, 284 ; id. — 13 oct. 1826 : S. 27, 1, 140).

Pour qu'un acquitté ait droit à des dommages-intérêts contre son dénonciateur, il ne suffit pas qu'il soit déclaré non coupable ; il faut encore que la dénonciation soit reconnue calomnieuse ; la cour d'assises n'est aucunement liée par la déclaration du jury (Cass. 23 mars 1821 : S. 21, 1, 198 et 356 ; D. 19, 1, 181 P. 61, 330 ; id. — 30 décembre 1813 : S. 14, 1, 129 ; D. 13, 1, 129 P. 39, 161).

La cour d'assises ne peut prononcer de condamnation en dommages-intérêts contre l'accusé qu'à raison des faits pour lesquels il a été mis en jugement (Cass. 11 octobre 1817 : S. 19, 1, 269 ; D. 17, 1, 195 ; P. 55, 530).

L'opposition est recevable contre l'arrêt d'une cour d'assises qui a condamné la partie civile à des dommages-intérêts envers l'accusé. Cette opposition, si elle n'a été formée qu'après la clôture de la session, peut être portée de

dénonciateurs ou la partie civile, soit par la partie civile contre l'accusé ou le condamné, seront portées à la cour d'assises.

La partie civile est tenue de former sa demande en dommages-intérêts, avant le jugement; plus tard, elle sera non-recevable.

Il en est de même de l'accusé, s'il a connu son dénonciateur.

Dans le cas où l'accusé n'aurait connu son dénonciateur que depuis le jugement, mais avant la fin de la session, il sera tenu, sous peine de déchéance, de porter sa demande à la cour d'assises : s'il ne l'a connu qu'après la clôture de la session, sa demande sera portée au tribunal civil.

A l'égard des tiers qui n'auraient pas été partie au procès, ils s'adresseront au tribunal civil (1).

360. Toute personne acquittée léga-

lement ne pourra plus être reprise ni accusée à raison du même fait (2).

361. Lorsque dans le cours des débats, l'accusé aura été inculpé sur un autre fait, soit par des pièces, soit par les dépositions des témoins, le président, après avoir prononcé qu'il est acquitté de l'accusation, ordonnera qu'il soit poursuivi à raison du nouveau fait : en conséquence, il le renverra en état de mandat de comparution ou d'amener, suivant les distinctions établies par l'article 91, et même en état de mandat d'arrêt, s'il y échet, devant le juge d'instruction de l'arrondissement où siège la cour, pour être procédé à une nouvelle instruction.

Cette disposition ne sera toutefois exécutée que dans le cas où, avant la clôture des débats, le ministère public aura fait des réserves à fin de poursuite (3).

362. Lorsque l'accusé aura été déclaré coupable, le procureur général fera sa

---

vant les juges de la session suivante (Cass. 19 avril 1817 : S. 18, 1, 10 ; D. 15, 1, 361).

Egalement, si par un motif quelconque, la cour d'assises ne peut prononcer sur la demande en dommages-intérêts formée par la partie civile, c'est la cour d'assises de la session suivante qui doit prononcer lorsqu'il y a eu renvoi à cette session (Cass. 24 juin 1824 : S. 26, 1, 140). V. art. 30, 66, 159, 166, 191, 192, 211, 359, 366, 412, — Cod. inst. ; — Cod. pén., 10, 46, 51, 73.

La faculté donnée d'une manière générale à la cour d'assises de statuer sur les dommages-intérêts respectivement prétendus par l'accusé ou la partie civile, au cas d'acquittement comme au cas de condamnation, n'a pas abrogé les art. 598 et 600, Cod. com. qui restreignent la compétence de la cour d'assises relativement aux actions en dommages-intérêts contre les complices de banqueroute frauduleuse, au seul cas où ils sont condamnés comme tels (Cass. 14 juillet 1826 : S. 27, 1, 104).

Lorsque les réquisitions du ministère public ont saisi la cour d'assises d'une question relative à l'application de la peine, c'est à la cour d'assises elle-même qu'il appartient de statuer; en ce cas, le président est sans pouvoir pour rendre une ordonnance d'acquittement (Cass. 16 mai 1826: S. 27, 1, 163). V. art. 162 et 364.

(1) Les dommages-intérêts peuvent encore être demandés immédiatement après la déclaration du jury.

Si le dénonciateur est assigné en cette qualité et présent aux débats, quoique non constitué partie civile, l'accusé peut, sans autre citation préalable, conclure contre lui aux dommages-intérêts (Cass. 31 mai 1816 : S. 16, 1, 271 ; D. 14, 1, 513 ; P. 46, 449). V. art. 66, 358.

Les dommages-intérêts peuvent être demandés par la partie civile, même après l'ordonnance d'acquittement, alors surtout qu'il y a encore d'autres accusés sur le sort desquels il reste à prononcer (Cass. 22 janv. 1830 : S. 31, 1, 33).

(2) Lorsqu'un agent du gouvernement, poursuivi pour délit, sans l'autorisation préalable du Conseil-d'Etat, a été acquitté par le jugement qui est intervenu sur les poursuites dirigées illégalement contre lui, on ne peut, en annulant ce jugement, ordonner que le prévenu sera poursuivi et jugé de nouveau. En ce cas, le jugement ne doit être annulé que dans l'intérêt de la loi (12 et 17 déc. 1809 : Avis du Conseil-d'Etat : S. 7, 2, 1064).

L'accusé d'un crime peut, après acquittement, être accusé d'un délit connexe à ce crime, quand même le délit connexe aurait été connu de la cour d'assises comme résultant des débats, et encore que le fait principal poursuivi comme délit soit le même que celui qui, avec des circonstances, avait constitué le crime (Cass. 28 octobre 1816 : S. 18, 1, 16 ; D. 15, 1, 340 ; id. — 27 octobre 1809 : S. 10, 1, 261 ; id. — 22 novembre 1816 ; S. 17, 1, 83).

Les faits qui, qualifiés crimes, ont été soumis à la cour d'assises, peuvent être de nouveau présentés à la justice civile (Cass. 5 novembre 1818 : S. 19, 1, 269 ; D. 17, 1, 193 ; P. 85, 330).

Surtout si le demandeur n'a point été partie civile dans l'instance criminelle (Toulouse, 20 novembre et 13 décembre 1824 : S. 25, 2, 431 et 432).

Lorsqu'un acte d'adjudication d'immeuble, reçu par un notaire qu'a commis le justier, contient ou paraît contenir des faits constitutifs de deux crimes ou délits, l'un de faux, l'autre d'achat au moyen d'interposition de personnes, le notaire, acquitté sur le faux, peut être repris sur l'achat prohibé (Cass. 28 décembre 1816 : S. 17, 1, 117 ; P. 50, 257).

Un notaire acquitté sur une accusation de faux ne peut être ensuite judiciairement destitué, par le même motif (Cass. 24 juillet 1822 : S. 23, 1, 391 ; D. 20, 1, 489 ; P. 55, 105).

Cependant si le notaire, en reconnaissant l'existence d'altérations dans ses minutes, a soutenu qu'elles ne constituaient pas un faux, en ce qu'elles avaient eu pour but de soustraire les parties aux droits de mutation, il peut, après et nonobstant l'acquittement sur le faux, être destitué disciplinairement, à raison des mêmes altérations (Cass. 13 janvier 1825 : S. 25, 1, 257 ; D. 23, 1, 119). Une autre décision a été rendue dans le même sens (50 décembre 1824 : S. 25, 1, 257 ; D. 23, 1, 129).

Lorsque le jury a déclaré un accusé non coupable du meurtre porté en l'acte d'accusation, il ne peut être permis de soumettre à un tribunal correctionnel la question de savoir s'il a commis un homicide par imprudence (Cass. 19 octobre 1812 : S. 13, 1, 242).

L'accusé ne peut être condamné ou repris à raison du même fait, bien que le premier jugement soit vicié d'incompétence (Cass. 1er avril 1813 : S. 13, 1, 311).

Relativement à l'autorité qu'ont respectivement les jugemens rendus au criminel sur le civil, et les jugemens rendus au civil sur le criminel, Voy. les notes sur l'art. 23 Toullier, tome 8, tit. 3, chap. 5, n° 31 et suiv., Legraverend, tome 2, page 60 et suiv., et Questions de Droit, tome 6, v° faux, § 6. V. art. 550, 358 et 436. Cod. 3 brum, an 4, art. 426.

(3) Quand l'accusation a porté sur un fait de banqueroute frauduleuse, si l'accusé est acquitté, la cour ne peut ni soumettre au jury, ni juger elle-même la question de savoir si l'accusé a tenu une maison de prêt sur gage sans autorisation (Cass. 24 juin 1819 : S. 20, 1, 131 ; D. 17, 1, 519 ; P. 56, 248).

L'examen d'un fait nouveau, étranger à l'accusation, emporte nullité, malgré le consentement de l'accusé (Cass. 24 juin 1819 : S. 20, 1, 13 ; D. 17, 1, 519 ; P. 56, 248). V. art. 360 et 379 ; Cod. 3 brum, an 4, art. 427.

réquisition à la cour pour l'application de la loi.

La partie civile fera la sienne pour restitution et dommages-intérêts (1).

363. Le président demandera à l'accusé s'il n'a rien à dire pour sa défense.

L'accusé ni son conseil ne pourront plus plaider que le fait est faux, mais seulement qu'il n'est pas défendu ou qualifié délit par la loi, ou qu'il ne mérite pas la peine dont le procureur général a requis l'application, ou qu'il n'emporte pas de dommages-intérêts au profit de la partie civile, ou enfin que celle-ci élève trop haut les dommages-intérêts qui lui sont dus (2).

364. La Cour prononcera l'absolution de l'accusé, si le fait dont il est déclaré coupable n'est pas défendu par une loi pénale (3).

365. Si ce fait est défendu, la Cour prononcera la peine établie par la loi, même dans le cas où, d'après les débats, il se trouverait n'être plus de la compétence de la Cour d'assises.

En cas de conviction de plusieurs crimes ou délits, la peine la plus forte sera seule prononcée (4).

366. Dans le cas d'absolution comme dans celui d'acquittement ou de condamnation, la Cour statuera sur les dommages-intérêts prétendus par la partie civile ou par l'accusé; elle les liquidera par le

---

(1) *V.* art. 345 et 365; Cod. 3 brum. an 4, art. 429.

(2) *V.* l'art. 294.

L'obligation imposée au président de demander à l'accusé déclaré coupable, s'il a des observations à faire, au cas d'inobservation, entraîne la nullité de l'arrêt de condamnation si cet arrêt prononce une peine supérieure au *minimum* de la peine applicable (Cass. 10 septembre 1828 : S. 21, 1, 370).

Car si l'arrêt prononce le *minimum* de la peine, l'accusé n'a point à se plaindre; il ne peut demander la nullité (Cass. 17 juin. 1830 : S. 30, 1, 370; *id.* — 2 décemb. 1830 : S. 31, 2, 178). *V.* Cod. 3 brum. an 4, art. 431.

(3) Lorsque l'accusé est déclaré coupable par le jury, mais sans les circonstances mentionnées dans l'acte d'accusation, c'est à la cour, et non au président seul qu'il appartient de l'absoudre, si le fait qui lui est imputé n'est défendu par aucune loi. Si le président rend une ordonnance d'acquittement ou d'absolution, cette ordonnance est susceptible de cassation, même au préjudice de l'accusé (Cass. 7 février 1812 : S. 12, 1, 520; *id.* — 24 mai 1821 : S. 21, 1, 254).

En général, lorsque l'accusé est déclaré coupable, mais d'un fait non punissable, c'est à la cour à prononcer l'absolution, non au président à prononcer l'acquittement (Cass. 28 février 1830 : S. 30, 1, 260).

L'accusé déclaré coupable n'est pas punissable lorsqu'il résulte des termes de la déclaration que le mot *coupable* emporte seulement l'idée du *fait matériel*, et non l'idée d'*intention criminelle* (Cass. 9 octobre 1813 : S. 24, 1, 250; D. 23, 1, 488; P. 69, 405). *V.* notes sur l'art. 345.

Lorsqu'un accusé âgé de moins de seize ans est déclaré coupable, mais sans discernement, il y a lieu à absolution par la cour d'assises, non à acquittement par le président (Cass. 4 mai 1827 : S. 27, 1, 542).

Si l'accusé n'est déclaré coupable que d'un fait qualifié délit, et éteint par la prescription, il doit être absous par la cour, et non acquitté par le président (Cass. 22 avril 1830 : S. 30, 1, 305).

Id. Si l'accusé était en état de démence. En un mot, l'*acquittement* ne doit être prononcé que lorsque l'accusé est déclaré *non coupable* (Cass. 2 juin 1831 : S. 31, 1, 327).

(4) Les juges qui, se laissant aller à une pitié mal entendue, acquittent un particulier évidemment coupable, commettent une faute grave qui les soumet à la censure de la cour de cassation (Cass. 18 prairial an 11 : S. 3, 1, 289).

L'article n'est pas applicable au cas où un individu convaincu d'un crime l'est aussi d'avoir tenté de s'évader durant l'instruction. La peine encourue pour ce dernier délit peut être appliquée conjointement avec celle encourue à raison du crime (Cass. 13 octobre 1813 : S. 10, 2, 503; P. 47, 391).

Il n'est pas applicable lorsqu'il s'agit de délits poursuivis devant les tribunaux correctionnels, surtout lorsqu'un des délits est punissable d'une peine personnelle, et l'autre d'une peine pécuniaire; en ce cas, les deux peines peuvent *être* cumulées (Cass. 15 juin 1821 : S. 21, 1, 407; D. 19, 1, 581; P. 61, 258).

Id. En matière de police simple (Cass. 6 août 1830 : S. 31, 1, 398).

Il n'est pas applicable lorsque le second crime a été commis depuis la première condamnation (Cass. 17 juin 1925 : S. 26, 1, 165).

Il n'est pas applicable aux contraventions en matière fiscale, notamment en matière de contributions indirectes, aux contraventions à la loi qui fixe l'indemnité due aux maîtres de poste (Cass. 26 mars 1825 : S. 26, 1, 81; *id.* — 11 octobre 1827 : S. 28, 1, 68).

M. Legraverend, tom. 2, p. 611, dit que les peines pécuniaires peuvent être cumulées, parce qu'elles sont moins des peines que des réparations. M. Bourguignon croit, au contraire, que les peines pécuniaires ne peuvent être cumulées que jusqu'à concurrence du *maximum*.

La peine du délit de port d'armes sans permis ne peut être cumulée avec la peine d'un autre délit plus forte, que lorsque cette dernière peine est prononcée par la loi du 28-30 avril 1790. Lorsque le délit de port d'armes se trouve joint au délit de chasse dans une forêt royale, l'amende de 100 fr. que prononce l'ordonnance de 1669, contre ce dernier délit, doit seule être appliquée (Cass. 4 mai 1821 : S. 21, 1, 368; D. 17, 2 281; *id.* — 28 novembre 1828 : S. 30, 1, 80).

Le condamné par contumace à une peine afflictive ou infamante, qui est condamné de nouveau, pour un autre crime, à une peine plus forte ou aussi forte que celle déjà prononcée contre lui, s'il subit la peine plus forte, ne peut plus être puni (Cass. 19 mars 1818 : S. 18, 1, 272; D. 16, 1, 313).

Le coupable d'escroquerie et d'usure peut être puni d'amende comme usurier, et d'emprisonnement comme escroc, si, en somme, les deux peines infligées n'excèdent pas l'emprisonnement et l'amende que comporte le seul délit d'escroquerie (Cass. 9 septembre 1826 : S. 27, 1, 256).

L'individu successivement poursuivi à raison de deux crimes emportant la peine des travaux forcés à temps, de l'exposition et de la flétrissure, peut être condamné pour le second crime au nombre d'années de travaux forcés qui manquait à la première condamnation pour atteindre le *maximum* de la peine; mais il ne peut être condamné une seconde fois à l'exposition et à la flétrissure : il y aurait alors cumul de deux peines (Cass. 6 août 1825 : S. 25, 1, 115; P. 72, 331; *id.* — 27 février 1824 : S. 24, 1, 399).

La flétrissure est abolie, mais cette décision n'en devait pas moins être recueillie; elle établit un principe qui peut encore trouver son application, par exemple, relativement à l'exposition (Cass. 17 août 1827 : S. 28, 1, 119).

Un deuxième jugement est même indispensable, lorsque le deuxième délit non jugé est punissable du *maximum*, tellement que le prévenu a subi qu'une partie de la peine dont il était passible (Cass. 6 octobre 1824 : S. 25, 1, 81; D. 23, 1, 533; P. 72, 401).

Le condamné ne peut se faire un moyen de cassation de ce qu'il aurait été ordonné que les débats ne comprendraient que partie des faits qui lui étaient imputés, alors que les débats ont porté sur les faits les plus récens et les plus graves (Cass. 14 septembre 1827 : S. 28, 1, 119). *V.* art. 350, et les notes sur l'art. 345, Cod. pénal.

même arrêt, ou commettra l'un des juges pour entendre les parties, prendre connaissance des pièces, et faire du tout son rapport, ainsi qu'il est dit article 358.

La Cour ordonnera aussi que les effets pris seront restitués au propriétaire.

Néanmoins, s'il y a eu condamnation, cette restitution ne sera faite qu'en justifiant, par le propriétaire, que le condamné a laissé passer les délais sans se pourvoir en cassation, ou, s'il s'est pourvu, que l'affaire est définitivement terminée (1).

367. Lorsque l'accusé aura été déclaré excusable, la Cour prononcera conformément au Code pénal (2).

368. (a) L'accusé ou la partie civile qui succombera, sera condamné aux frais envers l'État et envers l'autre partie.

Dans les affaires soumises au jury, la partie civile qui n'aura pas succombé ne sera jamais tenue des frais.

Dans le cas où elle en aura consigné, en exécution du décret du 18 juin 1811, ils lui seront restitués (3).

369. Les juges délibéreront et opineront à voix basse; ils pourront, pour cet effet,

se retirer dans la chambre du conseil; mais l'arrêt sera prononcé à haute voix par le président, en présence du public et de l'accusé.

Avant de le prononcer, le président est tenu de lire le texte de la loi sur laquelle il est fondé.

Le greffier écrira l'arrêt; il y insérera le texte de la loi appliquée, sous peine de cent francs d'amende (4).

370. La minute de l'arrêt sera signée par les juges qui l'auront rendu, à peine de cent francs d'amende contre le greffier, et, s'il y a lieu, de prise à partie tant contre le greffier que contre les juges.

Elle sera signée dans les vingt-quatre heures de la prononciation de l'arrêt (5).

371. Après avoir prononcé l'arrêt, le président pourra, selon les circonstances, exhorter l'accusé à la fermeté, à la résignation, ou à réformer sa conduite.

Il l'avertira de la faculté qui lui est accordée de se pourvoir en cassation, et du terme dans lequel l'exercice de cette faculté est circonscrit.

372. (b) Le greffier dressera un procès-

---

(1) La cour qui condamne un accusé comme complice de banqueroute frauduleuse peut ne pas faire la liquidation des dommages-intérêts, conformément à l'art. 599 du Code de commerce, et se contenter de commettre un des juges (Cass. 27 juillet 1820 : S. 21, 1, 3; D. 18, 1, 506; P. 89, 148).

Les juges ne peuvent, après avoir statué sur l'action publique, statuer seulement forma negandi, sur les demandes de la partie civile. En ce cas, il y aurait omission de prononcer, donnant ouverture à cassation (Cass. 11 juillet 1823 : S. 23, 1, 421; D. 22, 1, 275; P. 67, 341). V. art. 66, 362, 358 et 419 ; Cod. d'inst. crim.; 10, 51, 55, 75 et 426, Code pénal.

L'accusé absous parce que le fait n'est pas criminel peut être condamné aux dommages-intérêts, si le fait a été nuisible (Cass. 13 octobre 1826 : S. 27, 1, 140).

(a) V. Cod. pén. art. 65.

(2) Ancien article 363, abrogé : « L'accusé ou la partie civile qui succombera, sera condamné aux frais envers l'État et envers l'autre partie. »

(3) On voit comment se trouvent par là modifiées les dispositions du Code d'instruction criminelle et l'art. 157 du décret du 18 juin 1811, qui obligeaient la partie civile à payer à l'État les frais, même alors qu'elle gagnait son procès, en faisant condamner l'accusé. V. aussi les art. 162 et 174 du décret du 18 juin 1811.

Dans la discussion sur la loi du 28 avril 1832, d'autres questions avaient été présentées ; on avait demandé si un individu pouvait être condamné aux frais : 1° lorsque les faits constituant un crime ou délit, étant déclarés constants, l'absence d'intention criminelle ou le défaut de discernement avait fait prononcer l'absolution; 2° lorsque les faits déclarés constants ne constituaient ni crimes ni délits, mais une action immorale.

La commission de la Chambre des pairs a pensé que c'était à la jurisprudence à statuer sur ce cas.

Les lettres de grâce ou de commutation de peine n'entraînent pas de plein droit la remise des frais, comme les amnisties (Lettre ministérielle, 27 juillet 1821 : S. 21, 2, 312).

L'enfant âgé de moins de seize ans, qui est acquitté pour défaut de discernement, mais dont la cour d'assises a ordonné la détention dans une maison de correction, est passible des frais (Cass. 19 mai 1815 : S. 15, 1, 230; P. 48, 338; id. — Cass. 27 mars 1823 ; S. 23, 1, 382; D. 21, 1, 138). V. Code d'inst. crim., art. 66, 162, 194 et 478; Cod. pénal, art. 62.

Un accusé peut être condamné aux frais, alors même qu'il est acquitté parce qu'il aurait agi sans intention criminelle. La condamnation aux frais, dans un tel cas, doit être considérée comme une réparation civile plutôt que comme une peine (Cass. 7 janv. 1830 : S. 30, 1, 146).

Id. pour l'accusé déclaré coupable, mais absous au moyen de la prescription (Cass. 22 avril 1830 : S. 30, 1, 303).

Id. Pour l'accusé de banqueroute frauduleuse déclaré coupable de détournement frauduleux au préjudice de ses créanciers, mais absous, en ce qu'il n'est pas négociant failli (Cass. 9 déc. 1830 : S. 31, 1, 180).

Id. Pour l'accusé absous pour cause de démence (Cass. 2 juin 1831 : S. 31, 1, 357).

(4) Le défaut de lecture et d'insertion de la loi n'emporte pas nullité, surtout s'il s'agit, non d'un article en vertu duquel la peine est appliquée, mais seulement de l'art. 36 du Code pénal, en vertu duquel l'affiche de l'arrêt a été ordonnée (Cass. 27 avril 1830 : S. 30, 1, 346). V. Cod. 3 brum. an 4, art. 435.

(5) L'article n'est applicable qu'aux arrêts définitifs sur l'accusation, et non aux arrêts qui peuvent intervenir dans le cours des débats (Cass. 14 décembre 1815 : S. 16, 1, 53; D. 14, 1, 1; P. 44, 321; — id. 29 mai 1817 : Bull. crim. p. 113; id. — 19 janvier et 10 sept. 1823; S. 28, 1, 57 et 109).

Il suffit que les arrêts non définitifs soient signés par le président et le greffier (Cass. 10 janvier 1824 : S. 24, 1, 203; D. 22, 1, 62; P. 70, 349).

Le défaut de signature par tous les juges n'est point une nullité (29 mai 1817, Bull. crim. p. 113; id. — 15 avril 1824; S. 24, 1, 325).

Id. du défaut de signature par le greffier (Cass. 3 janvier 1811, Bull. crim. p. 2). V. Code d'inst. crim. art. 164, 176 et 234; Cod. 3 brum. an 4, art. 438.

(6) Ancien article 372, abrogé : « Le greffier dressera un procès-verbal de la séance, à l'effet de constater que les formalités prescrites ont été observées.

« Il ne sera fait mention au procès-verbal, ni des réponses des accusés, ni du contenu aux dépositions; sans préjudice toutefois de l'exécution de l'article 318, concernant les changements, variations et contradictions dans les déclarations des témoins.

« Le procès-verbal sera signé par le président et par le greffier.

« Le défaut de procès-verbal sera puni de cinq cents francs d'amende contre le greffier. »

verbal de la séance, à l'effet de constater que les formalités prescrites ont été observées.

Il ne sera fait mention au procès-verbal, ni des réponses des accusés, ni du contenu aux dépositions, sans préjudice toutefois de l'exécution de l'article 318 concernant les changemens, variations et contradictions dans les déclarations des témoins.

Le procès-verbal sera signé par le président et le greffier, et ne pourra être imprimé à l'avance.

Les dispositions du présent article seront exécutées, à peine de nullité.

Le défaut de procès-verbal et l'inexécution des dispositions du troisième paragraphe qui précède, seront punis de cinq cents francs d'amende contre le greffier (1).

373. Le condamné aura trois jours francs après celui où son arrêt lui aura été prononcé, pour déclarer au greffe qu'il se pourvoit en cassation.

Le procureur général pourra, dans le même délai, déclarer au greffe qu'il demande la cassation de l'arrêt.

La partie civile aura aussi le même délai ; mais elle ne pourra se pourvoir que quant aux dispositions relatives à ses intérêts civils.

Pendant ces trois jours, et s'il y a eu recours en cassation, jusqu'à la réception de l'arrêt de la Cour de cassation, il sera sursis à l'exécution de l'arrêt de la Cour (2).

374. Dans les cas prévus par les articles 409 et 412 du présent Code, le procureur-général ou la partie civile n'auront que vingt-quatre heures pour se pourvoir (3).

375. La condamnation sera exécutée dans les vingt-quatre heures qui suivront les délais mentionnés en l'article 373, s'il n'y a point de recours en cassation ; ou, en cas de recours, dans les vingt-quatre heures de la réception de l'arrêt de la Cour de cassation qui aura rejeté la demande.

376. La condamnation sera exécutée par les ordres du procureur général ; il aura le droit de requérir directement, pour cet effet, l'assistance de la force publique (4).

(1) Le procès-verbal est nul s'il n'est pas signé par le greffier (Cass. 5 mars 1815 : S. 15, 1, 217; D. 15, 1, 216; P. 43, 1261 *id.* — 6 juin 1823; S. 23, 1, 302; D. 23, 1, 354).

Les formalités non énoncées par le procès-verbal sont présumées omises (Cass. 16 mars 1818 : S. 15, 1, 219; *id.* — 20 septembre 1818; S. 18, 1, 370).

Ainsi, il y a présomption légale de non publicité des débats lorsque le procès-verbal ne contient pas la mention expresse de la publicité (Cass. 23 janvier 1825 : S. 25, 1, 278; D. 25, 1, 163).

Id. pour la mention du résumé des débats par le président (Cass. 18 décembre 1823 : S. 24, 1, 168; D. 23, 1, 59).

Id. pour la mention de la présence des juges formant la cour d'assises (Cass. 8 avril 1823 : S. 26, 1, 349).

Cependant, lorsque le procès-verbal ne constate pas suffisamment que les formes légales ont été remplies dans l'appel des jurés supplémentaires qui ont concouru au jugement, il peut être suppléé par d'autres procès-verbaux réguliers de la même cour, établissant que les jurés appelés l'ont été dans les formes voulues par la loi (Cass. 18 septembre 1828 : S. 15, 1, 368).

Un renvoi mis sur le procès-verbal est nul, s'il n'est approuvé que par le greffier, s'il n'y a de plus l'approbation du président (Cass. 16 janv. 1827 : S. 28, 1, 56).

« On a proposé, a dit M. le rapporteur à la Chambre des pairs, dans la discussion de la loi du 28 avril 1832, de proscrire les procès-verbaux imprimés, et d'ordonner que les greffiers seraient tenus d'énoncer les formalités à mesure qu'elles seraient remplies, qu'enfin le procès-verbal fût écrit par la main même du greffier. Votre commission n'a trouvé aucune difficulté dans cette rédaction, cependant il ne faudrait pas l'entendre judaïquement ; en sorte que les têtes même des procès-verbaux, que les choses qui sont tout à fait d'usage, ne pussent être imprimées. » M. le rapporteur a cité comme exemple des formalités, dont la constatation ne doit pas être imprimée d'avance, la prestation du serment par les témoins. *V.* arrêt du 8 avril 1830 (Cass. S. 30, 1, 319). *V.* aussi mes notes sur l'art. 317.

(2) *V.* art. 296, 408, 409 et 412.

Le procureur général ne peut se pourvoir en cassation contre l'ordonnance du président qui, sur la déclaration d'un jury légal, a déclaré un accusé acquitté (Cass. 28 pluviôse an 13 : S. 20, 1, 469).

Le procureur général peut se pourvoir contre l'arrêt d'une cour d'assises qui déclare n'y avoir pas lieu à poursuivre. Le délai pour se pourvoir est le délai ordinaire de trois jours (Cass. 6 mars 1817 : S. 17, 1, 271; D. 15, 1, 167; P. 47, 489).

Celui qui ayant fait un pourvoi en cassation ne l'a pas régularisé, et n'y a pas donné suite, est non-recevable à quereller de nullité l'exécution provisoire du jugement correctionnel, contre lequel il y aurait eu un pourvoi suspensif de sa nature (Cass. 5 août 1820 : S. 21, 1, 383; D. 19, 1, 171).

Le délai accordé au ministère public et à la partie civile pour se pourvoir en cassation contre un arrêt de la cour royale (chambre des appels de police correctionnelle), qui acquitte le prévenu, est de trois jours francs, et non pas seulement de vingt-quatre heures (Cass. 21 déc. 1817 : S. 18, 1, 156). *V.* Cod. brum. an 4, art. 440.

(3) Le délai de vingt-quatre heures ne s'applique qu'au cas d'acquittement par le jury ; il n'en est pas de même du cas d'absolution par la cour (Cass. 1 novembre 1811 : S. 16, 1, 18; *id.* — 9 janvier 1830 : S. 30, 1, 111). *V.* art. 408, 409, 412 et 442.

Hors le cas d'acquittement par le jury, le pourvoi en cassation formé par le ministère public doit avoir un effet suspensif (Cass. 20 juillet 1827 : S. 27, 1, 532).

(4) Quand un condamné qui subit actuellement sa peine se trouve condamné pour récidive à une peine plus forte, la question de savoir quand le condamné commencera de subir la seconde peine, si ce sera de suite, ou si ce sera seulement à l'expiration de la première peine, est une question d'exécution, dans les attributions du ministère public, non de la cour d'assises (Cass. 6 avril 1816 : S. 17, 1, 515; *id.* — 20 juillet 1817 : S. 27, 1, 351).

V. l'ordon. du 16 mars 1816, art. 57 et 58, sur la dégradation des membres de la légion-d'honneur et l'arrêté du 24 ventôse an 12, cités par M. Legrav. t. 1, p. 273. Le même auteur, *loc. cit.*, rappelle les dispositions des édits d'avril 1693 et avril 1719, touchant la dégradation des chevaliers de Saint-Louis. La décoration de juillet, créée par la loi du 13 décembre 1830, art. 10, est assimilée à toutes les autres décorations, *V.* tom. 30 de ma Collection, p. 462; aussi les présidens des assises ont prononcé la dégradation contre les décorés de juillet condamnés à une peine infamante. *V.* aussi loi du 22 germinal an 4.

377. Si le condamné veut faire une déclaration, elle sera reçue par un des juges du lieu de l'exécution, assisté du greffier.

378. Le procès-verbal d'exécution sera, sous peine de cent francs d'amende, dressé par le greffier, et transcrit par lui, dans les vingt-quatre heures, au pied de la minute de l'arrêt. La transcription sera signée par lui; et il fera mention du tout, sous la même peine, en marge du procès-verbal. Cette mention sera également signée, et la transcription fera preuve comme le procès-verbal même.

379. Lorsque, pendant les débats qui auront précédé l'arrêt de condamnation, l'accusé aura été inculpé, soit par des pièces, soit par des dépositions de témoins, sur d'autres crimes que ceux dont il était accusé; si ces crimes nouvellement manifestés méritent une peine plus grave que les premiers, ou si l'accusé a des complices en état d'arrestation, la Cour ordonnera qu'il soit poursuivi à raison de ces nouveaux faits, suivant les formes prescrites par le présent Code.

Dans ces deux cas, le procureur général sursoira à l'exécution de l'arrêt qui a prononcé la première condamnation, jusqu'à ce qu'il ait été statué sur le second procès (1).

380. Toutes les minutes des arrêts rendus aux assises seront réunies et déposées au greffe du tribunal de première instance du chef-lieu du département.

Sont exceptées les minutes des arrêts rendus par la Cour d'assises du département où siège la Cour royale, lesquelles resteront déposées au greffe de ladite cour.

CHAP. V. Du jury, et de la manière de le former.

SECTION 1re (a). Du jury.

381. Nul ne peut remplir les fonctions de juré, s'il n'a trente ans accomplis, et

---

relative aux travaux nécessaires pour l'exécution des jugemens.

(1) La remise ou la commutation de la peine non-seulement dispense le condamné de la subir, mais encore elle produit cet effet que le condamné ne peut ensuite subir une condamnation nouvelle pour un crime antérieur, à moins que ce crime ne fût passible d'une peine plus grave que celle déjà encourue (Cass. 15 octobre 1825; S. 27, 1, 50). V. Cod. brum. an 4, art. 446.

(a) Voir, à la suite de la présente section, l'ancien texte du Code d'instruction criminelle. Le texte actuel est conforme à la loi du 2 mai 1827, qui a prononcé l'abrogation des articles 382, 386, 387, 388, 391, 392 et 393 du Code d'instruction criminelle, à dater du 1er janvier 1828, et qui a été interprétée ou modifiée en plusieurs de ses dispositions par la loi du 2 juillet 1828, remplacée elle-même par les dispositions suivantes de la loi du 19 avril 1831.

TITRE III. Des listes électorales.

« Art. 13. La liste des électeurs dont le droit dérive de leurs contributions, et la liste des électeurs appelés en vertu de l'article 3, sont permanentes, sauf les radiations et inscriptions qui peuvent avoir lieu lors de la révision annuelle.

« Cette révision annuelle sera faite conformément aux dispositions suivantes.

« 14. Du 1er au 10 juin de chaque année, et aux jours qui seront indiqués par les sous-préfets, les maires des communes composant chaque canton se réuniront à la mairie du chef-lieu sous la présidence du maire, et procéderont à la révision de la portion des listes mentionnées à l'article précédent qui comprendra les électeurs de leur canton appelés à faire partie de ces listes. Ils se feront assister des percepteurs du canton.

« 15. Dans les villes qui forment elles seules un canton, ou qui sont partagées en plusieurs cantons, la révision des listes sera faite par le maire et les trois plus anciens membres du conseil municipal, selon l'ordre du tableau. Les maires des communes qui dépendraient de l'un de ces cantons, prendront part également à cette révision sous la présidence du maire de la ville.

« À Paris, les maires des douze arrondissemens, assistés des percepteurs, procéderont à la révision sous la présidence du doyen de réception.

« 16. Le résultat de cette opération sera transmis au sous-préfet qui, avant le 1er janvier, l'adressera avec ses observations au préfet du département.

« 17. À partir du 1er juillet, le préfet procédera à la révision générale des listes.

« 18. Le préfet ajoutera aux listes les citoyens qu'il re-connaîtra avoir acquis les qualités requises par la loi, et ceux qui auraient été précédemment omis.

« Il en retranchera :
« 1° Les individus décédés;
« 2° Ceux dont l'inscription aura été déclarée nulle par les autorités compétentes.

« Il indiquera comme devant être retranchés :
« 1° Ceux qui auront perdu les qualités requises;
« 2° Ceux qu'il reconnaîtrait avoir été indûment inscrits, quoique leur inscription n'ait point été attaquée.

« Il tiendra un registre de toutes ces décisions.

« Il fera mention de leurs motifs et de toutes les pièces à l'appui.

« 19. Les listes de l'arrondissement électoral, ainsi rectifiées par le préfet, seront affichées le 15 août au chef-lieu de chaque canton et dans les communes dont la population sera au moins de six cents habitans. Elles seront déposées; 1° au secrétariat de la mairie de chacune de ces communes; 2° au secrétariat de la préfecture, pour être données en communication à toutes les personnes qui le requerront.

« La liste des contribuables électeurs contiendra, en regard du nom de chaque individu inscrit, la date de sa naissance et l'indication des arrondissemens de perception où sont assises ses contributions propres ou déléguées, ainsi que la quotité et l'espèce des contributions pour chacun des arrondissemens.

« La liste des électeurs désignés par l'article 3 contiendra en outre, en regard du nom de chaque individu, la date et l'espèce du titre qui lui confère le droit électoral, et l'époque de son domicile réel.

« Le préfet inscrira sur cette liste ceux des individus qui, n'ayant pas atteint, au 15 août, les conditions relatives à l'âge, au domicile et à l'inscription sur le rôle de la patente, les acquerront avant le 31 octobre, époque de la clôture de la révision annuelle.

« 20. S'il y a moins de cent cinquante électeurs inscrits, le préfet ajoutera, sur la liste qu'il publiera le 15 août, les citoyens payant moins de deux cents francs qui devront compléter le nombre de cent cinquante, conformément au paragraphe 1er de l'article 2.

« Toutes les fois que le nombre des électeurs ne s'élèvera pas au-delà de cent cinquante, le préfet publiera à la suite de la liste électorale une liste supplémentaire dressée dans la même forme et contenant les noms des dix citoyens susceptibles d'être appelés à compléter le nombre de cent cinquante par suite des changemens qui surviendraient ultérieurement dans la composition du collège, dans les cas prévus par les articles 30, 32 et 33.

« 21. La publication prescrite par les articles 19 et 20

s'il ne jouit des droits politiques et civils, à peine de nullité.

Les jurés seront pris parmi les membres des colléges électoraux et parmi les personnes désignées dans les paragraphes 3 et suivans de l'article 382 (1).

tiendra lieu de notification des décisions intervenues aux individus dont l'inscription aura été ordonnée.

« Les décisions provisoires du préfet, qui indiquent ceux dont le nom devrait être retranché comme ayant été indûment inscrit ou comme ayant perdu les qualités requises, seront notifiées dans les dix jours à ceux qu'elles concernent, ou au domicile qu'ils sont tenus d'élire dans le département pour l'exercice de leurs droits électoraux, s'ils n'y ont pas leur domicile réel, et, à défaut de domicile élu, à la mairie de leur domicile politique.

« Cette notification, et toutes celles qui doivent avoir lieu aux termes de la présente loi, seront faites suivant le mode employé jusqu'à présent pour les jurés, en exécution de l'article 389 du Code d'instruction criminelle.

« 22. Après la publication de la liste rectifiée, il ne pourra plus y être fait de changemens qu'en vertu de décisions rendues par le préfet en conseil de préfecture, dans les formes ci-après.

« 23. A compter du 15 août, jour de la publication, il sera ouvert au secrétariat général de la préfecture, un registre coté et paraphé par le préfet, sur lequel seront inscrites, à la date de leur présentation et suivant un ordre de numéros, toutes les réclamations concernant la teneur des listes. Ces réclamations seront signées par le réclamant ou par son fondé de pouvoir.

« Le préfet donnera récépissé de chaque réclamation et des pièces à l'appui. Ce récépissé énoncera la date et le numéro de l'enregistrement.

« 24. Tout individu qui croirait avoir à se plaindre, soit d'avoir été indûment inscrit, omis ou rayé, soit de toute autre erreur commise à son égard dans la rédaction des listes, pourra, jusqu'au 30 septembre inclusivement, présenter sa réclamation, qui devra être accompagnée de pièces justificatives.

« 25. Dans le même délai, tout individu inscrit sur les listes d'un arrondissement électoral pourra réclamer l'inscription de tout citoyen qui n'y sera pas porté, quoique réunissant les conditions nécessaires; la radiation de tout individu qu'il prétendrait indûment inscrit, ou la rectification de toute autre erreur commise dans la rédaction des listes.

« Ce même droit appartiendra à tout citoyen inscrit sur la liste des jurés non électeurs de l'arrondissement.

« 26. Aucune des demandes énoncées en l'article précédent ne sera reçue, lorsqu'elle sera formée par des tiers, qu'autant que le réclamant y joindra la preuve qu'elle a été par lui notifiée à la partie intéressée, laquelle aura dix jours pour y répondre, à partir de celui de la notification.

« 27. Le préfet statuera en conseil de préfecture sur les demandes dont il est fait mention aux articles 24 et 25 ci-dessus, dans les cinq jours qui suivront leur réception, quand elles seront formées par les parties elles-mêmes ou par leurs fondés de pouvoir; et dans les cinq jours qui suivront l'expiration du délai fixé par l'article 26, si elles sont formées par des tiers. Ses décisions seront motivées.

« La communication sans déplacement des pièces respectivement produites par les parties aux questions et contestations, devra être donnée à toute partie intéressée qui la requerra.

« 28. Les articles 23, 24, 25, 26 et 27 ci-dessus sont applicables à la liste supplémentaire prescrite par le dernier paragraphe de l'article 20.

« 29. Il sera publié tous les quinze jours un tableau de rectification, conformément aux décisions rendues dans cet intervalle, et présentant les indications mentionnées en l'article 19.

« Aux termes de l'article 21, la publication de ces tableaux de rectification tiendra lieu de notification aux individus dont l'inscription aura été ordonnée ou rectifiée.

« Les décisions portant refus d'inscription, ou prononçant des radiations, seront notifiées dans les cinq jours de leur date aux individus dont l'inscription ou la radiation aura été réclamée par eux ou par des tiers.

« Les décisions rejetant les demandes en radiation ou en rectification seront notifiées dans le même délai, tant au réclamant qu'à l'individu dont l'inscription aura été contestée.

« 30. Le préfet en conseil de préfecture apportera, s'il y a lieu, à la liste électorale, en dressant les tableaux de rectification, les changemens nécessaires pour maintenir le collège au complet de cent cinquante électeurs. Il maintiendra également la liste supplémentaire au nombre de dix suppléans.

« 31. Le 16 octobre, le préfet procédera à la clôture des listes. Le dernier tableau de rectification, l'arrêté de clôture des listes des collèges électoraux du département, seront publiés et affichés le 20 du même mois.

« 32. La liste restera, jusqu'au 30 octobre de l'année suivante, telle qu'elle aura été arrêtée conformément à l'article précédent, sauf néanmoins les changemens qui y seront ordonnés par des arrêts rendus dans la forme déterminée par les articles ci-après, et sauf aussi la radiation des noms des électeurs décédés ou privés des droits civils ou politiques par jugemens ayant acquis force de chose jugée.

« L'élection, à quelque époque de l'année qu'elle ait lieu, se fera sur ces listes.

« 33. Toute partie qui se croira fondée à contester une décision rendue par le préfet pourra porter son action devant la cour royale du ressort, et y produire toutes pièces à l'appui.

« L'exploit introductif d'instance devra, sous peine de nullité, être notifié dans les dix jours, quelle qu'en soit la distance des lieux, tant au préfet qu'aux parties intéressées.

« Dans le cas où la décision du préfet aurait rejeté une demande d'inscription formée par un tiers, l'action ne pourra être intentée que par l'individu dont l'inscription aurait été réclamée.

« La cause sera jugée sommairement, toutes affaires cessantes, et sans qu'il soit besoin du ministère d'avoué. Les actes judiciaires auxquels elle donnera lieu seront enregistrés gratis. L'affaire sera rapportée en audience publique par un des membres de la cour, et l'arrêt sera prononcé après que la partie ou son défenseur et le ministère public auront été entendus.

« S'il y a pourvoi en cassation, il sera procédé sommairement, et toutes autres affaires cessantes, comme devant la cour royale, avec la même exemption du droit d'enregistrement, sans consignation d'amende.

« 34. Les réclamations portées devant les préfets en conseil de préfecture, et les actions intentées devant les cours royales par suite d'une décision qui aura rayé un individu de la liste, auront un effet suspensif.

« 35. Le préfet, sur la notification de l'arrêt intervenu, fera sur la liste la rectification qui aura été prescrite.

« Si, par suite de la radiation prescrite par arrêt de la cour royale, la liste se trouve réduite à moins de cent cinquante, le préfet en conseil de préfecture complétera ce nombre, en prenant les plus imposés de la liste supplémentaire arrêtée le 16 octobre, et seulement jusqu'à épuisement de cette liste.

« 36. Les percepteurs des contributions directes seront tenus de délivrer sur papier libre, et moyennant une rétribution de vingt-cinq centimes par extrait de rôle concernant le même contribuable, à toute personne portée au rôle, l'extrait relatif à ses contributions, et à tout individu qualifié comme il est dit à l'article 25 ci-dessus, tout certificat négatif tout extrait des rôles de contributions.

« 37. Il sera donné communication des listes annuelles et des tableaux de rectification à tous les imprimeurs qui voudront en prendre copie. Il leur sera permis de les faire imprimer sous tel format qu'il leur plaira choisir, et de les mettre en vente.

« 38. Les dispositions de la présente loi sont applicables à la révision de la liste des jurés non électeurs établie par les articles 1er et 2 de la loi du 2 mai 1827 (Articles 381 et 382 du présent code).

« 39. Il sera formé, pour chaque arrondissement électoral, une liste des jurés non électeurs qui ont leur domicile réel dans cet arrondissement.

« Le droit d'intervention des tiers relativement à cette liste appartient à tous les électeurs et à tous les jurés de l'arrondissement. »

(1) A partir de l'article 382, il faut consulter, dans ma Collection des Lois, les notes que j'ai placées sur les

382. Le 1er août de chaque année, le préfet de chaque département dressera une liste qui sera divisée en deux parties.

La première partie sera rédigée conformément à l'article 3 de la loi du 29 juin 1820, et comprendra toutes les personnes qui rempliront les conditions requises pour faire partie des colléges électoraux du département.

La seconde partie comprendra :

1° Les électeurs qui, ayant leur domicile réel dans le département, exerceraient leurs droits électoraux dans un autre département ;

2° Les fonctionnaires publics nommés par le Roi et exerçant des fonctions gratuites ;

3° Les officiers des armées de terre et de mer en retraite ;

4° Les docteurs et licenciés de l'une ou de plusieurs des facultés de droit, des sciences et des lettres ; les docteurs en médecine ; les membres et correspondans de l'Institut ; les membres des autres sociétés savantes reconnues par le Roi ;

5° Les notaires, après trois ans d'exercice de leurs fonctions.

Les officiers des armées de terre et de mer en retraite ne seront portés dans la liste générale qu'après qu'il aura été justifié qu'ils jouissent d'une pension de retraite de douze cents francs au moins, et

qu'ils ont depuis cinq ans un domicile réel dans le département.

Les licenciés de l'une des facultés de droit, des sciences et des lettres, qui ne seraient pas inscrits sur le tableau des avocats et des avoués près les cours et tribunaux, ou qui ne seraient pas chargés de l'enseignement de quelqu'une des matières appartenant à la Faculté où ils auront pris leur licence, ne seront portés sur la liste générale qu'après qu'il aura été justifié qu'ils ont depuis dix ans un domicile réel dans le département.

Dans les départemens où les deux parties de la liste ne comprendraient pas huit cents individus, ce nombre sera complété par une liste supplémentaire, formée des individus les plus imposés parmi ceux qui n'auront pas été inscrits sur la première. (2).

383. Les fonctions de jurés sont incompatibles avec celles de ministre, de préfet, de sous-préfet, de juge, de procureur général, de procureur du Roi, et de leurs substituts.

Elles seront également incompatibles avec celles de ministre d'un culte quelconque.

Les conseillers d'Etat chargés d'une partie d'administration, les commissaires du Roi près les administrations ou régies, les septuagénaires, seront dispensés, s'ils le requièrent (3).

---

lois du 2 mai 1827, 2 juillet 1829, et 19 avril 1831, tom. 27, p. 112; tom. 28, p. 237; et tom. 31, p. 210.

Il suffit d'avoir trente ans accomplis au moment de la formation du tableau ; il n'est pas nécessaire d'avoir trente ans accomplis au moment de la formation de la liste par le préfet (Cass. 3 octobre 1822 : S. 32, 1, 394; D. 10, 1, 414; L. 64, 311).

Si l'un des jurés, qui a concouru à la déclaration du jury, n'a pas trente ans accomplis, il y a ouverture à cassation (Cass. 26 avril 1822 : S. 22, 1, 390; D. 10, 1, 358).

On peut prendre pour jurés des citoyens qui n'entendent pas la langue française en nommant un interprète (Cass. 2 juillet 1812 : S. 13, 1, 409).

Des citoyens parens ou alliés entre eux peuvent être jurés simultanément et dans la même affaire (Cass. 9 mai 1828 : S. 17, 1, 333; P. 50, 142).

Un étranger non naturalisé ne peut être juré. La possession d'état ne couvre pas l'incapacité (Cass. 28 novembre 1814 : S. 15, 1, 105; D. 23, 1, 33; P. 72, 498).

Le citoyen à qui a été donné un conseil judiciaire ne peut être juré (Cass. 23 juillet 1823 : S. 25, 1, 391; D. 25, 1, 415).

Les cours d'assises sont compétentes pour décider (au moins relativement à l'espèce) la question de savoir si un juré est ou n'est pas Français de naissance, ou par naturalisation (Cass. 28 novembre 1814 : S. 15, 1, 105; D. 23, 1, 33; P. 72, 498).

S'il jouit des droits civils et politiques (Cass. 19 janvier 1828 : S. 25, 1, 278; D. 23, 1, 175).

Mais ce n'est pas à la cour d'assises à examiner si un juré faisait partie des listes électorales lorsqu'il a été pris sur la liste des jurés transmise par le préfet (Cass. 24 septembre 1819 : S. 20, 1, 348).

Il n'y a pas nullité, si un juré inscrit comme électeur sur la liste des jurés a perdu la qualité d'électeur, et a cependant été désigné pour faire partie du jury, lorsque le changement d'état n'a pas été connu de la cour, et que d'ailleurs le jury avait l'âge exigé et la jouissance des droits ci-

vils et politiques (Cass. 13 janvier 1831 : S. 31, 1, 164).

On peut citer des décisions qui ont fait la même distinction avant la loi du 2 mai 1827 (V. Arr. de cass. d. 28 nov. 1824 et 29 janvier 1825 : S. 25, 1, 105 et 175).

Le défaut d'énonciation de l'âge de quelques-uns des jurés dans la liste notifiée à l'accusé, ne peut offrir une ouverture à cassation, lorsqu'il n'y a eu aucune réclamation aux débats (Cass. 15 sept. 1825 : S. 25, 1, 368).

(2) Les militaires en activité de service ne sont pas incapables d'être jurés (Cass. 3 septembre 1812 : S. 13, 1, 385).

Cette décision me semble encore admissible, bien que la loi du 2 mai 1827 appelle les officiers en retraite. Le droit donné aux officiers en retraite, en cette qualité, ne peut être considéré comme une exclusion pour les autres militaires qui réunissent les conditions imposées à tous les citoyens.

De ce qu'un notaire, porté, à cause de cette qualité, sur la liste du jury dressée par le préfet, cesse ses fonctions (par suite de démission) avant l'ouverture des assises pour lesquelles la liste a été faite, il n'en reste pas moins qu'il a rempli les fonctions de juré à ces assises (Cass. 27 septembre 1827 : S. 25, 1, 107).

Il n'est pas nécessaire que l'exercice de trois années, pour un notaire, ait eu lieu entièrement dans le département où le notaire est appelé à remplir les fonctions de juré (Cass. 7 septembre 1829 : S. 30, 1, 63).

Sur la question de savoir si les pairs et les députés sont exclus ou dispensés des fonctions de jurés, V. les notes sur l'art. 7 de la loi du 2 mai 1827, dans ma Collection des Lois, tom. 27, p. 116.

Un arrêt de la cour de cassation du 16 juin 1831 (S. 31, 1, 240) a jugé qu'il n'y a point incompatibilité entre la dignité de pair et les fonctions de juré.

(3) Les juges des tribunaux de commerce sont compris dans l'exclusion (Cass. 15 juill. 1810 : Bull. crim. p. 253).

Les suppléans ne sont pas juges dans le sens de l'article (Cass. 9 août 1811 : S. 13, 1, 270; Id. — 1er juin

384. Les listes dressées en exécution de l'article 382 seront affichées au chef-lieu de chaque commune au plus tard le 15 août, et seront arrêtées et closes le 30 septembre.

Un exemplaire en sera déposé et conservé au secrétariat des mairies, des sous-préfectures et des préfectures, pour être donné en communication à toutes les personnes qui le requerront.

Il sera statué, suivant le mode établi par les articles 5 et 6 de la loi du 5 février 1817, sur les réclamations qui seraient formées contre la rédaction des listes.

Ces réclamations seront inscrites au secrétariat général de la préfecture, selon l'ordre et la date de leur réception.

Elles seront formées par simple mémoire et sans frais.

385. Nul ne pourra cesser de faire partie des listes prescrites par l'article 382 qu'en vertu d'une décision motivée ou d'un jugement, contre lesquels le recours ou l'appel auront un effet suspensif.

386. Lorsque les collèges électoraux seront convoqués, la première partie de la dernière liste qui aura été arrêtée le 30 septembre précédent en exécution de l'article 384, tiendra lieu de la liste prescrite par l'article 5 de la loi du 5 février 1817 et par l'article 3 de la loi du 29 juin 1820.

Les préfets feront imprimer et afficher, dans ce cas, un tableau de rectification contenant l'indication des individus qui auront acquis ou perdu, depuis la publication de la liste générale, les qualités exigées pour exercer les droits électoraux. S'il s'est écoulé plus de deux mois depuis la clôture de la liste, les préfets en feront publier et afficher de nouveau la première partie avec le tableau de rectification.

Les réclamations de ceux qui auraient été omis dans la première partie de la liste arrêtée et close le 30 septembre, et qui auraient acquis les droits électoraux antérieurement à sa publication, ne seront admises qu'autant qu'elles auront été formées avant le 1er octobre.

387. Après le 30 septembre, les préfets extrairont, sous leur responsabilité, des listes générales dressées en exécution de l'article 382, une liste pour le service du jury de l'année suivante.

Cette liste sera composée du quart des listes générales, sans pouvoir excéder le nombre de trois cents noms, si ce n'est dans le département de la Seine, où elle sera composée de quinze cents.

Elle sera transmise immédiatement par le préfet au ministre de la justice, au premier président de la cour royale et au procureur général.

Nul ne sera porté deux ans de suite sur la liste prescrite par le présent article.

388. Dix jours au moins avant l'ouverture des assises, le premier président de la cour royale tirera au sort, sur la liste transmise par le préfet, trente-six noms qui formeront la liste des jurés pour toute la durée de la session.

Il tirera en outre quatre jurés supplémentaires pris parmi les individus mentionnés au troisième paragraphe de l'article 393.

Le tirage sera fait en audience publique de la première chambre de la cour, ou de la chambre des vacations.

389. La liste entière ne sera point envoyée aux citoyens qui la composent; mais le préfet notifiera à chacun d'eux l'extrait de la liste qui constate que son nom y est porté. Cette notification leur sera faite huit jours au moins avant celui où la liste doit servir.

Ce jour sera mentionné dans la notification, laquelle contiendra aussi une sommation de se trouver au jour indiqué, sous les peines portées au présent Code.

A défaut de notification à la personne, elle sera faite à son domicile, ainsi qu'à celui du maire ou de l'adjoint du lieu; celui-ci est tenu de lui en donner connaissance.

390. Si parmi les quarante individus désignés par le sort il s'en trouve un ou plusieurs qui, depuis la formation de la liste arrêtée en exécution de l'article 387, soient décédés, ou aient été légalement privés des capacités exigées pour exercer les fonctions de juré, ou aient accepté un emploi incompatible avec ces fonctions, la cour, après avoir entendu le procureur général, procédera, séance tenante, à leur remplacement.

Ce remplacement aura lieu dans la forme déterminée par l'article 388.

391. La liste des jurés sera comme non avenue après le service pour lequel elle aura été formée.

1821 : Bull. crim. p. 258; Id. — 3 déc. 1829 : S. 30, 1, 113; Id. — 22 janvier 1830 : S. 31, 1, 33.)
Id. pour les maires, bien qu'ils soient juges de simple police (Cass. 28 mai 1812 : S. 17, 2, 319).
Id. pour les commissaires de police (Cass. 16 mai 1816 : D. 14, 1, 613).
Id. pour les prud'hommes (Cass. 14 sept. 1818 : S. 23, 1, 409).

Id. pour les suppléans de juges-de-paix (Cass. 10 août 1816 : S. 17, 1, 113).
Id. pour les référendaires à la cour des comptes (Cass. 18 mars 1825 et 10 février 1831 : S. 31, 1, 113).
Le père et le fils peuvent, dans la même affaire, être l'un juré, l'autre juge (Cass. 16 mai 1816 : S. 27, 1, 191)
Deux beaux-frères peuvent, dans la même affaire, être l'un juré, l'autre juge (Cass. 23 juin 1816 : S. 27, 1, 191).

5.

Hors les cas d'assises extraordinaires, les jurés qui auront satisfait aux réquisitions prescrites par l'art. 389, ne pourront être placés plus d'une fois dans la même année sur la liste formée en exécution de l'art. 387.

Dans les cas d'assises extraordinaires, ils ne pourront être placés sur cette liste plus de deux fois dans la même année.

Ne seront pas considérés comme ayant satisfait auxdites réquisitions ceux qui auront, avant l'ouverture de la session, fait admettre des excuses dont la cour d'assises aura jugé les causes temporaires.

Leurs noms, et ceux des jurés condamnés à l'amende pour la première ou deuxième fois, seront, immédiatement après la session, adressés au premier président de la cour royale, qui les reportera sur la liste formée en exécution de l'article 387 ; et s'il ne reste plus de tirage à faire pour la même année, ils seront ajoutés à la liste de l'année suivante.

392. Nul ne peut être juré dans la même affaire où il aura été officier de police judiciaire, témoin, interprète, expert ou partie, à peine de nullité (a) (1).

(a) Ancien texte, dans le Code d'instruction criminelle, de la section qui précède :

SECTION 1re. Du Jury.

« 381. Nul ne peut remplir les fonctions de juré, s'il n'a trente ans accomplis, et s'il ne jouit des droits politiques et civils, à peine de nullité.

« 382. Les jurés seront pris :

« 1° Parmi les membres des collèges électoraux ;

« 2° Parmi les trois cents plus imposés domiciliés dans le département ;

« 3° Parmi les fonctionnaires de l'ordre administratif à la nomination du Roi ;

« 4° Parmi les docteurs et licenciés de l'une ou de plusieurs des quatre facultés de droit, médecine, sciences et belles lettres, les membres et correspondans de l'Institut et des autres sociétés savantes reconnues par le Gouvernement ;

« 5° Parmi les notaires ;

« 6° Parmi les banquiers, agens de change, négocians et marchands payant patente de l'une des deux premières classes ;

« 7° Parmi les employés des administrations jouissant d'un traitement de quatre mille francs au moins.

« Aucun juré ne pourra être pris que parmi les citoyens susdésignés, sauf toutefois ce qui est dit art. 386.

« 383. Nul ne peut être juré dans la même affaire où il aura été officier de police judiciaire, témoin, interprète, expert ou partie, à peine de nullité.

« 384. Les fonctions de juré sont incompatibles avec celles de ministre, de préfet, de sous-préfet, de juge, de procureur général, de procureur du Roi, et de leurs substituts.

« Elles sont également incompatibles avec celles de ministre d'un culte quelconque.

« 385. Les conseillers d'État chargés d'une partie d'administration, les commissaires du Roi près les administrations en régies, les septuagénaires, seront dispensés, s'ils le requièrent.

« 386. Quiconque ne se trouvant dans aucune des classes désignées en l'article 382 désirerait être admis à l'honneur de remplir les fonctions de juré, pourra être compris dans la liste, s'il le demande au préfet, et si, après que le préfet aura obtenu des renseignemens avantageux sur le compte du requérant et les aura transmis au ministre de l'intérieur, le ministre accorde une autorisation à cet égard.

« Le préfet pourra également faire d'office la proposition au ministre.

« 387. Les préfets formeront, sous leur responsabilité, une liste de jurés, toutes les fois qu'ils en seront requis par les présidens des cours d'assises. Cette réquisition sera faite quinze jours au moins avant l'ouverture de la session.

« Si la cour est divisée en une ou plusieurs sections, chaque président pourra, dans le cas où le nombre des affaires l'exigerait, requérir une liste de jurés pour la section qu'il préside.

« Dans tous les cas, la liste sera composée de soixante citoyens ; elle sera adressée de suite au président de la cour d'assises ou de section, qui sera tenu de la réduire à trente-six dans les vingt-quatre heures à compter du jour de sa réception, et de la renvoyer dans le même délai au préfet, qui la fera parvenir, ainsi qu'il sera dit ci-après, à tous ceux qui doivent la recevoir.

« 388. Chaque préfet enverra la liste ainsi réduite au ministre de la justice, au premier président de la cour royale, au procureur général près la même cour, au président de la cour d'assises ou de section et de plus, au procureur du Roi exerçant près de la cour d'assises.

« 389. La liste entière ne sera point envoyée aux citoyens qui la composent ; mais le préfet notifiera à chacun d'eux l'extrait de la liste qui constate que son nom y est porté. Cette notification leur sera faite huit jours au moins avant celui où la liste doit servir.

« Ce jour sera mentionné dans la notification, laquelle contiendra aussi une sommation de se trouver au jour indiqué, sous les peines portées au présent Code.

« À défaut de notification à la personne, elle sera faite à son domicile, ainsi qu'à celui du maire ou de l'adjoint du lieu ; celui-ci est tenu de lui en donner connaissance.

« 390. La liste des jurés sera comme non avenue après le service pour lequel elle aura été formée.

« 391. Le juré qui aura été porté sur une liste et aura satisfait aux réquisitions à lui faites, ne pourra être compris sur les listes des quatre sessions suivantes, à moins toutefois qu'il n'y consente.

« En adressant les nouvelles listes de jurés au ministre de la justice, les préfets y joindront la note de ceux qui, portés sur la liste précédente, n'auraient pas satisfait aux réquisitions. Le ministre de la justice fera, tous les ans, un rapport sur la manière dont les citoyens inscrits sur les listes auront rempli leurs fonctions.

« Si quelque fonctionnaire appelé comme juré n'a point répondu à l'appel, le rapport l'indiquera particulièrement.

« Sa Majesté se réserve de donner aux jurés qui auront montré un zèle louable, des témoignages honorables de sa satisfaction.

392. Nul citoyen âgé de plus de trente ans ne pourra être admis aux places administratives et judiciaires, s'il ne prouve, par un certificat de l'officier du ministère public près la cour d'assises dans le ressort de laquelle il a résidé, qu'il a satisfait aux réquisitions qui lui ont été faites toutes les fois qu'il a été inscrit sur une liste de jurés, ou que les excuses par lui proposées ont été jugées valables, ou qu'il ne lui a encore été fait aucune réquisition.

« Nulle pétition ne sera admise, si elle n'est accompagnée de ce certificat. »

(1) L'individu commis par justice pour vérifier les blessures, qui en a dressé procès-verbal, ne peut être juré dans la même affaire (Cass. 19 juillet 1822 ; Bull. crim. p. 296).

La disposition s'applique au cas où un juré, dans un débat, accepte une commission pour faire une visite ou vérification.

La nullité ne peut être couverte par le consentement de l'accusé (Cass. 21 mai 1819 ; S. 20, 1, 16 ; D. 17, 1, 475 ; P. 55, 369).

L'actionnaire d'une société anonyme, quoique intéressé dans le résultat d'un procès criminel en faux commis au préjudice de la société anonyme, n'est cependant pas réputé partie (Cass. 8 septembre 1826 ; S. 27, 1, 336). V. Cod. 3 brum. an 4, art. 490.

SECTION II. De la manière de former et de convoquer le jury.

393 (a). Au jour indiqué pour le jugement de chaque affaire, s'il y a moins de trente jurés présens, le nombre sera complété par les jurés supplémentaires mentionnés en l'article 388, lesquels seront appelés dans l'ordre de leur inscription sur la liste formée en vertu dudit article.

En cas d'insuffisance, le président désignera, en audience publique et par la voie du sort, les jurés qui devront compléter le nombre de trente.

Ils seront pris parmi ceux des individus inscrits sur la liste dressée en exécution de l'article 387 qui résideront dans la ville où se tiendront les assises, et subsidiairement parmi les autres habitans de cette ville qui seront compris dans les listes prescrites par l'article 382.

Les dispositions de l'article 391 ne s'appliquent pas aux remplacemens opérés en vertu du présent article (1).

394 (b). Le nombre de douze jurés est nécessaire pour former un jury.

Lorsqu'un procès criminel paraîtra de nature à entraîner de longs débats, la cour d'assises pourra ordonner, avant le tirage de la liste des jurés, qu'indépendamment de douze jurés il en sera tiré au sort un ou deux autres qui assisteront aux débats.

Dans le cas où l'un ou deux des douze jurés seraient empêchés de suivre les débats jusqu'à la déclaration définitive du jury, ils seront remplacés par les jurés suppléans.

Le remplacement se fera suivant l'ordre dans lequel les jurés suppléans auront été appelés par le sort.

395 (c). La liste de jurés sera notifiée à chaque accusé la veille du jour déterminé pour la formation du tableau : cette notification sera nulle, ainsi que tout ce qui aura suivi, si elle est faite plus tôt ou plus tard (d).

396. Tout juré qui ne se sera pas rendu

(a) Ancien article 393 du Code d'instruction criminelle formant le 1ᵉʳ paragraphe de l'article 394 du texte actuel : « Le nombre de douze jurés est nécessaire pour former un jury. »

(1) La composition du jury n'est pas nulle, par cela seul qu'après le tirage au sort des douze jurés, il en a été tiré par erreur un treizième, si ce juré, sur l'invitation du président, n'a pris aucune part aux débats (Cass. 7 janvier 1830 : S. 30, 1, 146).

Lorsque des jurés dispensés momentanément ont été remplacés pour compléter le nombre de trente, il faut appeler à la place du premier dispensé le premier remplaçant, ainsi de suite, et lorsqu'un des dispensés reparaît, écarter le remplaçant qui lui correspondait (Cass. 7 janvier 1825 : S. 25, 1, 270 ; D. 23, 1, 154).

Des jurés dispensés momentanément par arrêt de la cour, et pour le temps nécessaire à leurs affaires, peuvent reprendre leurs fonctions sans qu'il soit nécessaire qu'il intervienne arrêt pour les y autoriser. L'arrêt serait nécessaire dans le cas où des jurés absens, condamnés et remplacés, se présenteraient (Cass. 7 janvier 1825 : S. 25, 1, 270 ; D. 23, 1, 154). V. Cod. 3 brum. an 4, art. 357.

Les jurés complémentaires désignés pour compléter la liste des trente jurés peuvent siéger dans les affaires subséquentes de la session. Il n'est pas nécessaire qu'ils aient été tirés au sort pour l'affaire même dans laquelle ils ont été appelés à siéger (Cass. 18 septembre 1828 : S. 28, 1, 368 ; — Id. S. 28, 1, 376).

À défaut de mention que le tirage au sort des jurés supplémentaires a eu lieu publiquement, la présomption légale est pour la publicité (Cass. 9 septembre 1824 : S. 26, 1, 310 ; P. 72, 540).

(b) L'ancien article 395 du Code d'instruction criminelle est l'article 394 du texte actuel.

(c) Ancien article 395, abrogé : « Dans tous les cas, s'il y a, au jour indiqué, moins de trente jurés présens non excusés ou non dispensés, le nombre de trente jurés sera complété par le président de la cour d'assises : ils seront pris, publiquement et par la voie du sort, entre les citoyens des classes désignées en l'article 382, et résidant dans la commune : à l'effet de quoi, le préfet adressera tous les ans à la cour un tableau desdites personnes. »

(d) L'article doit être entendu en ce sens, que la signification est faite plus tard, il y a nullité proposable par l'accusé, et que la nullité est proposable par le ministère public seulement, si la signification est faite plus tôt (Cass. 12 juill. 1816 : S. 16, 1, 320 ; Id. — 14 août 1817 : S. 18, 1, 80 ; Id. — 16 janv. 1818 : S. 18, 1, 193 ; Id. — 7 janv. 1825 : S. 26, 1, 327 ; 12 janvier 1829 : S. 29, 1, 203).

Est nulle la notification de la liste des jurés à un accusé, lorsque sa copie a été remise parlant à son coaccusé (Cass. 12 mars 1818 : S. 18, 1, 424 ; D. 16, 1, 493 ; Id. parlant au concierge de la prison (Cass. 13 novembre 1818 : S. 19, 1, 196 ; D. 17, 1, 165 ; P. 55, 111).

Le juré dont le nom a été omis dans la notification faite à l'accusé ne peut faire partie du jury, à peine de nullité : cette nullité est proposable, encore que l'accusé n'ait élevé aucune réclamation lors des débats (Cass. 1ᵉʳ avril 1819 : S. 19, 1, 319 ; Id. 19 juin et 10 juillet 1823, et 28 août 1826 : S. 25, 1, 377 et 125 ; D. 21, 1, 373 ; S. 27, 1, 104 ; D. 25, 1, 13).

Le défaut d'enregistrement de l'exploit de notification de la liste des jurés n'entraîne pas la nullité de la procédure (Cass. 1ᵉʳ février 1816 : S. 17, 1, 67 ; D. 14, 1, 395 ; P. 47, 190). V. Code d'inst. art. 387, 399, 405 et 408.

Un grand nombre d'arrêts ont décidé que la liste des trente jurés notifiée à l'accusé remplissait le vœu de la loi. V. Legraverend, tom 2, p. 163 et 164.

Lorsqu'au jour indiqué pour la formation du tableau du jury, il comparaît moins de trente jurés, la liste des jurés peut être complétée au-delà de trente, sans néanmoins que le nombre total puisse excéder celui de trente-six (Cass. 13 mars 1813 : S. 17, 1, 320).

Cette jurisprudence, combattue par M. Carnot, a changé : un seul individu, appelé au-delà du nombre de trente prescrit par la loi, se trouvant sans qualité ; sa participation à la composition et à la déclaration du jury vicie les actes et les frappe de nullité (Cass. 29 avril 1819 : S. 19, 1, 410 ; D. 17, 1, 435 ; Id. — 27 mars 1823 : S. 23, 1, 360).

On ne peut se faire un moyen de cassation de ce que le tirage pour le complément de trente jurés n'aura pas été fait publiquement (Cass. 19 août 1811 : S. 17, 1, 320).

La liste des jurés notifiée à l'accusé doit, à peine de nullité, contenir les noms de trente jurés au moins, ayant les qualités requises pour en exercer les fonctions. Dans le cas d'incapacité d'un des jurés portés sur la liste, on ne pourrait rectifier l'irrégularité en remplaçant le juré incapable par un juré capable, avant le tirage au sort pour la formation du jury (Cass. 18 mai 1823 : S. 23, 1, 360 ; D. 21, 1, 163 ; Id. 18 janvier 1828 ; S. 28, 1, 319 ; D. 23, 1, 171).

La notification de la liste des jurés à l'accusé est nulle si elle ne comprend que vingt-neuf noms. La nullité est proposable, encore que le trentième juré, dont le nom n'a pas été compris dans la liste, ait été récusé par l'accusé, et par suite n'ait point concouru à la déclaration du jury (Cass. 11 avril 1822 : S. 22, 1, 366 ; D.

à son poste sur la citation qui lui aura été notifiée, sera condamné par la cour d'assises à une amende, laquelle sera:

Pour la première fois, de cinq cents francs;

Pour la seconde, de mille francs;

Et pour la troisième, de quinze cents francs.

Cette dernière fois, il sera de plus dé-

claré incapable d'exercer à l'avenir les fonctions de juré. L'arrêt sera imprimé et affiché à ses frais (a) (1).

397. Seront exceptés ceux qui justifieront qu'ils étaient dans l'impossibilité de se rendre au jour indiqué.

La cour prononcera sur la validité de l'excuse (2).

398. Les peines portées en l'article 396

20, 1, 369; P. 64, 479; *Id.* — 21 septembre et 11 octobre 1828; S. 28, 1, 107 et 118; D. 28, 1, 502).

Si des trente-six jurés dont la liste a été notifiée à l'accusé, il ne s'en présente que neuf, et qu'on en prenne vingt-un sur la liste supplémentaire, cette manière de compléter le jury n'emporte pas nullité (Cass. 23 janv. 1814 : S. 15, 1, 31 ; P. 41, 529). *V.* art. 364 et 399.

La liste des jurés à notifier est, comme on l'a dit, celle des trente-six jurés; cependant elle peut être suppléée par la liste des trente jurés, mais il faut, dans ce cas, sous peine de nullité, que chacun des jurés portés sur cette dernière liste ait la capacité requise (Cass. 11 octobre 1827 : S. 28, 1, 118).

Si, indépendamment d'un juré incapable dont le nom a été notifié, il se trouve, au moment du tirage, trente jurés capables, et si le juré incapable ne fait pas partie des douze, il n'y a point nullité (Cass. 9 avril 1819 : S. 19, 1, 363).

L'accusé ne peut se plaindre de ce que, dans la notification qu'il a reçue de la liste, ne se trouvent point les noms de jurés appelés pour compléter le nombre des trente jurés au jour indiqué pour la formation du tableau (Cass. 16 novembre 1827 : S. 28, 1, 135).

Plusieurs arrêts antérieurs ont jugé dans le même sens (Arrêts de cassation du 23 janvier 1814 : S. 15, 1, 31 ; P. 41, 529 ; *Id.* — 29 avril 1819 : S. 19, 1, 312 ; D. 17, 1, 319 ; *Id.* — 10 juin 1817; Bull. crim. p. 127).

Id. depuis la loi du 2 mai 1827 (Arrêts de cass. des 18 mars et 3 juin 1830 : S. 30, 1, 199 et 349).

Un arrêt du 6 juillet 1811 (S. 21, 1, 412 ; D. 19, 1, 576) paraîtrait avoir décidé le contraire; mais il a seulement jugé qu'il faut que, lorsque la liste des trente a été formée, et que c'est cette liste qu'on signifie, elle soit signifiée complète, avec tous les noms qui la composent; que, si on omet celui d'un juré qui ensuite fait partie des douze, il y a nullité. Mais, depuis la loi du 2 mai 1827, est-il nécessaire de notifier les noms des quatre jurés supplémentaires que l'art. 9 de cette loi ordonne de joindre aux trente-six? La négative résulte de la discussion aux Chambres. *Voy.* ma Collection des Lois, tom. 27, p. 116, et Legraverend, tom. 2 ; p. 66.

Est nulle la notification de la liste, si, lors de la formation du jury, l'un des trente jurés portés sur cette liste a été remplacé par un autre juré dont le nom n'a-vait pas été notifié à l'accusé (Cass. 25 août 1826 : S. 27, 1, 104).

Les fausses désignations données aux jurés dans la liste notifiée à l'accusé, et sur laquelle est fait l'appel pour la composition du jury, n'emportent nullité que lorsqu'elles sont de nature à induire l'accusé en erreur sur l'individualité des jurés (Cass. 28 janvier 1825 : S. 25, 1, 329; D. 25, 1, 171; P. 72, 442; *Id.* — 18 mars 1826 : S. 26, 1, 410).

Il y a erreur ou inexactitude assez grave pour opérer nullité : 1° lorsqu'un juré est qualifié maire de la commune de....., et que c'est le frère du juré qui est maire de la commune (Cass. 22 février 1825 : S. 25, 1, 334; D. 25, 1, 217; P. 72, 588) ;

2° Lorsqu'au lieu d'écrire *Bernard*, le nom d'un des jurés, on écrit *Bonnard*, qu'il y a omission de sa qualité de maire, et que le lieu de son domicile, nommé le *Serier*, est écrit *la Série* ;

3° Lorsqu'au lieu d'écrire *Bellin*, le nom d'un des jurés, on écrit *Bellier*, qu'il y a confusion de ses qualités avec celles d'un autre juré (Cass. 10 juin 1825 : S. 26, 1, 354) ;

4° Lorsque le nom de l'un des jurés, dans la liste no-

tifiée à l'accusé, n'est pas le même que le nom correspondant porté sur la liste qui a servi à la formation du jury de jugement..... si la liste électorale du département comprend l'un et l'autre nom; encore qu'il y ait grand rapport entre ces deux noms, et que le prénom du juré porté sur la liste notifiée ne puisse être appliqué qu'à ce juré (Cass. 15 octobre 1829 : S. 30, 1, 38) ;

5° Si les surcharges dans les noms des jurés qui se trouvent dans la copie de la liste notifiée à l'accusé, n'ont pas été régulièrement approuvées (15 oct. 1819 : S. 30, 1, 38).

Point de nullité par cela seul qu'il y a inexactitude dans l'indication du domicile d'un des jurés, lorsque cette inexactitude n'a pu induire l'accusé en erreur sur le juré indiqué (Cass. 1er juillet 1830 : S. 30, 1, 408).

Lorsqu'on doit compléter la liste des trente jurés, il y a nécessité d'appeler, par la voie du sort, un remplaçant, la personne ainsi appelée ne fait légalement plus partie du jury lorsque le juré manquant, qu'elle remplaçait, prend ou reprend ses fonctions.

La présence du remplaçant au jury de jugement dans des affaires jugées postérieurement à cette époque, serait une cause de nullité, même au cas où elle n'aurait eu lieu que parce que la liste des trente jurés, serait encore devenue incomplète par l'absence ou l'abstention d'un nouveau juré. En un tel cas, la liste des trente jurés ne peut être complétée que par un nouveau tirage au sort (Cass. 12 novembre 1829 : S. 30, 1, 56).

Lors de la discussion de la loi du 2 mai 1827, la commission de la Chambre des députés avait proposé d'ajouter un paragraphe ainsi conçu :

« Dans le cas d'admission des jurés suppléans, le nombre des récusations que pourra faire l'accusé suivant les art. 399, 400 et 401, Cod. inst. crim. ne pourra éprouver aucune réduction. »

Les orateurs du Gouvernement ont soutenu qu'en principe le droit de récusation doit être exercé également par le ministère public et l'accusé; qu'il n'y a d'exception que pour le cas où les jurés se trouvent en nombre impair. La proposition ne fut pas accueillie. Aussi la cour de Cassation, par arrêts des 10 août 1827, 3 avril 1828 et 22 janv. 1830 (S. 28, 1, 26 et 367, et S. 31, 1, 333) a jugé qu'en autorisant l'adjonction d'un ou de deux jurés suppléans, cet article restreint le nombre des récusations que peuvent faire l'accusé et le ministère public; que ces récusations doivent être moindres, puisqu'au lieu de douze jurés, il faut qu'il y en ait treize ou quatorze. *V.* tom. 27 de ma Collection des Lois, page 118.

(a) L'ancien article 396 se terminait par le paragraphe suivant, qui se référait à l'article 391, abrogé par la loi du 2 mai 1827 : « Dans tous les cas, le nom du juré condamné sera envoyé au préfet, pour être compris dans la note prescrite par l'article 391. »

(1) Un juré qui, en état d'ivresse volontaire est incapable d'exercer les fonctions, peut être condamné à l'amende de 500 fr. La cour peut en outre renvoyer l'affaire à une autre session, le condamner aux frais du renvoi et aux dommages-intérêts de l'accusé (11 nov. 1822 : S. 24, 1, 93). *V.* Cod. 3 brum. an 4; art. 234.

(2) Les décisions des cours d'assises sur les excuses proposées par les jurés, ne peuvent donner matière à cassation (Cass. 8 janvier 1813 : S. 17, 1, 320).

Les magistrats qui ont composé la cour d'assises sont sans caractère, après la clôture de la session, pour statuer sur les excuses présentées par des jurés dans le cours de cette session. C'est à la cour d'assises de l'une des sessions suivantes qu'il appartient de statuer (Cass. 25 mars 1826 : S. 26, 1, 455).

Le juré condamné à l'amende, puis relevé sur des motifs

sont applicables à tout juré qui, même s'étant rendu à son poste, se retirerait avant l'expiration de ses fonctions, sans une excuse valable, qui sera également jugée par la cour.

399 (a). Au jour indiqué, et pour chaque affaire, l'appel des jurés non excusés et non dispensés sera fait avant l'ouverture de l'audience, en leur présence, et en présence de l'accusé et du procureur général.

Le nom de chaque juré répondant à l'appel sera déposé dans une urne.

L'accusé premièrement ou son conseil, et le procureur général, récuseront tels jurés qu'ils jugeront à propos, à mesure que leurs noms sortiront de l'urne, sauf la limitation exprimée ci-après.

L'accusé, son conseil, ni le procureur général, ne pourront exposer leurs motifs de récusation.

Le jury de jugement sera formé à l'instant où il sera sorti de l'urne douze noms de jurés non récusés (1).

400. Les récusations que pourront faire l'accusé et le procureur général, s'arrêteront lorsqu'il ne restera que douze jurés (2).

401. L'accusé et le procureur général pourront exercer un égal nombre de récu-

sations; et cependant, si les jurés sont en nombre impair, les accusés pourront exercer une récusation de plus que le procureur général.

402. S'il y a plusieurs accusés, ils pourront se concerter pour exercer leurs récusations; ils pourront les exercer séparément.

Dans l'un et l'autre cas, ils ne pourront excéder le nombre des récusations déterminé pour un seul accusé par les articles précédens.

403. Si les accusés ne se concertent pas pour récuser, le sort réglera entre eux le rang dans lequel ils feront les récusations. Dans ce cas, les jurés récusés par un seul, et dans cet ordre, le seront pour tous, jusqu'à ce que le nombre des récusations soit épuisé.

404. Les accusés pourront se concerter pour exercer une partie des récusations, sauf à exercer le surplus suivant le rang fixé par le sort.

405. L'examen de l'accusé commencera immédiatement après la formation du tableau (3).

406. Si, par quelque événement, l'examen des accusés sur les délits ou sur quelques-uns des délits compris dans l'acte ou dans les actes d'accusation, est renvoyé à

---

d'excuse, peut ensuite être rétabli sur la liste des jurés et concourir au jugement des affaires de la session (Cass. 8 avril 1830 : S. 30, 1, 297).

(a). Ancien article 399, abrogé : « Au jour indiqué, et pour chaque affaire, l'appel des jurés non excusés et non dispensés sera fait avant l'ouverture de l'audience, en leur présence, en présence de l'accusé et du procureur général.

« Le nom de chaque juré répondant à l'appel sera déposé dans une urne.

« L'accusé premièrement et le procureur général récuseront tels jurés qu'ils jugeront à propos, à mesure que leurs noms sortiront de l'urne, sauf la limitation exprimée ci-après.

« L'accusé ni le procureur général ne pourront exposer leurs motifs de récusation.

« Le jury de jugement sera formé à l'instant où il sera sorti de l'urne douze noms de jurés non récusés.

(1) Les jurés adjoints doivent être personnellement agréés par l'accusé et par le ministère public. Et pour cela, il faut énoncer qu'il y a eu interpellation : il ne suffirait pas qu'il y ait eu seulement non réclamation (Cass. 15 septembre 1830 : S. 31, 1, 153 ; D. 18, 1, 571).

L'accusé est réputé avoir accepté, s'il ne l'a pas récusé, le juré appelé en remplacement d'un autre juré empêché (Cass. 27 juillet 1830 : S. 31, 1, 31 ; D. 18, 1, 806 ; P. 89, 148).

C'est au président seul et non à la cour de statuer sur les contestations à l'occasion des récusations et autres opérations relatives à la formation du jury (Cass. 1er décembre 1820 : S. 21, 1, 113 ; D. 19, 1, 84 ; P. 89, 433.). Le juré non récusé ne peut être excusé par le président seul ; il ne peut l'être que par la cour (Cass. 17 fév. 1831 : S. 31, 1, 188). V. Cod. inst. crim. art. 266.

Ces mots : ou son conseil ont été ajoutés pour faire cesser l'incertitude de la jurisprudence sur la question de savoir si l'accusé pouvait être assisté de son conseil, dans l'exercice du droit de récusation.

« La commission a cru utile, a dit M. le rapporteur à la chambre des pairs, d'accorder à l'accusé d'être assisté de son conseil, pour l'éclairer dans les différentes récu-

sations qu'il pourra faire. » Mais, ainsi que l'a jugé la cour de cassation par arrêt du 4 fév. 1831 (S. 31, 1, 65), le droit de récusation ne pourrait être exercé par le défenseur au nom de l'accusé. Jugé dans le même sens (Cass. 23 décembre 1830 : S. 31, 1, 163).

Le président de la cour d'assises peut procéder seul à la formation du tableau des jurés ; la présence des autres membres de la cour n'est pas nécessaire (Cass. 2 septembre 1830 : S. 30, 1, 40 ; id. — 24 septembre 1819 ; S. 30, 1, 348).

Il y aurait nullité si l'appel des jurés était fait en l'absence de l'accusé ; ou si, au lieu de déposer dans l'urne le nom de chaque juré répondant à l'appel, on y déposait des boules portant des numéros correspondans au nom de chaque juré. Un mode quelconque de tirage ne peut être substitué à celui qui est indiqué dans l'article (Cass. 4 septembre 1819 : S. 30, 1, 355).

L'arrêt qui ordonne l'appel d'un ou plusieurs jurés supplémentaires, ne doit pas, à peine de nullité, être rendu en audience publique (Cass. 10 juin 1830 : S. 30, 1, 373). V. Cod. 3 brum. an 4, art. 503.

(2) Le conseil donné par le président à l'accusé et au ministère public de restreindre chacun le nombre de leurs récusations à huit, afin d'avoir deux jurés supplémentaires, et la déclaration de l'accusé qu'il consent à réduire ses récusations, ne peuvent être considérés comme viciant la composition du jury, lorsque le ministère public n'ayant fait que deux récusations, l'accusé a été libre d'exercer son droit dans toute sa plénitude (Cass. 17 avril 1813 : S. 23, 1, 360 ; D. 21, 1, 164 ; P. 67, 81).

Relativement à l'influence qu'exerce sur le nombre des récusation, l'adjonction de jurés supplémens. V. les notes sur l'art. 395.

M. Legraverend, tom. 2, p. 191, et M. Bourguignon pensent que si dans les douze jurés restans, il s'en trouvait un ou plusieurs incapables d'être jurés, soit à cause de son âge, soit par autre motif, l'accusé et le ministère pourraient proposer l'incapacité.

(3) Il n'y a pas nullité parce que l'examen de l'accusé n'a pas commencé le jour de la formation du tableau (Cass. 24 avril 1818 : Bull. crim. an 1818, p. 163).

la session suivante, il sera fait une autre liste ; il sera procédé à de nouvelles récusations, et à la formation d'un nouveau tableau de douze jurés, d'après les règles prescrites ci-dessus, à peine de nullité (1).

TITRE III. *Des manières de se pourvoir contre les arrêts ou jugemens.*

(Loi décrétée le 10 décembre 1808, promulguée le 20.)

CHAPITRE 1er. *Des nullités de l'instruction et du jugement.*

407. Les arrêts et jugemens rendus en dernier ressort, en matière criminelle, correctionnelle ou de police, ainsi que l'instruction et les poursuites qui les auront précédés, pourront être annulés dans les cas suivans, et sur des recours dirigés d'après les distinctions qui vont être établies (2).

§ 1er. *Matières criminelles.*

408. Lorsque l'accusé aura subi une condamnation, et que, soit dans l'arrêt de la cour royale qui aura ordonné son renvoi devant une cour d'assises, soit dans l'instruction et la procédure qui auront été faites devant cette dernière cour, soit dans l'arrêt même de condamnation, il y aura eu violation ou omission de quelques-unes des formalités que le présent Code prescrit sous peine de nullité, cette omission ou violation donnera lieu, sur la poursuite de la partie condamnée ou du ministère public, à l'annulation de l'arrêt de condamnation et de ce qui l'a précédé, à partir du plus ancien acte nul.

Il en sera de même, tant dans les cas d'incompétence que lorsqu'il aura été omis ou refusé de prononcer, soit sur une ou plusieurs demandes de l'accusé, soit sur une ou plusieurs réquisitions du ministère public, tendant à user d'une faculté ou d'un droit accordé par la loi, bien que la peine de nullité ne fût pas textuellement attachée à l'absence de la formalité dont l'exécution aura été demandée ou requise (3).

409. Dans le cas d'acquittement de l'accusé, l'annulation de l'ordonnance qui l'aura prononcé et de ce qui l'aura précédé, ne pourra être poursuivie par le ministère public que dans l'intérêt de la loi et sans préjudicier à la partie acquittée (4).

410. Lorsque la nullité procédera de ce que l'arrêt aura prononcé une peine autre

---

(1) Le renvoi de l'examen de l'accusé aux prochaines assises est laissé au pouvoir discrétionnaire du juge, pour tous les cas où il croit utile d'en faire usage (Cass. 1er octobre 1813 ; S. 14, 1, 2 ; *Id*. — 6 juillet 1816 ; S. 16, 1, 141 ; D. 13, 1, 347 ; P. 44, 401 ; *Id*. — 11 nov. 1830 ; S. 31, 1, 366).

(2) On peut consulter sur l'organisation et les attributions de la Cour de cassation en matière criminelle, M. Legraverend, tom. 2, p. 418. *V*. Cod. 3 brum. an 4, art. 456 ; Règlement de 1738.

(3) *V*. art. 296, 299, 373, 374, 441 et 442.

L'arrêt de contumace rendu à une époque où l'accusé était mort doit être annulé par la cour qui l'a rendu et non la Cour de cassation (Cass. 25 octobre 1811 ; S. 33, 1, 94). *V*. notes sur l'art. 470.

La Cour de cassation est autorisée à casser des jugemens des conseils de guerre extraordinaires (Cass. 15 janvier 1813 ; S. 14, 1, 187).

L'omission d'une formalité qui est une condition substantielle, un élément nécessaire au pouvoir confié par la loi, emporte nullité, bien que la nullité ne soit pas formellement prononcée (Cass. 30 août 1816 ; S. 17, 1, 268 ; *Id*. — 12 avril 1817 ; S. 17, 1, 514).

La Cour de cassation est autorisée à casser un jugement par lequel un conseil de guerre a absous un citoyen non militaire, sur lequel le conseil de guerre n'avait pas juridiction (Cass. 11 septembre 1818 ; S. 16, 1, 155).

Un jugement peut être cassé par cela seul qu'il n'a pas expressément prononcé sur une demande faite par le ministère public ou par l'accusé, encore qu'il résulte des motifs que les juges ont voulu rejeter la demande (Cass. 18 août 1811 ; S. 11, 1, 350 ; *Id*. — 31 janv. 1812 ; Bull. crim. p. 26).

L'absence de motifs n'est pas une nullité, dans un arrêt d'une cour d'assises qui statue sur une demande incidente formée par l'accusé durant les débats (Cass. 16 avril 1819 ; S. 20, 1, 121 ; D. 17, 1, 517).

Lorsqu'un accusé demande à user d'une faculté ou d'un droit accordé par la loi, et qu'il réclame l'observation d'une formalité prescrite par le Cod. d'instr. crim. mais non à peine de nullité, de quelque manière que la cour prononce, sa décision ne peut être annulée. Le refus ou l'omission donnerait seul ouverture à cassation (Cass. 30 novembre 1818 ; S. 16, 1, 265).

(4) Les ordonnances d'acquittement ne sont à l'abri de la cassation, qu'autant que l'accusé est déclaré par le jury purement et simplement non coupable (Cass. 14 novembre 1811 ; S. 12, 1, 151 ; *Id*. — 22 janv. 1813 ; S. 13, 1, 228).

L'arrêt d'acquittement fondé sur ce que la déclaration du jury ne constate pas toutes les circonstances constitutives de la complicité, peut être cassé sur le pourvoi du ministère public, même au préjudice de la partie acquittée (Cass. 9 mai 1811 ; S. 11, 1, 261 ; D. 20, 1, 229 ; P. 64, 443).

Le ministère public près d'une cour d'assises ne peut d'office, et dans le seul intérêt de la loi, se pourvoir en cassation contre un arrêt de condamnation ou d'absolution ; il ne le peut que contre une ordonnance d'acquittement (Cass. 1er décembre 1814 ; S. 15, 1, 200 ; D. 13, 1, 93 ; P. 42, 320 ; *Id*. — 30 mai 1811 ; S. 17, 1, 341).

Un arrêt d'acquittement prononcé par des juges sans pouvoir, peut être cassé, même au préjudice de l'accusé acquitté (Cass. 12 février 1811 ; S. 13, 1, 252).

Les pourvois des procureurs généraux dans l'intérêt de la loi ne saisissent la Cour de cassation de la connaissance des arrêts attaqués que dans l'intérêt de la loi (Cass. 4 janvier 1811 ; Bull. crim. p. 9).

Les procureurs du Roi près les tribunaux, jugeant en première instance, ne peuvent se pourvoir en cassation, dans l'intérêt de la loi, contre les jugemens rendus par ces tribunaux (Cass. 26 novembre 1812 ; S. 17, 1, 341). V. art. 356, 374, 412, 442.

L'auteur d'un crime doit être puni, bien que lui-même se soit présenté à la justice, sur la foi d'une circulaire d'un ministre qui lui promettait la remise de sa peine, sauf le recours en grâce (Cass. 18 juillet 1814 ; S. 14, 1, 240).

La cassation d'un arrêt de condamnation opère la mise en liberté du condamné, lorsque le fait n'est qualifié crime ni délit, et qu'il n'y a pas de partie civile (Cass. 2 septembre 1813 ; S. 13, 1, 457).

Le condamné est non-recevable à se pourvoir pour fausse application de la loi, lorsqu'il n'a été prononcé contre lui qu'une peine moindre que celle portée de sa loi (Cass. 10 avril 1817 ; S. 18, 1, 23 ; D. 18, 1, 380 ; P. 61, 124 ; *Id*. 2 juin 1818 ; S. 16, 1, 88).

que celle appliquée par la loi à la nature du crime, l'annulation de l'arrêt pourra être poursuivie tant par le ministère public que par la partie condamnée.

La même action appartiendra au ministère public contre les arrêts d'absolution mentionnés en l'article 364, si l'absolution a été prononcée sur le fondement de la non-existence d'une loi pénale qui pourtant aurait existé.

411. Lorsque la peine prononcée sera la même que celle portée par la loi qui s'applique au crime, nul ne pourra demander l'annulation de l'arrêt, sous le prétexte qu'il y aurait erreur dans la citation du texte de la loi.

412. Dans aucun cas, la partie civile ne pourra poursuivre l'annulation d'une ordonnance d'acquittement ou d'un arrêt d'absolution : mais, si l'arrêt a prononcé contre elles des condamnations civiles, supérieures aux demandes de la partie acquittée ou absoute, cette disposition de l'arrêt pourra être annulée sur la demande de la partie civile (1).

§ II. Matières correctionnelles et de police.

413. Les voies d'annulation exprimées en l'article 408 sont, en matière correctionnelle et de police, respectivement ouvertes à la partie poursuivie pour un délit ou une contravention, au ministère public, et à la partie civile, s'il y en a une, contre tous les arrêts ou jugemens, en dernier ressort, sans distinction de ceux qui ont prononcé le renvoi de la partie ou sa condamnation.

Néanmoins, lorsque le renvoi de cette partie aura été prononcé, nul ne pourra se prévaloir contre elle de la violation ou omission des formes prescrites pour assurer sa défense (2).

414. La disposition de l'article 411 est applicable aux arrêts et jugemens en dernier ressort rendus en matière correctionnelle et de police.

§ III. Disposition commune aux deux paragraphes précédens.

415. Dans le cas où, soit la cour de cassation, soit une cour royale, annulera une instruction, elle pourra ordonner que les frais de la procédure à recommencer seront à la charge de l'officier ou juge instructeur qui aura commis la nullité.

Néanmoins, la présente disposition n'aura lieu que pour des fautes très-graves et à l'égard seulement des nullités qui seront commises deux ans après la mise en activité du présent Code (3).

CHAPITRE II. Des demandes en cassation.

416. Le recours en cassation contre les arrêts préparatoires et d'instruction ou les jugemens en dernier ressort de cette qualité, ne sera ouvert qu'après l'arrêt ou jugement définitif : l'exécution volontaire de tels arrêts ou jugemens préparatoires ne pourra, en aucun cas, être opposée comme fin de non-recevoir.

La présente disposition ne s'applique point aux arrêts ou jugemens rendus sur la compétence (4).

417. La déclaration de recours sera faite au greffier par la partie condamnée, et signée d'elle et du greffier ; et si le déclarant ne peut ou ne veut signer, le greffier en fera mention.

---

(1) La partie civile n'est pas recevable à se pourvoir en cassation contre l'arrêt d'une chambre de mise en accusation, confirmatif d'une ordonnance de non-lieu (Cass. 17 octobre 1811 : S. 12, 1, 202 ; Id. — 22 juillet 1831 ; S. 31, 1, 399). V. art. 362, 366, 369, 42).

(2) La loi du 29 avril 1806 qui défend, art. 2, d'employer, pour moyen de cassation, en matière correctionnelle, des nullités autres que l'incompétence, qui n'auraient pas été relevées en cause d'appel, n'étant en contradiction avec aucun article du Code d'instruction criminelle, subsiste dans toute sa force (Cass. 13 août 1812 : S. 17, 1, 341 ; Id. — 18 juin 1813 ; S. 17, 1, 341 ; Id. — 11 septembre 1812 ; S. 17, 1, 310 ; Id. — 2 septembre 1813 ; S. 17, 1, 320).

La partie civile n'est pas recevable à se pourvoir en cassation contre un jugement qui déclare qu'un fait n'est pas punissable, qui, par suite, refuse des dommages intérêts, lorsque la quotité de dommages-intérêts rentrerait entièrement livrée à la conscience des juges. Il en serait autrement s'il s'agissait d'un délit donnant lieu à restitution (Cass. 26 juin 1811 : S. 12, 1, 288).

Le défaut d'exécution provisoire de la part du condamné en police correctionnelle rend son pourvoi non-recevable ; mais il n'autorise pas le ministère public à faire emprisonner le condamné qui s'est pourvu en cassation, attendu l'effet suspensif du pourvoi (Cass. 14 juillet 1817 : S. 17, 1, 320).

(3) Lorsqu'une procédure criminelle est annulée parce que la copie de la notification faite à l'accusé de la liste des jurés ne contenait pas de date, les frais de la procédure à recommencer peuvent être mis à la charge de l'huissier (Cass. 24 octobre 1822 : Bull. crim. p. 450).

Id. Au cas d'inexactitudes telles dans les noms des jurés qu'il est impossible à l'accusé de les reconnaître (Cass. 26 déc. 1823 : S. 24, 1, 136 ; Id. — 18 juin 1823 ; S. 26, 1, 184).

(4) L'arrêt interlocutoire qui préjuge le fond ne doit pas être réputé simple préparatoire (Cass. 13 octobre 1819 : S. 20, 1, 91 ; D. 17, 1, 641). V. art. 373, 374.

Un arrêt ordonnant une preuve qui préjuge le fond, est un arrêt interlocutoire contre lequel est recevable le pourvoi en cassation (Cass. 26 septembre 1823 : S. 24, 1, 117 ; D. 21, 1, 423 ; P. 68, 865).

Lorsqu'un tribunal est saisi de la question de savoir si l'adjudicataire d'une coupe de bois particulier peut être déchargé de la responsabilité des délits commis dans sa coupe, autrement que par un récolement régulier, le jugement qui admet l'adjudicataire à la preuve de faits allégués par lui comme opérant décharge à son profit est un jugement interlocutoire (Cass. 23 août 1821 : S. 24, 1, 379 ; D. 22, 1, 302 ; P. 70, 449).

Le jugement du tribunal correctionnel qui joint, comme connexes, deux plaintes portées par deux personnes contre un même individu, est un jugement préparatoire (Cass. 22 janvier 1823 : S. 23, 1, 315 ; P. 73, 189).

L'arrêt qui statue sur une demande en disjonction des poursuites dirigées contre plusieurs prévenus n'est qu'un arrêt préparatoire (Cass. 3 juin 1826 : S. 27, 1, 178). V. Cod. 3 brum. an 4, art. 224.

Cette déclaration pourra être faite, dans la même forme, par l'avoué de la partie condamnée ou par un fondé de pouvoir spécial ; dans ce dernier cas, le pouvoir demeurera annexé à la déclaration.

Elle sera inscrite sur un registre à ce destiné ; ce registre sera public, et toute personne aura le droit de s'en faire délivrer des extraits (1).

418. Lorsque le recours en cassation contre un arrêt ou jugement en dernier ressort, rendu en matière criminelle, correctionnelle ou de police, sera exercé soit par la partie civile, s'il y en a une, soit par le ministère public, ce recours, outre l'inscription énoncée dans l'article précédent, sera notifié à la partie contre laquelle il sera dirigé, dans le délai de trois jours.

Lorsque cette partie sera actuellement détenue, l'acte contenant la déclaration de recours lui sera lu par le greffier : elle le signera ; et si elle ne le peut ou ne le veut, le greffier en fera mention.

Lorsqu'elle sera en liberté, le demandeur en cassation lui notifiera son recours par le ministère d'un huissier, soit à sa personne, soit au domicile par elle élu : le délai sera, en ce cas, augmenté d'un jour par chaque distance de trois myriamètres (2).

419. La partie civile qui se sera pourvue en cassation est tenue de joindre aux pièces une expédition authentique de l'arrêt.

Elle est tenue, à peine de déchéance, de consigner une amende de cent cinquante francs ou de la moitié de cette somme, si l'arrêt est rendu par contumace ou par défaut (3).

420. Sont dispensés de l'amende : 1° les condamnés en matière criminelle, 2° les agens publics pour affaires qui concernent directement l'administration et les domaines ou revenus de l'État.

A l'égard de toutes autres personnes, l'amende sera encourue par celles qui succomberont dans leur recours. Seront néanmoins dispensées de la consigner celles qui joindront à leur demande en cassation : 1° un extrait du rôle des contributions constatant qu'elles paient moins de six francs, ou un certificat du percepteur de leur commune portant qu'elles ne sont point imposées ; 2° un certificat d'indigence à elles délivré par le maire de la commune de leur domicile ou par son adjoint, visé par le sous-préfet et approuvé par le préfet de leur département (4).

(1) Si le greffier du tribunal refuse de consigner sur ses registres la déclaration du pourvoi, ce refus peut être constaté par un officier public quelconque (Cass. 3 janvier 1811 : S. 16, 1, 8 ; id. — 9 janvier 1814 : S. 24, 1, 118 ; D. 22, 2, 151).

La déclaration de pourvoi faite chez un notaire en temps utile n'est valable qu'autant qu'il a été préalablement et légalement constaté qu'il n'y avait personne au greffe, ou que le greffier a refusé de recevoir la déclaration (Cass. 4 décembre 1807 : S. 17, 1, 342 ; id. 22 février 1811 : S. 17, 1, 342). V. art. 177, 216, 373, 374, 413, 416. Cod. 3 brum. an 4, art. 447.

(2) Lorsque le ministère public se pourvoit en cassation contre un arrêt de cour criminelle, il n'est pas nécessaire, à peine de nullité, qu'il notifie son recours à la partie acquittée (Cass. 14 novembre 1811 : S. 12, 1 353).
Id. Pour la notification du recours en cassation formé par la partie civile (24 juin 1824 : S. 25, 1, 155 et 157 ; D. 23, 1, 414).
Le délai pour la notification du pourvoi en cassation n'étant pas prescrit à peine de nullité, l'inobservation n'emporte pas déchéance (Cass. 15 octobre 1812 : S. 20, 1, 91 ; D. 17, 1, 641).

(3) Il n'est pas nécessaire, à peine de déchéance, que la quittance de consignation d'amende soit jointe à la déclaration de recours. On peut la produire tant qu'il n'a pas été rendu d'arrêt sur la demande en cassation (Cass. 6 fructidor an 8 ; Rejet de la fin de non-recevoir : S. 7, 2, 812).
Lorsqu'un pourvoi en cassation est fait par plusieurs personnes intéressées dans le même arrêt ou jugement, une seule consignation d'amende suffit, si elles ont un intérêt commun (Cass. 2 tentose an 12 : S. 17, 1, 345).
Mais lorsque les parties ont chacune un intérêt distinct et séparé, il faut autant de consignations d'amendes qu'il y a de parties (Cass. 11 janvier 1808 : S. 8, 1, 125).
L'arrêt n'est pas censé rendu par défaut contre la partie civile elle-même ; s'il n'a été rendu par défaut que contre le prévenu, la partie civile doit consigner une amende de 150 francs, sous peine de déchéance (Cass. 14 mai 1813 : S. 17, 1 343).

Le demandeur qui a joint à son pourvoi en cassation une expédition irrégulière du jugement dénoncé n'est pas déchu, si, dans les délais, il produit une autre expédition revêtue de toutes les formalités (Cass. 19 messidor an 12 : S. 4, 1, 156 ; id. — 9 prairial an 10 : S. 7, 2, 813).
La partie civile n'est pas seulement tenue de consigner une amende. Elle doit produire devant la cour la quittance de consignation avant le jugement.
Si donc la cour rend jugement et déclare le pourvoi non-recevable, à défaut de consignation d'amende, il est inutile de justifier plus tard que la consignation avait été faite (14 décembre 1824 : S. 25, 1, 184 ; D. 23, 1, 84). Un arrêt du 19 messidor an 8, avait décidé en sens contraire (S. 7, 2, 813).

(4) Un individu accusé d'un crime, mais condamné seulement pour un délit, n'étant condamné qu'en matière correctionnelle, est soumis à l'obligation de consigner l'amende ou de produire un certificat d'indigence (Cass. 2 novembre 1815 : S. 16, 1, 434 ; D. 14, 1, 567 ; P. 47, 488 ; id. — 14 janvier 1831 : S. 31, 1, 163).
Id. Pour celui qui, acquitté de l'accusation portée contre lui, n'est condamné qu'en des dommages-intérêts envers la partie civile (12 octobre 1815 : S. 16, 1, 434).
Il est nécessaire, à peine de nullité, que le certificat d'indigence ait été délivré à une époque rapprochée du pourvoi en cassation (Cass. 18 thermidor an 12 : S. 7, 2, 813).
Si le certificat d'indigence produit avec la requête en cassation est irrégulier, on peut le régulariser avant le rapport de la requête à l'audience. On peut le produire même après l'expiration du délai pour se pourvoir (1er fructidor an 9 : S. 2, 1, 46).
Le maire qui se pourvoit en cassation dans une affaire concernant l'octroi de sa commune n'est pas dispensé de consigner l'amende (Cass. 13 octobre 1810 : Bull. crim. p. 555).
Le mineur de 16 ans qui a été déclaré avoir agi sans discernement n'est point obligé de consigner l'amende pour se pourvoir en cassation contre l'arrêt qui a or-

421. Les condamnés, même en matière correctionnelle ou de police, à une peine emportant privation de la liberté, ne seront pas admis à se pourvoir en cassation, lorsqu'ils ne seront pas actuellement en état ou lorsqu'ils n'auront pas été mis en liberté sous caution.

L'acte de leur écrou ou de leur mise en liberté sous caution, sera annexé à l'acte de recours en cassation.

Néanmoins, lorsque le recours en cassation sera motivé sur l'incompétence, il suffira au demandeur, pour que son recours soit reçu, de justifier qu'il s'est actuellement constitué dans la maison de justice du lieu où siège la cour de cassation : le gardien de cette maison pourra l'y recevoir sur la représentation de sa demande adressée au procureur général près cette cour, et visée par ce magistrat (1).

422. Le condamné ou la partie civile, soit en faisant sa déclaration, soit dans les dix jours suivans, pourra déposer au greffe de la cour ou du tribunal qui aura rendu l'arrêt ou le jugement attaqué, une requête contenant ses moyens de cassation. Le greffier lui en donnera reconnaissance et remettra sur-le-champ cette requête au magistrat chargé du ministère public.

423. Après les dix jours qui suivront la déclaration, ce magistrat fera passer au ministre de la justice les pièces du procès et les requêtes des parties, si elles en ont déposé.

Le greffier de la cour ou du tribunal qui aura rendu l'arrêt ou le jugement attaqué rédigera sans frais et joindra un inventaire des pièces, sous peine de cent francs d'amende, laquelle sera prononcée par la cour de cassation.

424. Dans les vingt-quatre heures de la réception de ces pièces, le ministre de la justice les adressera à la cour de cassation, et il en donnera avis au magistrat qui les lui aura transmises.

Les condamnés pourront aussi transmettre directement au greffe de la cour de cassation, soit leurs requêtes, soit les expéditions ou copies signifiées tant de l'arrêt ou du jugement que de leurs demandes en cassation; néanmoins, la partie civile ne pourra user du bénéfice de la présente disposition sans le ministère d'un avocat à la cour de cassation.

425. La cour de cassation, en toute affaire criminelle, correctionnelle ou de police, pourra statuer sur le recours en cassation aussitôt après l'expiration des délais portés au présent chapitre, et devra y statuer dans le mois au plus tard, à compter du jour où ces délais seront expirés.

426. La cour de cassation rejettera la demande ou annulera l'arrêt ou le jugement, sans qu'il soit besoin d'un arrêt préalable d'admission.

427. Lorsque la cour de cassation annullera un arrêt ou jugement rendu, soit en matière correctionnelle, soit en matière de police, elle renverra le procès et les parties devant une cour ou un tribunal de même qualité que celui qui aura rendu l'arrêt ou le jugement annulé (2).

428. Lorsque la cour de cassation annullera un arrêt rendu en matière criminelle, il sera procédé comme il est dit aux sept articles suivans.

429. La cour de cassation prononcera le renvoi du procès, savoir:

Devant une cour royale autre que celle qui aura réglé la compétence et prononcé la mise en accusation, si l'arrêt est annulé pour l'une des causes exprimées en l'article 299;

Devant une cour d'assises autre que celle qui aura rendu l'arrêt, si l'arrêt et l'instruction sont annulés pour cause de nul-

---

donné sa détention dans une maison de correction (Cass. 13 août 1813 : S. 17, 1 343).

Le certificat d'indigence doit être, à peine de déchéance, non-seulement visé par le sous-préfet, mais encore approuvé par le préfet (Cass. 11 octobre 1827 : S. 18, 1, 66 ; *id.* — 7 nivose an 13 ; S. 5, 1, 93).

(1) L'article s'applique de même à celui qui, ayant sa condamnation, n'aurait été frappé d'aucun mandat, et qui, conséquemment, n'aurait pas eu besoin d'un élargissement provisoire (Cass. 22 octobre 1812 : S. 17, 1, 343).

Un condamné par contumace est non-recevable à demander son renvoi devant une autre cour d'assises pour cause de suspicion légitime, lorsqu'il n'est pas actuellement en état (Cass. 24 décembre 1818 : S. 19, 1, 188 ; D. 17, 1, 13).

L'article n'est relatif qu'aux condamnés ; il ne peut s'appliquer aux simples prévenus ; par exemple, à celui qui se pourvoit en cassation contre un arrêt de la chambre d'accusation, portant renvoi à la police correctionnelle (Cass. 18 mars 1813 : S. 17, 1, 343).

La mise en liberté sous caution accordée en première instance suffit, quoique le jugement de première instance portant acquittement du prévenu ait été réformé sur l'appel, et que le prévenu y ait été condamné à un emprisonnement (Cass. 3 juin 1813 : S. 17, 1, 343).

La demande de mise en liberté provisoire, aux termes de l'art. 114, peut être formée, même après condamnation de dernier ressort, à fin de rendre recevable un pourvoi en cassation sans se constituer prisonnier.

La demande doit être adressée à la cour royale, et si la cour royale refuse de statuer, il y a lieu de se pourvoir en cassation pour déni de justice; et si l'arrêt est cassé, le condamné n'est plus obligé de justifier ni d'un écrou, ni ni d'une ordonnance de liberté provisoire, s'il y a eu également pourvoi contre l'arrêt qui a refusé de statuer sur la demande à fin de liberté provisoire et sur l'arrêt de condamnation : la cour de cassation statue par un seul et même arrêt (Cass. 27 mars 1830 : S. 30, 1, 182).

(2) La partie acquittée peut se pourvoir par opposition, contre l'arrêt qui, sur le pourvoi seul du ministère public, a cassé, au préjudice de cette partie (Cass. 14 novembre 1811 : S. 12, 1, 181).

lités commises à la cour d'assises;

Devant un tribunal de première instance autre que celui auquel aura appartenu le juge d'instruction, si l'arrêt et l'instruction sont annulés aux chefs seulement qui concernent les intérêts civils : dans ce cas, le tribunal sera saisi sans citation préalable en conciliation.

Si l'arrêt et la procédure sont annulés pour cause d'incompétence, la cour de cassation renverra le procès devant les juges qui doivent en connaître, et les désignera : toutefois, si la compétence se trouvait appartenir au tribunal de première instance où siége le juge qui aurait fait la première instruction, le renvoi sera fait à un autre tribunal de première instance.

Lorsque l'arrêt sera annulé parce que le fait qui aura donné lieu à une condamnation se trouvera n'être pas un délit qualifié par la loi, le renvoi, s'il y a une partie civile, sera fait devant un tribunal de première instance autre que celui auquel aura appartenu le juge d'instruction ; et, s'il n'y a pas de partie civile, aucun renvoi ne sera prononcé (1).

430. Dans tous les cas où la cour de cassation est autorisée à choisir une cour ou un tribunal pour le jugement d'une affaire renvoyée, ce choix ne pourra résulter que d'une délibération spéciale prise en la chambre du conseil immédiatement après la prononciation de l'arrêt de cassation, et dont il sera fait mention expresse dans cet arrêt.

431. Les nouveaux juges d'instruction auxquels il pourrait être fait des délégations pour compléter l'instruction des affaires renvoyées, ne pourront être pris parmi les juges d'instruction établis dans le ressort de la cour dont l'arrêt aura été annulé (2).

432. Lorsque le renvoi aura été fait à une cour royale, celle-ci, après avoir réparé l'instruction en ce qui la concerne, désignera, dans son ressort, la cour d'assises par laquelle le procès devra être jugé (3).

433. Lorsque le procès aura été renvoyé devant une cour d'assises, et qu'il y aura des complices qui ne seront pas en état d'accusation, cette cour commettra un juge d'instruction, et le procureur général l'un de ses substituts, pour faire, chacun en ce qui le concerne, l'instruction, dont les pièces seront ensuite adressées à la cour royale, qui prononcera, s'il y a lieu ou non, la mise en accusation.

434. Si l'arrêt a été annulé pour avoir prononcé une peine autre que celle que la loi applique à la nature du crime, la cour d'assises à qui le procès sera renvoyé rendra son arrêt sur la déclaration déjà faite par le jury.

Si l'arrêt a été annulé pour autre cause, il sera procédé à de nouveaux débats devant la cour d'assises à laquelle le procès sera renvoyé.

La cour de cassation n'annullera qu'une partie de l'arrêt, lorsque la nullité ne viciera qu'une ou quelques-unes de ses dispositions.

435. L'accusé dont la condamnation aura été annulée, et qui devra subir un nouveau jugement au criminel, sera traduit, soit en état d'arrestation, soit en exécution de l'ordonnance de prise de corps, devant la Cour royale ou d'assises à qui son procès sera renvoyé.

436. La partie civile qui succombera dans son recours, soit en matière criminelle, soit en matière correctionnelle ou de police, sera condamnée à une indemnité de cent cinquante francs, et aux frais envers la partie acquittée, absoute ou renvoyée : la partie civile sera de plus condamnée, envers l'État, à une amende de cent cinquante francs, ou de soixante-et-quinze francs seulement si l'arrêt ou le jugement a été rendu par contumace ou par défaut.

Les administrations ou régies de l'État et les agens publics qui succomberont, ne seront condamnés qu'aux frais et à l'indemnité (4).

437. Lorsque l'arrêt ou le jugement

---

(1) En cas de condamnation à deux peines différentes pour raison de deux délits joints, la cassation de la condamnation sur l'un des deux délits emporte la réduction de la peine correspondante. Cette réduction est dans les attributions de la cour de cassation (Cass. 17 août 1815 : S. 16, 1, 297 ; D. 13, 1, 540 ; P. 44, 81).

Lorsqu'un arrêt de mise en accusation est cassé, parce que le fait constitue seulement un délit et non un crime, la nouvelle cour à laquelle il y a renvoi, doit, si elle reconnaît qu'il ne s'agit en effet que d'un délit, renvoyer elle-même à un tribunal correctionnel de son ressort, et non au tribunal correctionnel du lieu du délit (Cass. 14 mars 1818 : S. 18, 1, 356).

Id. Pour le juge d'instruction chargé de continuer les poursuites (Cass. 28 novembre 1811 : S. 12, 1, 240).

Voir la loi du 30 juill. 1828, tome 28 de ma Collection des Lois, page 271 ; elle contient les règles spéciales sur

le renvoi après deux cassations successives fondées sur les mêmes moyens.

(2) V. art. 84, 90, 214, 235, 303.

(3) La cour d'assises peut renvoyer à des débats ultérieurs ceux des accusés dont l'instruction n'est pas complète, si la réunion de tous les accusés dans un même débat peut opérer des retardemens nuisibles à l'action de la justice. Peu importe que la cour soit saisie par un arrêt de renvoi portant que tous les accusés sont renvoyés pour être jugés par un seul et même débat (Cass. 30 mai 1818 : S. 12, 1, 361 ; D. 16, 1, 365 ; P. 51 : 401). V. art. 226, 227.

(4) L'indemnité ne peut être prononcée qu'autant que les arrêts contre lesquels on s'est pourvu en cassation ont acquitté, absous ou renvoyé (Cass. 6 janvier 1813 : S. 17, 1, 344).

Lorsque la partie acquittée est intervenue dans l'instance en cassation sur le pourvoi d'une administration ou

aura été annulé, l'amende consignée sera rendue sans aucun délai, en quelques termes que soit conçu l'arrêt qui aura statué sur le recours, et quand même il aurait omis d'en ordonner la restitution.

438. Lorsqu'une demande en cassation aura été rejetée, la partie qui l'avait formée ne pourra plus se pourvoir en cassation contre le même arrêt ou jugement, sous quelque prétexte et par quelque moyen que ce soit.

439. L'arrêt qui aura rejeté la demande en cassation sera délivré dans les trois jours au procureur général près la Cour de cassation, par simple extrait signé du greffier, lequel sera adressé au ministre de la justice, et envoyé par celui-ci au magistrat chargé du ministère public près la Cour où le tribunal qui aura rendu l'arrêt ou le jugement attaqué.

440. Lorsqu'après une première cassation le second arrêt ou jugement sur le fond sera attaqué par les mêmes moyens, il sera procédé selon les formes prescrites par la loi du 16 septembre 1807 (a) (1).

441. Lorsque, sur l'exhibition d'un ordre formel à lui donné par le ministre de la justice, le procureur général près la Cour de cassation dénoncera à la section criminelle des actes judiciaires, arrêts ou jugemens contraires à la loi, ces actes, arrêts ou jugemens pourront être annulés, et les officiers de police ou les juges poursuivis, s'il y a lieu, de la manière exprimée au chapitre III du titre IV du présent livre (2).

442. Lorsqu'il aura été rendu par une Cour royale ou d'assises, ou par un tribunal correctionnel ou de police, un arrêt ou jugement en dernier ressort, sujet à cassation, et contre lequel néanmoins aucune des parties n'aurait réclamé dans le

---

règle de l'État, le *désistement* du pourvoi ne peut soustraire cette administration ou régie au paiement des frais et indemnités (Cass. 16 août 1811 : S. 17, , 304).

La condamnation à 150 francs d'indemnité au profit de la partie acquittée doit avoir lieu, soit que la partie civile succombe pour rejet de ses moyens de cassation, soit qu'elle succombe pour fin de non-recevoir, faute de consignation d'amende (Cass. 26 avril 1813 : S. 17, 1,344).

La condamnation ne doit pas être prononcée contre celui qui s'est pourvu en cassation, tant à la fois comme prévenu et comme partie civile (Cass. 11 juillet 1813 : S. 13, 1, 421 : D. 31, 1, 275 : P. 67, 241).

La partie civile qui se désiste ne doit être condamnée, envers la partie intervenante, ni à l'indemnité de 150 fr., ni aux frais (Cass. 9 juillet 1830 : S. 30, 1, 408).

(a) La loi du 16 septembre 1807 a été remplacée par la loi du 30 juillet 1828, ainsi conçue :

« Art. 1er. Lorsqu'après la cassation d'un premier arrêt ou jugement en dernier ressort, le deuxième arrêt ou jugement rendu dans la même affaire, entre les mêmes parties, est attaqué par les mêmes moyens que le premier, la cour de cassation prononce, toutes les chambres assemblées.

« Lorsque la cour de cassation a annulé deux arrêts ou jugemens en dernier ressort rendus dans la même affaire, entre les mêmes parties, et attaqués par les mêmes moyens, le jugement de l'affaire est, dans tous les cas, renvoyé à une cour royale. La cour royale saisie par l'arrêt de cassation prononce, toutes les chambres réunies.

« S'il s'agit d'un arrêt rendu par une chambre d'accusation, la cour royale n'est saisie que de la question jugée par cet arrêt; en cas de mise en accusation ou de renvoi en police correctionnelle ou de simple police, le procès sera jugé par la cour d'assises ou par l'un des tribunaux du département où l'instruction aura été commencée. Lorsque le renvoi est ordonné sur une question de compétence ou de procédure en matière criminelle, on ne saisit la cour royale que du jugement de cette question. L'arrêt qu'elle rend ne peut être attaqué, sur le même point et par les mêmes moyens, par la voie du recours en cassation : toutefois, il en est référé au Roi, pour être ultérieurement procédé par ses ordres à l'interprétation de la loi.

« En matière criminelle, correctionnelle ou de police, la cour royale à laquelle l'affaire aura été renvoyée par le deuxième arrêt de la Cour de cassation, ne pourra appliquer une peine plus grave que celle qui résulterait de l'interprétation la plus favorable à l'accusé.

« 3. Dans la session législative qui suit le référé, une loi interprétative est proposée aux Chambres.

« 4. La loi du 16 septembre 1807, relative à l'interprétation des lois, est abrogée. »

(1) V. la loi du 30 juillet 1828, tome 28 de nos Collec-

tion des Lois, page 271.

(2) La cour de cassation peut, sur le réquisitoire du ministère public, casser un jugement d'un conseil de guerre pour fausse application de la loi pénale (Cass. 1er août 1818 : S. 18, 1, 388 ; *id.* — 26 février 1818 : S. 18, 1, 186).

En matière de justice militaire, le pourvoi du Gouvernement doit profiter au condamné, si le pourvoi n'est pas restreint au seul intérêt de la loi; par suite, le condamné a le droit d'intervenir; il peut même proposer, à l'appui du pourvoi, d'autres moyens que ceux que le Gouvernement a proposés; mais il ne peut attaquer d'autres *jugemens* (Cass. 15 juillet 1819 : S. 19, 1, 371).

Lorsqu'il existait des cours spéciales ou autres tribunaux extraordinaires, quoiqu'en règle générale leurs arrêts fussent à l'abri de la cassation, ils pouvaient être dénoncés et cassés en la forme prescrite par l'art. 441. V. Legraverend, tome 2, page 463.

La déclaration faite par un magistrat comme condition de l'apposition de sa signature sur un arrêt auquel il a concouru, est susceptible de cassation, dans la forme de l'art. 431, Code inst. crim. (Cass. 27 juin 1822 : S. 22, 1, 266).

Les décisions des tribunaux, en matière de discipline, sont susceptibles de cassation, en la forme prescrite par l'art. 441, Code d'instruction criminelle (Cass. 6 février 1813 : S. 13, 1, 178).

La cassation, sur la réquisition du Gouvernement, peut porter atteinte au droit des parties, du moins en ce qui touche la compétence des juges qui doivent les juger... au criminel... pour délits militaires. A cet égard, l'art. 80 de la loi du 27 ventôse an 8, est modifié par l'art. 441 Cod. inst. crim. (Cass. 5 février 1824 : S. 24, 1, 430).

Sur la question de savoir si la cassation provoquée par le Gouvernement profite aux parties, M. Legraverend, tome 2, page 467, pense qu'il faut établir une distinction, que l'annulation des arrêts et des jugemens préparatoires a tout son effet à l'égard des parties, et surtout *en leur faveur*. Il cite un arrêt du 21 mai 1813, qu'il transcrit. Il ajoute qu'au contraire, l'annulation des arrêts ou jugemens définitifs ne peut préjudicier aux parties. En outre, pour que la cassation provoquée par le ministre de la justice produise un effet favorable aux parties, il exige que les parties n'aient pas pu se pourvoir elles-mêmes en cassation.

Toutefois, un arrêt de la cour de cassation du 2 avril 1831 (S. 31, 1, 377) a jugé qu'un arrêt de chambre d'accusation qui a renvoyé des accusés devant la cour d'assises tandis qu'il y avait lieu de les renvoyer devant les tribunaux militaires, peut être cassé, dans l'intérêt de la loi, mais sans préjudice du droit acquis aux accusés d'être jugés par la cour d'assises. *Voir* Dissertation, Sirey, 31, 1, 716.

délai déterminé, le procureur général près la Cour de cassation pourra aussi d'office, et nonobstant l'expiration du délai, en donner connaissance à la Cour de cassation : l'arrêt ou le jugement sera cassé, sans que les parties puissent s'en prévaloir pour s'opposer à son exécution (1).

CHAPITRE III. *Des demandes en révision.*

443. Lorsqu'un accusé aura été condamné pour un crime, et qu'un autre accusé aura aussi été condamné par un autre arrêt comme auteur du même crime, si les deux arrêts ne peuvent se concilier, et sont la preuve de l'innocence de l'un ou de l'autre condamné, l'exécution des deux arrêts sera suspendue, quand même la demande en cassation de l'un ou de l'autre arrêt aurait été rejetée.

Le ministre de la justice, soit d'office, soit sur la réclamation des condamnés ou de l'un d'eux, ou du procureur général, chargera le procureur général près la Cour de cassation de dénoncer les deux arrêts à cette cour.

Ladite Cour, section criminelle, après avoir vérifié que les deux condamnations ne peuvent se concilier, cassera les deux arrêts, et renverra les accusés, pour être procédé sur les actes d'accusation subsistans, devant une cour autre que celles qui auront rendu les deux arrêts (2).

444. Lorsqu'après une condamnation pour homicide il sera, de l'ordre exprès du ministre de la justice, adressé à la Cour de cassation, section criminelle, des pièces représentées postérieurement à la condamnation et propres à faire naître de suffisans indices sur l'existence de la personne dont la mort supposée aurait donné lieu à la condamnation, cette cour pourra préparatoirement désigner une cour royale pour reconnaître l'existence et l'identité de la personne prétendue homicidée, et les constater par l'interrogatoire de cette personne, par audition de témoins, et par tous les moyens propres à mettre en évidence le fait destructif de la condamnation.

L'exécution de la condamnation sera de plein droit suspendue par l'ordre du ministre de la justice, jusqu'à ce que la Cour de cassation ait prononcé, et, s'il y a lieu ensuite, par l'arrêt préparatoire de cette cour.

La cour désignée par celle de cassation prononcera simplement sur l'identité ou non identité de la personne; et après que son arrêt aura été, avec la procédure, transmis à la Cour de cassation, celle-ci pourra casser l'arrêt de condamnation, et même renvoyer, s'il y a lieu, l'affaire à une cour d'assises autre que celles qui en auraient primitivement connu.

445. Lorsqu'après une condamnation contre un accusé, l'un ou plusieurs des témoins qui avaient déposé à charge contre lui, seront poursuivis pour avoir porté un faux témoignage dans le procès, et si l'accusation en faux témoignage est admise contre eux, ou même s'il est décerné contre eux des mandats d'arrêt, il sera sursis à l'exécution de l'arrêt de condamnation, quand même la Cour de cassation aurait rejeté la requête du condamné.

Si les témoins sont ensuite condamnés pour faux témoignage à charge, le ministre de la justice, soit d'office, soit sur la réclamation de l'individu condamné par le premier arrêt, ou du procureur général, chargera le procureur général près la Cour de cassation de dénoncer le fait à cette cour.

Ladite cour, après avoir vérifié la déclaration du jury, sur laquelle le second arrêt aura été rendu, annullera le premier arrêt, si, par cette déclaration, les témoins sont convaincus de faux témoignage à charge contre le premier condamné; et, pour être procédé contre l'accusé sur l'acte d'accusation subsistant, elle le renverra devant une cour d'assises autre que celles qui auront rendu soit le premier, soit le second arrêt.

Si les accusés de faux témoignage sont acquittés, le sursis sera levé de droit, et l'arrêt de condamnation sera exécuté (3).

446. Les témoins condamnés pour faux témoignage ne pourront pas être entendus dans les nouveaux débats.

447. Lorsqu'il y aura lieu de réviser une condamnation pour la cause exprimée en l'article 444, et que cette condamnation aura été portée contre un individu

(1) V. notes sur l'art. 441; loi du 27 ventose an 8, art. 88.
(2) La grâce n'empêche point le condamné de demander la révision (Cass. 30 novembre 1810 : S. 11; 1, 86).
L'un des condamnés ne peut porter directement devant la cour de cassation la demande en révision. Cette cour n'est valablement saisie que sur la dénonciation du procureur-général, d'après l'ordre du ministre de la justice (Cass. 21 novembre 1817 : S. 18, 1, 123 ; D. 16, 1, 118 ; P. 61, 558).
Il y a lieu à révision, encore que l'un des deux arrêts ait été rendu par contumace (Cass. 22 mai 1919 : D. 17, 1, 462). V. en sens contraire (S. 17, 1, 344).
Les comités du contentieux et de législation réunis ont décidé dans l'affaire Lesurques que la révision ne peut avoir lieu après le décès des deux condamnés; qu'elle ne peut même avoir lieu après le décès d'un condamné décédé lorsque l'autre condamné vit encore (S. 22, 1, 348).
(3) La réquisition de poursuite en faux témoignage ne peut être écartée par fin de non-recevoir, comme tardive, étant faite après les débats, qu'autant qu'il y aurait eu preuve acquise avant les débats (Cass. 10 août 1819 : B. 19, 1, 401).

mort depuis, la Cour de cassation créera un curateur à sa mémoire, avec lequel se fera l'instruction, et qui exercera tous les droits du condamné.

Si, par le résultat de la nouvelle procédure, la première condamnation se trouve avoir été portée injustement, le nouvel arrêt déchargera la mémoire du condamné de l'accusation qui avait été portée contre lui.

TITRE IV. De quelques procédures particulières.

(Chap. I—IV. Loi décrétée le 12 décembre 1808, promulguée le 22 du même mois.)
(Chap. VI—VII. Loi décrétée le 13, promulguée le 23.)

CHAPITRE Ier. Du faux (1).

448. Dans tous les procès pour faux en écriture, la pièce arguée de faux, aussitôt qu'elle aura été produite, sera déposée au greffe, signée et paraphée à toutes les pages par le greffier, qui dressera un procès-verbal détaillé de l'état matériel de la pièce, et par la personne qui l'aura déposée, si elle sait signer, ce dont il sera fait mention; le tout à peine de cinquante francs d'amende contre le greffier qui l'aura reçue sans que cette formalité ait été remplie (2).

449. Si la pièce arguée de faux est tirée d'un dépôt public, le fonctionnaire qui s'en dessaisira, la signera aussi et la paraphera, comme il vient d'être dit, sous peine d'une pareille amende.

450. La pièce arguée de faux sera de plus signée par l'officier de police judiciaire, et par la partie civile ou son avoué, si ceux-ci se présentent.

Elle le sera également par le prévenu, au moment de sa comparution.

Si les comparans, ou quelques-uns d'entre eux, ne peuvent pas ou ne veulent pas signer, le procès-verbal en fera mention.

En cas de négligence ou d'omission, le greffier sera puni de cinquante francs d'amende (3).

451. Les plaintes et dénonciations en faux pourront toujours être suivies, lors même que les pièces qui en sont l'objet auraient servi de fondement à des actes judiciaires ou civils.

452. Tout dépositaire public ou particulier de pièces arguées de faux est tenu,

sous peine d'y être contraint par corps, de les remettre, sur l'ordonnance donnée par l'officier du ministère public ou par le juge d'instruction.

Cette ordonnance et l'acte de dépôt lui serviront de décharge envers tous ceux qui auront intérêt à la pièce (4).

453. Les pièces qui seront fournies pour servir de comparaison seront signées et paraphées, comme il est dit aux trois premiers articles du présent chapitre pour la pièce arguée de faux, et sous les mêmes peines.

454. Tous dépositaires publics pourront être contraints, même par corps, à fournir les pièces de comparaison qui seront en leur possession: l'ordonnance par écrit et l'acte de dépôt leur serviront de décharge envers ceux qui pourraient avoir intérêt à ces pièces.

455. S'il est nécessaire de déplacer une pièce authentique, il en sera laissé au dépositaire une copie collationnée, laquelle sera vérifiée sur la minute ou l'original par le président du tribunal de son arrondissement, qui en dressera procès-verbal; et si le dépositaire est une personne publique, cette copie sera par lui mise au rang de ses minutes pour en tenir lieu jusqu'au renvoi de la pièce, et il pourra en délivrer des grosses ou expéditions, en faisant mention du procès-verbal.

Néanmoins, si la pièce se trouve faire partie d'un registre, de manière à ne pouvoir en être momentanément distraite, le tribunal pourra, en ordonnant l'apport du registre, dispenser de la formalité établie par le présent article (4).

456. Les écritures privées peuvent aussi être produites pour pièces de comparaison, et être admises à ce titre, si les parties intéressées les reconnaissent.

Néanmoins, les particuliers qui, même de leur aveu, en sont possesseurs, ne peuvent être immédiatement contraints à les remettre; mais si, après avoir été cités devant le tribunal saisi pour faire cette remise ou déduire les motifs de leur refus, ils succombent, l'arrêt ou le jugement pourra ordonner qu'ils y seront contraints par corps (5).

457. Lorsque les témoins s'expliqueront sur une pièce du procès, ils la parapheront et la signeront; et, s'ils ne peu-

(1) V. M. Legraverend, tome 1, p. 533.
V. ordonn. de 1670, art. 91 ord. de juillet 1787; loi du 18—19 sept. 1791, chap. 11; Code des délits et des peines du 3 brum. an 4, titre 14; Code de procédure, de l'art. 214 à 241; et Code pénal, de l'art. 139 à l'art. 163.
(2) Est compétent le tribunal du lieu où il a été fait usage de la pièce arguée de faux (Cass. 31 août 1809: S. 9, 1, 453).
(3) Point de nullité par cela seul que le juge d'instruc-

tion n'a point paraphé et requis les témoins de parapher les pièces arguées de faux (Cass. 3 février 1819: Bull. crim. p. 6).
(4) La poursuite du faux au criminel ne peut être suspendue, quoiqu'il y ait au civil jugement qui, sur le même fait, rejette l'inscription de faux incident (Cass. 28 avril 1809: S. 9, 1, 417).
V. Cod. proc. civ. art. 103.
(5) V. Cod. proc. civ. art. 100 et suiv.

vent signer, le procès-verbal en fera mention.

458. Si, dans le cours d'une instruction ou d'une procédure, une pièce produite est arguée de faux par l'une des parties, elle sommera l'autre de déclarer si elle entend se servir de la pièce (1).

459. La pièce sera rejetée du procès, si la partie déclare qu'elle ne veut pas s'en servir, ou si, dans le délai de huit jours, elle ne fait aucune déclaration; et il sera passé outre à l'instruction et au jugement.

Si la partie déclare qu'elle entend se servir de la pièce, l'instruction sur le faux sera suivie incidemment devant la cour ou le tribunal saisi de l'affaire principale (2).

460. Si la partie qui a argué de faux la pièce soutient que celui qui l'a produite est l'auteur ou le complice du faux, ou s'il résulte de la procédure que l'auteur ou le complice du faux soit vivant, et la poursuite du crime non éteinte par la prescription, l'accusation sera suivie criminellement dans les formes ci-dessus prescrites.

Si le procès est engagé au civil, il sera sursis au jugement jusqu'à ce qu'il ait été prononcé sur le faux.

S'il s'agit de crimes, délits ou contraventions, la cour ou le tribunal saisi est tenu de décider préalablement, et après avoir entendu l'officier chargé du ministère public, s'il y a lieu ou non à surseoir (3).

461. Le prévenu ou l'accusé pourra être requis de produire et de former un corps d'écriture; en cas de refus ou de silence, le procès-verbal en fera mention.

462. Si une cour ou un tribunal trouve dans la visite d'un procès, même civil, des indices sur un faux et sur la personne qui l'a commis, l'officier chargé du ministère public ou le président transmettra les pièces au substitut du procureur général près le juge d'instruction, soit du lieu où le délit paraîtra avoir été commis, soit du lieu où le prévenu pourra être saisi, et il pourra même délivrer le mandat d'amener.

463. Lorsque des actes authentiques auront été déclarés faux en tout ou en partie, la cour ou le tribunal qui aura connu du faux, ordonnera qu'ils soient rétablis, rayés ou réformés, et du tout il sera dressé procès-verbal.

Les pièces de comparaison seront renvoyées dans les dépôts d'où elles auront été tirées, ou seront remises aux personnes qui les auront communiquées; le tout dans le délai de quinzaine à compter du jour de l'arrêt ou du jugement, à peine d'une amende de cinquante francs contre le greffier (4).

464. Le surplus de l'instruction sur le faux se fera comme sur les autres délits, sauf l'exception suivante.

Les présidens des cours d'assises (a), les procureurs généraux ou leurs substituts, les juges d'instruction et les juges de paix, pourront continuer, hors de leur ressort, les visites nécessaires chez les personnes soupçonnées d'avoir fabriqué, introduit, distribué de faux papiers royaux, de faux billets de la Banque de France ou des banques de départemens.

La présente disposition a lieu également pour le crime de fausse monnaie, ou de contrefaction du sceau de l'État.

CHAPITRE II. Des contumaces (5).

465. Lorsqu'après un arrêt de mise en accusation l'accusé n'aura pu être saisi, ou ne se présentera pas dans les dix jours de la notification qui en aura été faite à son domicile;

Ou lorsqu'après s'être présenté ou avoir été saisi il se sera évadé,

Le président de la Cour d'assises, ou (b),

---

(1) L'action publique pour faux en écriture privée n'est point arrêtée par la déclaration du prévenu qu'il n'entend pas user de la pièce (Cass. 28 octobre 1813 : S. 14, 1, 10).

Le ministère public, à plus forte raison, n'est pas tenu de faire sommation au prévenu de déclarer s'il entend se servir de la pièce arguée de faux (Cass. 20 juin 1817 : Bull. crim. p. 127).

(2) Les tribunaux correctionnels ne peuvent connaître d'un faux incident : ils ne peuvent prononcer que sur la pertinence des faits, ou sur l'admission de l'inscription de faux (Cass. 6 janvier 1809 : S. 9, 1, 166).

Les règles du Code de procédure et de l'art. 459, Cod. inst. crim. ne sont applicables qu'à l'inscription de faux contre des actes relatifs à des intérêts privés, et nullement aux procès-verbaux relatifs à la constatation des délits forestiers : dans ce cas, la déclaration de s'inscrire en faux doit se faire immédiatement devant le juge compétent pour connaître du crime et sans sommation préalable (Cass. 18 mai 1809 : S. 17, 1, 346 ; id. — 14 mai 1815 ; S. 17, 1, 346).

(3) Lorsqu'en matière correctionnelle, il y a inscrip-

tion de faux incident, si la cour ou le tribunal juge les moyens de faux pertinens, on doit surseoir à statuer sur le délit, et renvoyer l'affaire sur le faux devant les tribunaux compétens (Cass. 16 mars 1818 : S. 18, 1, 399 ; D. 16, 1, 569).

Notamment dans le cas d'une inscription de faux incidemment formée contre un procès-verbal dressé par des préposés aux douanes non décédés (Cass. 9 août 1822 : S. 23, 1, 131 ; D. 23, 1, 17).

Une plainte en faux principal dirigée contre des actes qui ne sont pas authentiques et revêtus de la formule exécutoire, suspend l'exécution des actes. Il n'est pas besoin que l'auteur du faux soit mis en accusation (Cass. 15 février 1810 : S. 10, 1, 174).

V. Cod. proc. civ. art. 250, 427, 453.

(4) V. Cod. pén. art. 241 et suiv.

(a) Ancien article 464, modifié en vertu de l'art. 54 de la Charte : « Ou spéciales. »

(5) V. Cod. 3 brum. an 4, art. 462 et suiv.

(b) Ancien article 465, modifié en vertu de l'art. 54 de la Charte : « Le président de la cour d'assises ou ce-

en son absence, le président du tribunal de première instance, et, à défaut de l'un et de l'autre, le plus ancien juge de ce tribunal, rendra une ordonnance portant qu'il sera tenu de se représenter dans un nouveau délai de dix jours; sinon, qu'il sera déclaré rebelle à la loi, qu'il sera suspendu de l'exercice des droits de citoyen, que ses biens seront séquestrés pendant l'instruction de la contumace, que toute action en justice lui sera interdite pendant le même temps, qu'il sera procédé contre lui, et que toute personne est tenue d'indiquer le lieu où il se trouve.

Cette ordonnance fera de plus mention du crime et de l'ordonnance de prise de corps.

466. Cette ordonnance sera publiée à son de trompe ou de caisse, le dimanche suivant, et affichée à la porte du domicile de l'accusé, à celle du maire et à celle de l'auditoire de la Cour d'assises (a).

Le procureur général ou son substitut adressera aussi cette ordonnance au directeur des domaines et droits d'enregistrement du domicile du contumax (1).

467. Après un délai de dix jours, il sera procédé au jugement de la contumace.

468. Aucun conseil, aucun avoué, ne pourra se présenter pour défendre l'accusé contumax.

Si l'accusé est absent du territoire européen de la France, ou s'il est dans l'impossibilité absolue de se rendre, ses parens ou ses amis pourront présenter son excuse et en plaider la légitimité.

469. Si la Cour trouve l'excuse légitime, elle ordonnera qu'il sera sursis au jugement de l'accusé et au séquestre de ses biens pendant un temps qui sera fixé, eu égard à la nature de l'excuse et à la distance des lieux.

470. Hors ce cas, il sera procédé de suite à la lecture de l'arrêt de renvoi à la Cour d'assises (b), de l'acte de notification de l'ordonnance ayant pour objet la représentation du contumax et des procès-

verbaux dressés pour en constater la publication et l'affiche.

Après cette lecture, la Cour, sur les conclusions du procureur général ou de son substitut, prononcera sur la contumace.

Si l'instruction n'est pas conforme à la loi, la Cour la déclarera nulle, et ordonnera qu'elle sera recommencée, à partir du plus ancien acte illégal.

Si l'instruction est régulière, la Cour prononcera sur l'accusation et statuera sur les intérêts civils, le tout sans assistance ni intervention de jurés (2).

471. Si le contumax est condamné, ses biens seront, à partir de l'exécution de l'arrêt, considérés et régis comme biens d'absent; et le compte du séquestre sera rendu à qui il appartiendra, après que la condamnation sera devenue irrévocable par l'expiration du délai donné pour purger la contumace (3).

472. Extrait du jugement de condamnation sera, dans les trois jours de la prononciation, à la diligence du procureur général ou de son substitut, affiché par l'exécuteur des jugemens criminels à un poteau qui sera planté au milieu de l'une des places publiques de la ville chef-lieu de l'arrondissement où le crime aura été commis.

Pareil extrait sera, dans le même délai, adressé au directeur des domaines et droits d'enregistrement du domicile du contumax.

473. Le recours en cassation ne sera ouvert contre les jugemens de contumace qu'au procureur général et à la partie civile en ce qui la regarde (4).

474. En aucun cas, la contumace d'un accusé ne suspendra ni ne retardera de plein droit l'instruction à l'égard de ses coaccusés présens.

La Cour pourra ordonner, après le jugement de ceux-ci, la remise des effets déposés au greffe comme pièces de conviction, lorsqu'ils seront réclamés par les propriétaires ou ayant droit. Elle pourra

---

lui de la cour spéciale, chacun dans les affaires de leur compétence respective, ou, en leur absence, le président du tribunal de première instance, etc. »

(a) Ancien article 486, modifié en vertu de l'article 54 de la Charte : « Ou de la cour spéciale. »

(1) L'affiche d'une copie de l'ordonnance de contumace, à la porte du dernier domicile de l'accusé, remplit suffisamment le vœu des art. 466 et 470 (Cass. 19 mai 1626 : S. 27, 1, 181).

Mais il faut que l'affiche soit revêtue du visa du maire ou du juge de paix, à peine de nullité (Cass. 24 novembre 1816 : S. 18, 1, 63).

(b) Ancien article 470, modifié en vertu de l'art. 54 de la Charte : « Ou de la cour spéciale. »

(2) Si le condamné était mort avant l'arrêt, les enfans et sa veuve ont qualité pour demander l'annulation de l'arrêt (Cass. 28 oct. 1821 : S. 22, 1, 94 ; D. 20, 1, 144).

(3) Le condamné par contumace à une peine afflictive temporaire a pu, sous les Codes du 25 septembre 1791 et

du 3 brumaire an 4, aliéner ses biens, s'il n'y avait pas eu de séquestre apposé, si d'ailleurs l'acte d'aliénation n'a pas été fait exprès pour frauder les droits du fisc (Cass. 15 mai 1820 : S. 20, 1, 331 ; D. 13, 1, 331 ; P. 88, 489). V. Cod. pén. art. 29.

Le sort des biens des contumaces est réglé par les lois existantes à l'époque de la condamnation ; le Code civil n'est pas applicable aux condamnés antérieurement à sa promulgation (Décret du 20 septembre 1809).

Voy. Code d'instr. crim. art. 476, 633 et 640 ; Code civ. 28, 112 ; Cod. proc. civ. 527, 859).

C'est à l'autorité judiciaire et non au conseil de famille qu'il appartient de nommer, lorsqu'il y a lieu, un curateur pour l'administration des biens des condamnés par contumace (Cass. 3 mars 1828 : S. 30, 2, 134).

(4) La défense de se pourvoir en cassation s'applique aux arrêts de mise en accusation, comme aux arrêts de condamnation (Cass. 27 octobre 1828 : S. 27, 1, 17 ; D. 14, 1, 345 ; P. 47, 498). V. art. 373, 405 et 421.

6

aussi ne l'ordonner qu'à charge de représenter, s'il y a lieu.

Cette remise sera précédée d'un procès-verbal de description dressé par le greffier, à peine de cent francs d'amende.

475. Durant le séquestre, il peut être accordé des secours à la femme, aux enfans, au père ou à la mère de l'accusé, s'ils sont dans le besoin.

Ces secours seront réglés par l'autorité administrative (1).

476. Si l'accusé se constitue prisonnier, ou s'il est arrêté avant que la peine soit éteinte par prescription, le jugement rendu par contumace et les procédures faites contre lui depuis l'ordonnance de prise de corps ou de se représenter, seront anéantis de plein droit, et il sera procédé à son égard dans la forme ordinaire.

Si cependant la condamnation par contumace était de nature à emporter la mort civile, et si l'accusé n'a été arrêté ou ne s'est représenté qu'après les cinq ans qui ont suivi l'exécution du jugement de contumace, ce jugement, conformément à l'art. 30 du Code civil, conservera, pour le passé, les effets que la mort civile aurait produits dans l'intervalle écoulé depuis l'expiration des cinq ans jusqu'au jour de la comparution de l'accusé en justice (2).

477. Dans les cas prévus par l'article précédent, si, pour quelque cause que ce soit, des témoins ne peuvent être produits aux débats, leurs dépositions écrites et les réponses écrites des autres accusés du même délit seront lues à l'audience : il en sera de même de toutes les autres pièces qui seront jugées par le président être de nature à répandre la lumière sur le délit et les coupables (3).

478. Le contumax qui, après s'être représenté, obtiendrait son renvoi de l'accusation, sera toujours condamné aux frais occasionnés par sa contumace (4).

Chapitre III. *Des crimes commis par des juges, hors de leurs fonctions et dans l'exercice de leurs fonctions.*

Section Ire. De la poursuite et instruction contre des juges, pour crimes et délits par eux commis hors de leurs fonctions.

479. Lorsqu'un juge-de-paix, un membre de tribunal correctionnel ou de première instance, ou un officier chargé du ministère public près l'un de ces tribunaux, sera prévenu d'avoir commis hors de ses fonctions un délit emportant une peine correctionnelle, le procureur général près la cour royale le fera citer devant cette cour, qui prononcera sans qu'il puisse y avoir appel (5).

---

(1) *V.* Code civ. art. 33.

(2) Il ne dépend pas de l'accusé de se soustraire à un second jugement, en acquiesçant au premier (Cass. 17 juillet 1813 : S. 13, 1, 449; *id.* — 27 août 1819; S. 19, 1, 409).

Si le contumace a été déclaré coupable de quelques-uns des faits dont il était accusé, et acquitté à l'égard d'autres, il ne peut être de nouveau mis en jugement sur les derniers faits (Cass. 15 novembre 1821 : Bull. crim. p. 497).

La représentation du contumace n'anéantit pas l'accusation, quoique postérieure à l'ordonnance de prise de corps rendue par la chambre d'accusation. L'ordonnance de prise de corps anéantie par la représentation du contumace, est l'ordonnance devenue complète par le fait de la cour royale et non l'ordonnance provisoire rendue par la chambre d'accusation (Cass. 16 janvier 1812 : S. 12, 1, 277; *id.* — 17 mars 1831 ; S. 31, 1, 280).

M. Legraverend, tome 2, page 386, et M. Bourguignon, professent l'opinion contraire. En 1824, M. Legraverend, persistant dans l'opinion qu'il avait émise, signa une consultation que j'avais rédigée, et dans laquelle je soutenais que la représentation de l'accusé anéantit l'accusation.

Lorsqu'un condamné par contumace à la peine de mort se rend ensuite coupable d'un crime ou d'un délit, il ne doit pas être sursis aux poursuites que nécessite le nouveau crime, jusqu'à ce que l'accusé ait été jugé contradictoirement sur le premier (Cass. 18 fév. 1810 : S. 19, 1, 348). *V.* Cod. inst. art. 637; Cod. civ. 26, 29, 30, 31.

(3) S'il arrive que des témoins, qui ont déposé par écrit, ne puissent être entendus, leurs dépositions écrites, ainsi que les réponses écrites des coaccusés jugés précédemment, doivent être lues à l'audience : elles appartiennent tellement à la défense ou à l'accusation, que la formalité est substantielle et emporte nullité (Cass. 11 mai 1827 : S. 27, 1, 842; *id.* — 21 décembre 1827 ; S. 28, 1, 370).

(4) Le contumace doit être condamné aux dépens, quoiqu'il n'y ait pas eu d'arrêt de contumace, il suffit qu'il y ait eu des poursuites (Cass. 2 déc. 1830 : S. 31, 1, 17).

(5) Les membres de l'université ou étudians prévenus de crimes ou délits peuvent être jugés en la forme prescrite par l'art. 479 du Code d'inst. crim. (Décret du 15 novembre 1811, art. 160).

L'art. 10 de la loi du 20 avril 1810 a modifié le Code d'inst. criminelle (art. 479, 480 481 et 482). Il règle le mode de poursuite contre les grands-officiers de la Légion-d'Honneur, les généraux commandant une division ou un département, les archevêques ou évêques, les présidens de consistoires, les conseillers de la cour de Cassation, de la cour des comptes, des cours royales et les préfets (*Voy.* ma Collection des Lois).

La rédaction de l'art. 10 de la loi du 20 avril 1810 aurait pu faire supposer que les conseillers de cours royales pouvaient être traduits devant leur cour sans renvoi par la cour de cassation ; mais un arrêt de cassation du 2 mai 1818 (S. 19, 1, 20 et D. 16, 1, 442), a jugé que la cour royale ne peut être saisie de la connaissance d'un délit correctionnel commis par un membre de la cour royale, que par renvoi de la cour de cassation ; que l'art. 10 de la loi du 20 avril 1810, portant que les cours royales connaîtront des délits correctionnels commis par des membres de cour royale, de la manière prescrite par l'art. 479, Code inst. crim., n'a modifié les art. 481 et et 482 qu'en ce que la cour de cassation ne doit plus renvoyer devant un tribunal correctionnel, mais bien devant une cour royale qui, sur ce renvoi, statue, sans appel, en la forme de l'art. 479. *V.* Cod. inst. crim. art. 500 et 501.

Les cours d'assises sont seules compétentes pour connaître des délits de la presse, aux termes de la loi du 8 oct. 1830, bien que les délits soient commis par des magistrats (Cass. 4 avril 1831 : S. 31, 1, 180).

Les juges suppléans ont la qualité et le caractère de *juges* ou *magistrats*, dans le sens de l'art. 479 (Cass. 20 mai 1826 : S. 27, 1, 164).

Id. Les suppléans de juges-de-paix (Cass. 11 février 1830 : S. 30, 2, 123).

L'art. 479 est applicable au cas de crimes ou délits commis (en France) par des membres des cours royales

480. S'il s'agit d'un crime emportant peine afflictive ou infamante, le procureur général près la cour royale et le premier président de cette cour désigneront, le premier, le magistrat qui exercera les fonctions d'officier de police judiciaire; le second, le magistrat qui exercera les fonctions de juge d'instruction (1).

481. Si c'est un membre de cour royale, ou un officier exerçant près d'elle le ministère public, qui soit prévenu d'avoir commis un délit ou un crime hors de ses fonctions, l'officier qui aura reçu les dénonciations ou les plaintes sera tenu d'en envoyer de suite des copies au ministre de la justice, sans aucun retard de l'instruction, qui sera continuée comme il est précédemment réglé, et il adressera pareillement au ministre une copie des pièces (2).

482. Le ministre de la justice transmettra les pièces à la cour de cassation, qui renverra l'affaire, s'il y a lieu, soit à un tribunal de police correctionnelle, soit à un juge d'instruction, pris l'un et l'autre hors du ressort de la cour à laquelle appartient le membre inculpé.

S'il s'agit de prononcer la mise en accusation, le renvoi sera fait à une autre cour royale.

SECTION II. De la poursuite et instruction contre des juges et tribunaux autres que les membres de la Cour de cassation, les Cours royales et les Cours d'assises, pour forfaiture et autres crimes ou délits relatifs à leurs fonctions.

483. Lorsqu'un juge-de-paix ou de police, ou un juge faisant partie d'un tribunal de commerce, un officier de police judiciaire, un membre de tribunal correctionnel ou de première instance, ou un officier chargé du ministère public près l'un de ces juges ou tribunaux, sera prévenu

d'avoir commis, dans l'exercice de ses fonctions, un délit emportant une peine correctionnelle, ce délit sera poursuivi et jugé comme il est dit à l'article 479 (3).

484. Lorsque des fonctionnaires de la qualité exprimée en l'article précédent seront prévenus d'avoir commis un crime emportant la peine de forfaiture ou autre plus grave, les fonctions ordinairement dévolues au juge d'instruction et au procureur du Roi seront immédiatement remplies par le premier président et le procureur général près la cour royale, chacun en ce qui le concerne, ou par tels autres officiers qu'ils auront respectivement et spécialement désignés à cet effet.

Jusqu'à cette délégation, et dans le cas où il existerait un corps de délit, il pourra être constaté par tout officier de police judiciaire; et pour le surplus de la procédure, on suivra les dispositions générales du présent Code (4).

485. Lorsque le crime commis dans l'exercice des fonctions et emportant la peine de forfaiture ou autre plus grave sera imputé, soit à un tribunal entier de commerce, correctionnel ou de première instance, soit individuellement à un ou plusieurs membres des cours royales, et aux procureurs généraux et substituts près ces cours, il sera procédé comme il suit.

486. Le crime sera dénoncé au ministre de la justice, qui donnera, s'il y a lieu, ordre au procureur général près la cour de cassation de le poursuivre sur la dénonciation.

Le crime pourra aussi être dénoncé directement à la cour de cassation par les personnes qui se prétendront lésées, mais seulement lorsqu'elles demanderont à prendre le tribunal ou le juge à partie, ou lorsque la dénonciation sera incidente à

des colonies, notamment de la Martinique; peu importe que le Code d'instruction criminelle n'ait pas été publié dans la colonie (19 janvier 1825; S. 25, 1, 517). Le Code y est publié aujourd'hui. V. Ord. du 12 oct. 1828, dans ma Collection des Lois, tom. 29, p. 587. Un magistrat qui a commis le délit ne peut invoquer le bénéfice de la disposition, s'il avait cessé ses fonctions avant toutes poursuites (Poitiers, 25 janvier 1831; S. 31, 2, 248).

(1) V. Cod. pén. art. 203, 303; Cod. inst. art. 6, 7, 8.

(2) L'article n'a pas été abrogé par les art. 10 et 18 de la loi du 20 avril 1810, et par l'art. 4 du décret du 6 juillet 1810. Les dispositions de ces lois qui attribuent aux cours royales le *jugement*, ne sont pas inconciliables avec les dispositions du Code qui exigent l'autorisation préalable de la cour de cassation (Cass. 26 avril 1831; S. 31, 1, 211; D. 19, 1, 283; P. 61, 177).

Soit que le crime ait été commis dans le ressort de la cour dont le prévenu est membre, soit qu'il ait été commis dans une autre cour, il faut que la cour de cassation déclare s'il y a lieu à la poursuite criminelle (Cass. 2 juin 1814; S. 14, 1, 234). V. art. 479.

(3) Lorsqu'un maire s'est rendu coupable d'un délit en agissant comme officier de police judiciaire, il doit

être poursuivi en la forme prescrite par les art. 479 et 483 du Code d'inst. crim. sans qu'il soit nécessaire d'obtenir l'autorisation prescrite par l'art. 75 de la loi du 22 frimaire an 8 (Ord. 12 mai 1826; S. 20, 2, 305). V. art. 483; Cod. proc. civ. art. 533.

Un garde forestier prévenu d'un délit qu'il aurait commis, en agissant dans sa double qualité d'agent de l'administration forestière et d'officier de police judiciaire, ne peut être poursuivi qu'après autorisation préalable, et ne peut être jugé que par une cour royale (Cass. 14 décembre 1814; S. 15, 1, 333; D. 23, 1, 74).

L'art. 483, Cod. inst. crim. ne s'applique qu'au cas où le fait, cause des poursuites, est *relatif* aux fonctions; il ne suffit pas que ce fait ait eu lieu en un temps où le fonctionnaire était en fonctions. Ainsi, le garde pêche qui, même pendant l'exercice de ses fonctions, commet un délit de chasse, peut être poursuivi à raison de ce délit, d'après les formes ordinaires (Cass. 6 janvier 1831; S. 27, 1, 483).

(4) Le mandat d'amener ne peut être décerné par le juge d'instruction (Cass. 18 avril 1816; D. 14, 1, 451).

Lorsque le premier président et le procureur général remplissent les fonctions de juge d'instruction et de procureur du Roi, l'affaire doit être portée *de plano* devant

une affaire pendante à la cour de cassation (1).

487. Si le procureur général près la cour de cassation ne trouve pas dans les pièces à lui transmises par le ministre de la justice, ou produites par les parties, tous les renseignemens qu'il jugera nécessaires, il sera, sur son réquisitoire, désigné par le premier président de cette cour un de ses membres pour l'audition des témoins et tous autres actes d'instruction qu'il peut y avoir lieu de faire dans la ville où siége la cour de cassation.

488. Lorsqu'il y aura des témoins à entendre ou des actes d'instruction à faire hors de la ville où siége la cour de cassation, le premier président de cette cour fera, à ce sujet, toutes délégations nécessaires, à un juge d'instruction, même d'un département ou d'un arrondissement autres que ceux du tribunal ou du juge prévenu.

489. Après avoir entendu les témoins et terminé l'instruction qui lui aura été déléguée, le juge d'instruction mentionné en l'article précédent renverra les procès-verbaux et les autres actes, clos et cachetés, au premier président de la cour de cassation.

490. Sur le vu, soit des pièces qui auront été transmises par le ministre de la justice ou produites par les parties, soit des renseignemens ultérieurs qu'il se sera procurés, le premier président décernera, s'il y a lieu, le mandat de dépôt.

Ce mandat désignera la maison d'arrêt dans laquelle le prévenu devra être déposé.

491. Le premier président de la cour de cassation ordonnera de suite la communication de la procédure au procureur général, qui, dans les cinq jours suivans, adressera à la section des requêtes son réquisitoire contenant la dénonciation du prévenu (2).

492. Soit que la dénonciation portée à la section des requêtes ait été, ou non, précédée d'un mandat de dépôt, cette section y statuera, toutes affaires cessantes.

Si elle la rejette, elle ordonnera la mise en liberté du prévenu.

Si elle l'admet, elle renverra le tribunal ou le juge prévenu devant les juges de la section civile, qui prononceront sur la mise en accusation (3).

493. La dénonciation incidente à une affaire pendante à la cour de cassation sera portée devant la section saisie de l'affaire; et si elle est admise, elle sera renvoyée de la section criminelle ou de celle des requêtes à la section civile, et de la section civile à celle des requêtes.

494. Lorsque, dans l'examen d'une demande en prise à partie ou de toute autre affaire, et sans qu'il y ait de dénonciation directe ni incidente, l'une des sections de la cour de cassation apercevra quelque délit de nature à faire poursuivre criminellement un tribunal ou un juge de la qualité exprimée en l'article 479, elle pourra d'office ordonner le renvoi conformément à l'article précédent (4).

495. Lorsque l'examen d'une affaire portée devant les sections réunies donnera lieu au renvoi d'office exprimé dans l'article qui précède, ce renvoi sera fait à la section civile.

496. Dans tous les cas, la section à laquelle sera fait le renvoi sur dénonciation ou d'office, prononcera sur la mise en accusation.

Son président remplira les fonctions que la loi attribue aux juges d'instruction.

497. Ce président pourra déléguer l'audition des témoins et l'interrogatoire des prévenus à un autre juge d'instruction, pris même hors de l'arrondissement et du département où se trouve le prévenu.

498. Le mandat d'arrêt que délivrera le président désignera la maison d'arrêt dans laquelle le prévenu devra être conduit (5).

499. La section de la cour de cassation, saisie de l'affaire, délibérera sur la mise en accusation, en séance non publique; les juges devront être en nombre impair.

Si la majorité des juges trouve que la mise en accusation ne doit pas avoir lieu, la dénonciation sera rejetée par un arrêt, et le procureur général fera mettre le prévenu en liberté.

500. Si la majorité des juges est pour la mise en accusation, cette mise en accusation sera prononcée par un arrêt, qui portera en même temps ordonnance de prise de corps.

En exécution de cet arrêt, l'accusé sera transféré dans la maison de justice de la cour d'assises qui sera désignée par celle de cassation dans l'arrêt même (6).

501. L'instruction ainsi faite devant la cour de cassation ne pourra être attaquée quant à la forme.

---

la chambre de mise en accusation de la cour royale, qui statue sur le rapport du procureur général (Cass. 10 mai 1811 : S. 11, 1, 279; D. 10, 1, 175 ; P. 66, 113).

(1) V. l'art. 510 et suiv. du Code de proc. civ. et l'article 89 de la loi du 27 ventose an 8.

(2) V. art. 80 de la loi du 27 ventose an 8.

(3) V. art. 86 de la loi du 27 ventose an 8.

(4) V. art. 82 de la loi du 27 ventose an 8.

(5) V. art. 94, 95 et 96.

(6) V. art. 232, 233, 234, 429 et 430; l'art. 82 de la

Elle sera commune aux complices du tribunal ou du juge poursuivi, lors même qu'ils n'exerceraient point de fonctions judiciaires (1).

502. Seront, au surplus, observées les autres dispositions du présent Code qui ne sont pas contraires aux formes de procéder prescrites par le présent chapitre.

503. Lorsqu'il se trouvera dans la section criminelle saisie d'un recours en cassation dirigé contre l'arrêt de la cour d'assises à laquelle l'affaire aura été renvoyée, des juges qui auront concouru à la mise en accusation dans l'une des autres sections, ils s'abstiendront.

Et néanmoins, dans le cas d'un second recours qui donnera lieu à la réunion des sections, tous les juges pourront en connaître.

CHAPITRE IV. *Des délits contraires au respect dû aux autorités constituées.*

504. Lorsqu'à l'audience ou en tout autre lieu où se fait publiquement une instruction judiciaire, l'un ou plusieurs des assistans donneront des signes publics, soit d'approbation, soit d'improbation, ou exciteront du tumulte, de quelque manière que ce soit, le président ou le juge les fera expulser; s'ils résistent à ses ordres, ou s'ils rentrent, le président ou le juge ordonnera de les arrêter et conduire dans la maison d'arrêt: il sera fait mention de cet ordre dans le procès-verbal; et sur l'exhibition qui en sera faite au gardien de la maison d'arrêt, les perturbateurs y seront reçus et retenus pendant vingt-quatre heures (2).

505. Lorsque le tumulte aura été accompagné d'injures ou voies de fait donnant lieu à l'application ultérieure de peines correctionnelles ou de police, ces peines pourront être, séance tenante et immédiatement après que les faits auront été constatés, prononcées, savoir:

Celles de simple police, sans appel, de quelque tribunal ou juge qu'elles émanent;

Et celles de police correctionnelle, à la charge de l'appel, si la condamnation a été portée par un tribunal sujet à l'appel, ou par un juge seul (3).

506. S'il s'agit d'un crime commis à l'audience d'un juge seul, ou d'un tribunal sujet à l'appel, le juge ou le tribunal, après avoir fait arrêter le délinquant et dressé procès-verbal des faits, enverra les pièces et le prévenu devant les juges compétens (4).

507. À l'égard des voies de fait qui auraient dégénéré en crime, ou de tous autres crimes flagrans et commis à l'audience de la Cour de cassation, d'une Cour royale ou d'une Cour d'assises (a), la Cour procédera au jugement de suite et sans désemparer.

Elle entendra les témoins, le délinquant et le conseil qu'il aura choisi ou qui lui aura été désigné par le président; et, après avoir constaté les faits et ouï le procureur général ou son substitut, le tout publiquement, elle appliquera la peine par un arrêt, qui sera motivé.

508. Dans le cas de l'article précédent, si les juges présens à l'audience sont au nombre de cinq ou de six, il faudra quatre voix pour opérer la condamnation.

S'ils sont au nombre de sept, il faudra cinq voix pour condamner.

Au nombre de huit et au-delà, l'arrêt de condamnation sera prononcé aux trois quarts des voix, de manière toutefois que, dans le calcul de ces trois quarts, les fractions, s'il s'en trouve, soient appliquées en faveur de l'absolution.

509. Les préfets, sous-préfets, maires et adjoints, officiers de police administrative ou judiciaire, lorsqu'ils rempliront publiquement quelques actes de leur ministère, exerceront aussi les fonctions de police réglées par l'article 504; et, après avoir fait saisir les perturbateurs, ils dresseront procès-verbal du délit, et enverront ce procès-verbal, s'il y a lieu, ainsi que les prévenus, devant les juges compétens (5).

CHAPITRE V. *De la manière dont seront reçues, en matière criminelle, correctionnelle et de police, les dépositions des princes et de certains fonctionnaires de l'État.*

510. Les princes ou princesses du sang royal, les grands dignitaires et le ministre de la justice, ne pourront jamais être cités comme témoins, même pour les débats qui ont lieu en présence du jury, si ce

---

loi du 27 ventose an 8; l'art. 15 de la loi du 20 avril 1810.

(1) V. art. 226 et 227.

(2) V. art. 505; Cod. de proc. art. 89; Cod. pén. art. 222; Cod. 3 brum. an 4, art. 556.

(3) V. l'art. 91 du Code de proc. civ. On ne doit pas considérer comme jugemens correctionnels ceux des tribunaux civils qui infligent aux personnes par lesquelles les juges ont été injuriés dans leurs fonctions les peines portées par l'art. 91 du Code de procédure civile. La matière est civile. L'appel de ces jugemens ne peut être porté aux cours criminelles (Cass.

23 octobre 1806: S. 6, 2, 687). V. Cod. d'inst. crim. art. 181; Cod. pén., art. 222.

(4) V. Cod. proc. civ., art. 91. Cod. 3 brum. an 4, art. 555.

(a) Ancien article 507, modifié en vertu de l'art. 14 de la Charte: «Ou spéciale.»

(b) Un sous-préfet peut ordonner l'arrestation d'un particulier, pour lui avoir manqué dans l'exercice de ses fonctions, d'après les art. 504 et 509 du Cod. d'inst. crim. (Cass. 24 déc. 1813, Ord.: S. 10, 2, 174). V. Cod. 3 brum. an 4, art. 59.

n'est dans le cas où le Roi, sur la demande d'une partie et le rapport du ministre de la justice, aurait, par une ordonnance spéciale, autorisé cette comparution (1).

511. Les dépositions des personnes de cette qualité seront, sauf l'exception ci-dessus prévue, rédigées par écrit, et reçues par le premier président de la Cour royale, si les personnes dénommées en l'article précédent résident ou se trouvent au chef-lieu d'une Cour royale; sinon par le président du tribunal de première instance de l'arrondissement dans lequel elles auraient leur domicile, ou se trouveraient accidentellement.

Il sera, à cet effet, adressé par la Cour ou le juge d'instruction saisi de l'affaire, au président ci-dessus nommé, un état des faits, demandes et questions, sur lesquels le témoignage est requis.

Ce président se transportera aux demeures des personnes dont il s'agit, pour recevoir leurs dépositions.

512. Les dépositions ainsi reçues seront immédiatement remises au greffe, ou envoyées closes et cachetées à celui de la Cour ou du juge requérant, et communiquées sans délai à l'officier chargé du ministère public.

Dans l'examen devant le jury, elles seront lues publiquement aux jurés et soumises aux débats, sous peine de nullité.

513. Dans le cas où le Roi aurait ordonné ou autorisé la comparution de quelques-unes des personnes ci-dessus désignées devant le jury, l'ordonnance désignera le cérémonial à observer à leur égard.

514. A l'égard des ministres autres que le ministre de la justice, des grands officiers de la couronne, conseillers d'Etat chargés d'une partie dans l'administration publique, généraux en chef actuellement en service; ambassadeurs ou autres agens du Roi accrédités près les cours étrangères, il sera procédé comme il suit:

Si leur déposition est requise devant la Cour d'assises, ou devant le juge d'instruction du lieu de leur résidence ou de celui où ils se trouveraient accidentellement, ils devront la fournir dans les formes ordinaires.

S'il s'agit d'une déposition relative à une affaire poursuivie hors du lieu où ils résident pour l'exercice de leurs fonctions et de celui où ils se trouveraient accidentellement, et si cette déposition n'est pas requise devant le jury, le président ou le juge d'instruction saisi de l'affaire adressera à celui du lieu où résident ces fonctionnaires à raison de leurs fonctions, un état des faits, demandes et questions, sur lesquels leur témoignage est requis.

S'il s'agit du témoignage d'un agent résidant auprès d'un Gouvernement étranger, cet état sera adressé au ministre de la justice, qui en fera le renvoi sur les lieux, et désignera la personne qui recevra la déposition.

515. Le président ou le juge d'instruction auquel sera adressé l'état mentionné en l'article précédent, fera assigner le fonctionnaire devant lui, et recevra sa déposition par écrit.

516. Cette déposition sera envoyée close et cachetée au greffe de la Cour ou du juge requérant, communiquée et lue, comme il est dit en l'article 512, et sous les mêmes peines.

517. Si les fonctionnaires de la qualité exprimée dans l'article 514 sont cités à comparaître comme témoins devant un jury assemblé hors du lieu où ils résident pour l'exercice de leurs fonctions, ou de celui où ils se trouveraient accidentellement, ils pourront en être dispensés par une ordonnance du Roi.

Dans ce cas, ils déposeront par écrit, et l'on observera les dispositions prescrites par les articles 514, 515 et 516.

CHAPITRE VI. *De la reconnaissance de l'identité des individus condamnés, évadés et repris.*

518. La reconnaissance de l'identité d'un individu condamné, évadé et repris, sera faite par la Cour qui aura prononcé sa condamnation.

Il en sera de même de l'identité d'un individu condamné à la déportation ou au bannissement, qui aura enfreint son ban et sera repris; et la Cour, en prononçant l'identité, lui appliquera, de plus, la peine attachée par la loi à son infraction (2).

519. Tous ces jugemens seront rendus sans assistance de jurés, après que la Cour aura entendu les témoins appelés tant à la requête du procureur général qu'à celle de l'individu repris, si ce dernier en a fait citer.

L'audience sera publique, et l'individu repris sera présent, à peine de nullité (3).

520. Le procureur général et l'individu

(1) Un décret du 4 mai 1812 règle le mode d'audition, comme témoins, des ministres, des préfets, des grands officiers, conseillers et ministres d'Etat, généraux, ambassadeurs et agens diplomatiques. V. loi du 10 therm. an 4; arrêté du 14 germ. an 8; arrêté du 7 therm. an 9; décret du 20 juin 1806; Legraverend, t. 1, p. 162.

(2) V. loi du 21 frimaire an 8.
Il n'y a lieu à poursuites contre un banni, pour infraction de ban, qu'autant qu'il a été repris, qu'il peut être présent aux débats (Cass. 6 mars 1817: S. 17, 1, 271). V. Legraverend, t. 2, p. 616.
(3) V. art. 517 et suiv.

repris pourront se pourvoir en cassation, dans la forme et dans le délai déterminés par le présent Code, contre l'arrêt rendu sur la poursuite en reconnaissance d'identité (1).

CHAPITRE VII. *Manière de procéder en cas de destruction ou d'enlèvement des pièces ou du jugement d'une affaire.*

521. Lorsque, par l'effet d'un incendie, d'une inondation ou de toute autre cause extraordinaire, des minutes d'arrêts rendus en matière criminelle ou correctionnelle et non encore exécutés, ou des procédures encore indécises, auront été détruites, enlevées, ou se trouveront égarées, et qu'il n'aura pas été possible de les rétablir, il sera procédé ainsi qu'il suit (2) :

522. S'il existe une expédition ou copie authentique de l'arrêt, elle sera considérée comme minute, et en conséquence remise dans le dépôt destiné à la conservation des arrêts.

A cet effet, tout officier public ou tout individu dépositaire d'une expédition ou d'une copie authentique de l'arrêt, est tenu, sous peine d'y être contraint par corps, de la remettre au greffe de la Cour qui l'a rendu, sur l'ordre qui en sera donné par le président de cette Cour.

Cet ordre lui servira de décharge envers ceux qui auront intérêt à la pièce.

Le dépositaire de l'expédition ou copie authentique de la minute détruite, enlevée ou égarée, aura la liberté, en la remettant dans le dépôt public, de s'en faire délivrer une expédition sans frais (3).

523. Lorsqu'il n'existera plus, en matière criminelle, d'expédition ni de copie authentique de l'arrêt, si la déclaration du jury existe encore en minute ou en copie authentique, on procédera, d'après cette déclaration, à un nouveau jugement.

524. Lorsque la déclaration du jury ne pourra plus être représentée, ou lorsque l'affaire aura été jugée sans jurés, et qu'il n'en existera aucun acte par écrit, l'instruction sera recommencée, à partir du point où les pièces se trouveront manquer tant en minute qu'en expédition ou copie authentique.

TITRE V. *Des réglemens de juges, et des renvois d'un tribunal à un autre.*
(Loi décrétée le 14 décembre 1808, promulguée le 24 du même mois.)

CHAPITRE Iᵉʳ. *Des réglemens de juges* (4).

525. Toutes demandes en réglement de juges seront instruites et jugées sommairement et sur simples mémoires (5).

526. Il y aura lieu à être réglé de juges par la Cour de cassation, en matière criminelle, correctionnelle ou de police, lorsque des cours, tribunaux ou juges d'instruction, ne ressortissant point les uns aux autres, seront saisis de la connaissance du même délit ou de délits connexes, ou de la même contravention (6).

527. Il y aura lieu également à être réglé de juges par la Cour de cassation, lorsqu'un tribunal militaire ou maritime, ou un officier de police militaire, ou tout autre tribunal d'exception, d'une part, une Cour royale ou d'assises (a), un tribunal jugeant correctionnellement, un tribunal de police ou un juge d'instruction, d'autre part, seront saisis de la connaissance du même délit ou de délits con-

---

La cour d'assises est valablement saisie sur la poursuite du ministère public qui requiert la constatation de l'identité, il n'est pas nécessaire de dresser un acte d'accusation conformément aux art. 241, 242 et 271 (Cass. 21 août 1818 : S. 10, 1, 110). V. art. 302.

L'identité d'un individu qui, arrêté comme contumax, nie être l'individu condamné, doit être constatée par la cour d'assises, sans assistance de jurés, en la forme prescrite par l'art. 519, aussi bien que l'identité d'un individu condamné, évadé et repris (Cass. 6 février 1824 : S. 25, 1, 291 Id. Rouen, 28 juin 1824 : S. 25, 2, 54 ; P. 72, 143).

Jugé en sens contraire (Paris, 10 mai 1816 : S. 17, 2, 44).

L'arrêt qui déclare qu'une personne arrêtée comme condamnée et évadée, n'est réellement pas la même personne qui a été condamnée et qui s'est évadée, a le caractère de chose jugée : il n'est plus permis de rendre une décision contraire sur l'identité (Cass. 12 août 1815 : S. 15, 1, 497 ; D. 25, 1, 438).

(1) V. art. 373, 403, 416 et suiv.
(2) V. Legraverend, tome 1, page 474 ; Cod. 3 brum. an 4, art. 548.
(3) V. Cod. civ. art. 1334, 1335 et 1336 ; Cod. 3 brum. an 4, art. 549 et suiv.
(4) V. l'art. 18, tit. 2, et l'art. 7, tit. 3 du Réglement de 1737. V. aussi Cod. proc. civ. art. 363.
(5) V. art. 216, 227 et 839. V. aussi l'art. 1ᵉʳ du réglement de 1737.
(6) Lorsque deux autorités judiciaires, indépendantes l'une de l'autre, se sont successivement déclarées in-

compétentes, la première de ces autorités ne peut se ressaisir de l'affaire après que la deuxième a refusé de juger. Il faut que la cour de cassation statue par voie de réglement de juges (Cass. 28 nov. 1811 : S. 13, 1, 213).

Lorsque deux cours royales ont qualifié diversement un fait, l'une crime, l'autre délit, la cour de cassation doit statuer sur la nature du fait (Cass. 13 mars 1813 : S. 13, 1, 309).

Pour qu'il y ait conflit négatif, il faut que les jugemens d'incompétence soient passés en force de chose jugée ; jusque-là, on ne peut s'adresser à la cour de cassation pour réglement de juges (Cass. 13 déc. 1816 : S. 17, 1, 73).

Si, sur le renvoi d'une affaire par le tribunal correctionnel à celui de simple police, pour cause d'incompétence, ce dernier se déclare incompétent, on doit se pourvoir en réglement de juges devant la cour de cassation (Cass. 18 juillet 1817 : Bull. crim. 1817, p. 173).

Encore que les deux tribunaux ressortissent de la même cour royale (Cass. 20 août 1814 : S. 15, 2, 35 ; P. 71, 466 ; Id. — 17 juillet 1835 : S. 26, 1, 161 ; Id. — 7 octobre 1816 ; S. 17, 1, 865 ; Id. — 5 février 1835 : S. 35, 1, 34).

Lorsqu'un conflit négatif entre l'autorité judiciaire et l'autorité administrative, le Conseil d'État déclare la compétence de l'autorité judiciaire, c'est à la cour de cassation à désigner le tribunal devant lequel la cause doit être portée (Cass. 13 mai 1819 : S. 30, 1, 432). V. Legraverend, tom. 1, p. 473.

(a) Ancien article 527, modifié en vertu de l'article 54 de la Charte : « Ou spéciale. »

nexes, ou de la même contravention (1).

528. Sur le vu de la requête et des pièces, la Cour de cassation, section criminelle, ordonnera que le tout soit communiqué aux parties, ou statuera définitivement, sauf l'opposition (2).

529. Dans le cas où la communication serait ordonnée sur le pourvoi en conflit du prévenu, de l'accusé ou de la partie civile, l'arrêt enjoindra à l'un et à l'autre des officiers chargés du ministère public près les autorités judiciaires concurremment saisies, de transmettre les pièces du procès et leur avis motivé sur le conflit.

530. Lorsque la communication sera ordonnée sur le pourvoi de l'un de ces officiers, l'arrêt ordonnera à l'autre de transmettre les pièces et son avis motivé.

531. L'arrêt de *soit communiqué* fera mention sommaire des actes d'où naîtra le conflit, et fixera, selon la distance des lieux, le délai dans lequel les pièces et les avis motivés seront apportés au greffe.

La notification qui sera faite de cet arrêt aux parties, emportera de plein droit sursis au jugement du procès, et, en matière criminelle, à la mise en accusation, ou, si elle a déjà été prononcée, à la formation du jury dans les cours d'assises (b), mais non aux actes et aux procédures conservatoires ou d'instruction.

Le prévenu ou l'accusé et la partie civile pourront présenter leurs moyens sur le conflit dans la forme réglée dans le chapitre II du titre III du présent livre pour le recours en cassation (3).

532. Lorsque, sur la simple requête, il sera intervenu arrêt qui aura statué sur la demande en règlement de juges, cet arrêt sera, à la diligence du procureur général près la cour de cassation, et par l'intermédiaire du ministre de la justice, notifié à l'officier chargé du ministère public près la cour, le tribunal ou le magistrat dessaisi.

Il sera notifié de même au prévenu ou à l'accusé, et à la partie civile, s'il y en a une.

533. Le prévenu ou l'accusé et la partie civile pourront former opposition à l'arrêt dans le délai de trois jours, et dans les formes prescrites par le chap. II du tit. III du présent livre pour le recours en cassation.

534. L'opposition dont il est parlé au précédent article, entraînera de plein droit sursis au jugement du procès, comme il est dit en l'article 531.

535. Le prévenu qui ne sera pas en arrestation, l'accusé qui ne sera pas retenu dans la maison de justice, et la partie civile ne seront point admis au bénéfice de l'opposition, s'ils n'ont antérieurement, ou dans le délai fixé par l'article 533, élu domicile dans le lieu où siège l'une des autorités judiciaires en conflit.

A défaut de cette élection, ils ne pourront non plus exciper de ce qu'il ne leur aurait été fourni aucune communication, dont le poursuivant sera dispensé à leur égard (4).

536. La cour de cassation, en jugeant le conflit, statuera sur tous les actes qui pourraient avoir été faits par la cour, le tribunal ou le magistrat qu'elle dessaisira.

537. Les arrêts rendus sur des conflits ne pourront pas être attaqués par la voie de l'opposition, lorsqu'ils auront été précédés d'un arrêt de *soit communiqué*, dûment exécuté.

538. L'arrêt rendu, ou après un *soit communiqué*, ou sur une opposition, sera notifié aux mêmes parties et dans la même forme que l'arrêt qui l'aura précédé.

539. Lorsque le prévenu ou l'accusé, l'officier chargé du ministère public, ou la partie civile, aura excipé de l'incompétence d'un tribunal de première instance ou d'un juge d'instruction, ou proposé un déclinatoire, soit que l'exception ait été admise ou rejetée, nul ne pourra recourir à la cour de cassation pour être réglé de juges; sauf à se pourvoir devant la cour royale (5) contre la décision portée par le tribunal de première instance ou le juge d'instruction, et à se pourvoir en cassation, s'il y a lieu, contre l'arrêt rendu par la cour royale.

540. Lorsque deux juges d'instruction ou deux tribunaux de première instance, établis dans le ressort de la même cour royale, seront saisis de la connaissance du même délit ou de délits connexes, les parties seront réglées de juges par cette cour, suivant la forme prescrite au présent

(1) La cour de cassation, saisie par un réquisitoire du procureur général, formé en vertu d'ordre du ministre de la justice, est compétente pour statuer, par voie de règlement de juges, sur le conflit négatif entre un tribunal militaire et un tribunal criminel ordinaire (Cass. 22 décembre 1817 : S. 18, 1, 227; D. 16, 1, 223; *Id.* — 5 mars 1818 : S. 18, 1, 273; *id.* — 10 janvier 1822 : S. 22, 1, 191; D. 18, 1, 330; *id.* 10 décembre 1824 : S. 15, 1, 219).

Un citoyen non militaire prévenu d'embauchage, et traduit comme tel devant les tribunaux militaires, ne peut s'adresser à la cour de cassation et demander son renvoi aux juges ordinaires par le motif que les faits articulés ne constituent pas l'embauchage (Cass. 22 août et

30 oct 1811 : S. 22, 1, 321 et 391; D. 20, 1, 427; P. 64, 269).

(2) V. 363, Cod. proc. civ.; Règlement de 1737, art. 7, 8 et 9, tit. 2, et l'art. 2, titre 3.

(4) Ancien article 531, modifié en vertu de l'article 54 de la Charte : « Et à l'examen dans les cours spéciales. »

(3) V. art. 422.

(4) V. art. 68.

(5) Ces mots : *Devant la cour royale* ne sont employés qu'énonciativement et pour le cas où, d'après l'art. 300, cet appel est dévolu à la cour. Dans les autres cas, l'appel doit être porté au tribunal du chef-lieu du département (Cass. 10 juin 1813 : S. 17, 1, 316). V. règlement de 1737, art. 19 et 20 du titre 1.

chapitre ; sauf le recours, s'il y a lieu, à la cour de cassation.

Lorsque deux tribunaux de police simple seront saisis de la connaissance de la même contravention ou de contraventions connexes, les parties seront réglées de juges par le tribunal auquel ils ressortissent l'un et l'autre ; et s'ils ressortissent à différens tribunaux, elles seront réglées par la cour royale, sauf le recours, s'il y a lieu, à la cour de cassation.

541. La partie civile, le prévenu ou l'accusé qui succombera dans la demande en réglement de juges qu'il aura introduite, pourra être condamné à une amende qui toutefois n'excédera point la somme de trois cents francs, dont moitié sera pour la partie (1).

CHAP. II. *Des renvois d'un tribunal à un autre.*

542. En matière criminelle, correctionnelle et de police, la cour de cassation peut, sur la réquisition du procureur général près cette cour, renvoyer la connaissance d'une affaire, d'une cour royale ou d'assises (a) à une autre, d'un tribunal correctionnel ou de police à un autre tribunal de même qualité, d'un juge d'instruction à un autre juge d'instruction, pour cause de sûreté publique ou de suspicion légitime.

Ce renvoi peut aussi être ordonné sur la réquisition des parties intéressées, mais seulement pour cause de suspicion légitime (2).

543. La partie intéressée qui aura procédé volontairement devant une cour, un tribunal ou un juge d'instruction ne sera reçue à demander le renvoi qu'à raison des circonstances survenues depuis, lorsqu'elles seront de nature à faire naître une suspicion légitime.

544. Les officiers chargés du ministère public pourront se pourvoir immédiatement devant la cour de cassation, pour demander le renvoi pour cause de suspicion légitime ; mais, lorsqu'il s'agira d'une demande en renvoi pour cause de sûreté publique, ils seront tenus d'adresser leurs réclamations, leurs motifs et les pièces à l'appui, au ministre de la justice, qui les transmettra, s'il y a lieu, à la cour de cassation.

545. Sur le vu de la requête et des pièces, la cour de cassation, section criminelle, statuera définitivement, sauf l'opposition, ou ordonnera que le tout soit communiqué.

546. Lorsque le renvoi sera demandé par le prévenu, l'accusé ou la partie civile, et que la cour de cassation ne jugera à propos ni d'accueillir ni de rejeter cette demande sur-le-champ, l'arrêt en ordonnera la communication à l'officier chargé du ministère public près la cour, le tribunal ou le juge d'instruction saisi de la connaissance du délit, et enjoindra à cet officier de transmettre les pièces avec son avis motivé sur la demande en renvoi ; l'arrêt ordonnera de plus, s'il y a lieu, que la communication sera faite à l'autre partie (3).

547. Lorsque la demande en renvoi sera formée par l'officier chargé du ministère public, et que la Cour de cassation n'y statuera point définitivement, elle ordonnera, s'il y a lieu, que la communication sera faite aux parties, ou prononcera telle autre disposition préparatoire qu'elle jugera nécessaire.

548. Tout arrêt qui, sur le vu de la requête et des pièces, aura définitivement statué sur une demande en renvoi, sera, à la diligence du procureur général près la Cour de cassation, et par l'intermédiaire du ministre de la justice, notifié, soit à l'officier chargé du ministère public près la cour, le tribunal ou le juge d'instruction dessaisi, soit à la partie civile, au prévenu ou à l'accusé en personne ou au

---

(1) *V.* Cod. proc. civ. art. 367.

(a) Ancien article 542, modifié en vertu de l'article 54 de la Charte : « Ou spéciale. »

(2) Un contumace n'est non recevable à demander son renvoi pour cause de suspicion légitime, lorsqu'il n'est pas actuellement en état (Cass. 24 décembre 1818 : S. 19, 1, 184; D. 17, 1, 13).

Une instruction criminelle pour banqueroute frauduleuse peut être renvoyée d'un département dans un autre pour suspicion légitime, lorsque les habitans sont suspectés de partialité pour le failli (Cass. 16 août 1810 : S. 10, 1, 310).

Lorsqu'au moment où une affaire est renvoyée à d'autres juges il y avait déjà arrêt par les juges dessaisis, l'arrêt de renvoi n'en doit pas moins recevoir son exécution, et ce qui a été jugé par la cour ou tribunal dessaisi est non-avenu (Cass. 19 déc. 1811 : S. 17, 1, 346).

La cour de cassation est seule compétente pour statuer sur les demandes en renvoi pour cause de suspicion légitime (Cass. 9 novembre 1808 : S. 9, 1, 23; *Id.* — 8 février 1811 : S. 11, 1, 133).

La cour de cassation peut seule déterminer le tribunal qui devra connaître d'une affaire correctionnelle, au cas d'abstention de tous les membres du tribunal auquel elle était naturellement dévolue (Cass. 18 janvier 1811 : S. 17, 1, 346).

Lorsqu'un tribunal ne peut se constituer faute d'un nombre suffisant de juges, à la cour de cassation seule, et non aux cours royales appartient le droit d'indiquer un autre tribunal (Cass. 18 avril 1828 : S. 28, 1, 382; *id.* — 30 mai 1828 : S. 28, 1, 332).

Lorsque la cour de cassation a gardé le silence sur des énonciations prétendues irrespectueuses pour des magistrats, placées dans une demande en renvoi, ces expressions ne peuvent être l'objet de poursuites correctionnelles de la part du ministère public (Grenoble, 3 janvier 1817 : S. 18, 2, 81).

L'opposition à un arrêt par défaut, en matière de renvoi pour suspicion légitime, n'est permise qu'au défendeur ou au ministère public ; elle ne l'est pas au demandeur en renvoi (Cass. 11 septembre 1812 : S. 49, 1, 413). *V.* l'art. 525.

(3) *V.* art. 529.

*domicile élu.

549. L'opposition ne sera pas reçue, si elle n'est pas formée d'après les règles et dans le délai fixés au chapitre 1er du présent titre.

550. L'opposition reçue emporte de plein droit sursis au jugement du procès, comme il est dit en l'article 55.

551. Les articles 525, 530, 531, 534, 535, 536, 537, 538 et 541, seront communs aux demandes en renvoi d'un tribunal à un autre.

552. L'arrêt qui aura rejeté une demande en renvoi n'exclura pas une nouvelle demande en renvoi fondée sur des faits survenus depuis.

TITRE VI. Des cours spéciales (1) (a).

(Loi décrétée le 13 décembre 1808, promulguée le 23.)

555 à 599. Abrogés.

(1) V. lois du 18 pluviose an 9; du 23 floréal an 10 sur la cour spéciale de Paris. V. lois des 23 germinal et 2 floréal an 11; du 23 ventose an 12 et du 17 sept. 1807, sur la cour spéciale de Corse. V. ordonn. du 29 juin 1814 et 12 novembre 1830; tom. 30, p. 513, et la loi du 20 avril 1810. V. art. 59 et 63 de la Charte de 1814, la loi du 20 décembre 1815 sur les cours prévôtales. V. les notes sur ces différens actes dans ma Collection des Lois.

(a) Ce titre est devenu sans objet par suite de l'abolition des cours spéciales, qui, conformément à l'art. 54 de la Charte constitutionnelle, ne peuvent pas être rétablies.

CHAPITRE UNIQUE.

DE LA COMPÉTENCE, DE LA COMPOSITION DES COURS SPÉCIALES, ET DE LA PROCÉDURE.

SECTION 1re. Compétence de la cour spéciale.

« 553. Les crimes commis par des vagabonds, gens sans aveu, et par des condamnés à des peines afflictives ou infamantes, seront jugés, sans jurés, par les juges ci-après désignés, et dans les formes ci-après prescrites.

« 554. Le crime de rébellion armée à la force armée, celui de contrebande armée, le crime de fausse monnaie, et les assassinats s'ils ont été préparés par des attroupements armés, seront jugés par les mêmes juges et dans les mêmes formes.

« 555. Si, parmi les prévenus de crimes spécifiés en l'article 553, et qui sont, par la simple qualité des personnes, attribués à la cour spéciale, il s'en trouve qui ne soient point par ladite qualité justiciables de cette cour, le procès et les parties seront renvoyés devant les cours d'assises. »

§ Ier. Composition de la cour spéciale.

« 556. La cour spéciale ne pourra juger qu'au nombre de huit juges: elle sera composée: 1° du président de la cour d'assises, lorsqu'il sera sur les lieux; en son absence ou en cas d'empêchement, d'un des membres de la cour royale qui aurait été délégué à la cour d'assises, et, à leur défaut, du président du tribunal de première instance dans le ressort duquel la cour spéciale tiendra ses séances; 2° des quatre juges formant, aux termes des articles 253 et 254, avec le président, la cour d'assises; 3° de trois militaires ayant au moins le grade de capitaine.

« Une loi particulière réglera l'organisation de la cour spéciale du département de la Seine.

« 557. Dans le département où siège la cour spéciale, le procureur général, ou l'un de ses substituts, remplira auprès de la cour spéciale les fonctions du ministère public.

« Le greffier de la cour, ou un de ses commis assermentés, y exercera ses fonctions.

« 558. Dans les autres départemens, les fonctions du ministère public seront exercées par le procureur du Roi au criminel.

« Et les fonctions du greffier seront remplies par le greffier du tribunal de première instance ou par un de ses commis assermentés.

« 559. Les trois militaires seront âgés d'au moins trente ans, et nommés chaque année par Sa Majesté. Ils auront trois suppléans du même grade, nommés également par Sa Majesté.

§ II. Époques et lieux des sessions de la cour spéciale.

« 560. La cour spéciale sera convoquée toutes les fois que l'instruction d'une affaire de sa compétence sera complète.

« 561. Le jour et le lieu où la session devra s'ouvrir seront fixés par la cour royale.

« La session ne sera terminée qu'après que toutes les

affaires de sa compétence qui étaient en état lors de son ouverture, y auront été portées.

« 562. Les dispositions contenues aux articles 254, 255, 256, 257, 259, 261, 264 et 265, relatifs aux cours d'assises, reçoivent leur application pour les cours spéciales. »

§ III. Fonctions du président.

« 563. Le président est chargé d'entendre l'accusé lors de son arrivée dans la maison de justice.

« Il pourra déléguer ces fonctions à l'un des juges.

« Il dirige l'instruction et les débats.

« Il détermine l'ordre entre ceux qui demandent à parler.

« Il a la police de l'audience.

« 564. Les dispositions contenues aux articles 268, 269 et 270, relatifs aux autres attributions du président de la cour d'assises, sont communes au président de la cour spéciale. »

§ IV. Fonctions du procureur général et du procureur du Roi au criminel.

« 565. Le procureur général, et son substitut le procureur du Roi, exercent respectivement, dans les cours spéciales, les fonctions qui leur sont attribuées pour la poursuite, l'instruction, le jugement, dans les affaires de la compétence des cours d'assises, et qui sont réglées par les art. 271, 272, 273, 274, 275, 276, 277, par la première disposition de l'article 278, par l'article 279 et suivans, jusques et compris l'article 290.

SECTION II. Instruction et procédures antérieures à l'ouverture des débats.

« 566. La poursuite des crimes qui sont de la compétence de la cour spéciale sera faite suivant les formes établies pour la poursuite des crimes dont le jugement est de la compétence des tribunaux ordinaires.

« 567. L'arrêt de la cour royale qui renvoie à la cour spéciale, et l'acte d'accusation, seront, dans les trois jours, signifiés à l'accusé.

« 568. Le procureur général adressera, dans le même délai, expédition de l'arrêt au ministre de la justice, pour être transmise à la Cour de cassation.

« 569. La section criminelle de cette Cour prendra connaissance de tous les arrêts de renvoi aux cours spéciales qui lui auront été déférés, et y statuera, toutes autres affaires cessantes.

« 570. La Cour de cassation, en prononçant sur la compétence, prononcera en même temps et par le même arrêt sur les nullités qui, d'après l'article 299, pourraient se trouver dans l'arrêt de renvoi.

« 571. Aussitôt que l'accusation aura été prononcée, et sans attendre l'arrêt de la Cour de cassation, l'instruction sera continuée sans délai jusqu'à l'ouverture des débats exclusivement, et dans les formes ci-après.

« 572. Les dispositions contenues aux articles 291, 292, 293, 294, 295, au dernier paragraphe de l'article 296 et aux articles 302, 303, 304, 305, 307 et 308, relatifs à l'instruction des procès de la compétence des cours d'assises, sont applicables à l'instruction des procès de la compétence des cours spéciales. »

SECTION III. De l'examen.

« 573. Dans les trois jours de la réception de l'arrêt de la Cour de cassation, le ministère public près la cour royale fera ses diligences pour la convocation la plus prompte de la cour spéciale.

« 574. Les dispositions contenues aux articles 310, 311, 313, 314, 315, 316, 317, 318, 319, 320, 321, 322, 323, 324, 325, 326 et 327, relatifs à l'examen et aux débats de

TITRE VII. *De quelques objets d'intérêt public et de sûreté générale.*

(Loi décrétée le 16 décembre 1808, promulguée le 26 du même mois.)

CHAPITRE Iᵉʳ. *Du dépôt général de la notice du jugement.*

600. Les greffiers des tribunaux correctionnels et des cours d'assises (a) seront tenus de consigner, par ordre alphabétique, sur un registre particulier, les noms, prénoms, professions, âge et résidences de tous les individus condamnés à un emprisonnement correctionnel ou à une plus forte peine : ce registre contiendra une notice sommaire de chaque affaire et de la condamnation ; à peine de cinquante francs d'amende pour chaque omission.

601. Tous les trois mois, les greffiers enverront, sous peine de cent francs d'amende, copie de ces registres au ministre de la justice et à celui de la police générale.

602. Ces deux ministres feront tenir dans la même forme un registre général composé de ces diverses copies.

CHAPITRE II. *Des prisons, maisons d'arrêt et de justice* (1).

603. Indépendamment des prisons établies pour peines, il y aura dans chaque arrondissement, près du tribunal de première instance, une maison d'arrêt pour y retenir les prévenus ; et, près de chaque cour d'assises, une maison de justice pour y retenir ceux contre lesquels il aura été

---

vant la cour d'assises, seront observées dans l'examen et les débats devant la cour spéciale.

« Chaque témoin, après sa déposition, restera dans l'auditoire, si le président n'en a ordonné autrement, jusqu'à ce que la cour se soit retirée en la chambre du conseil pour y délibérer le jugement.

« 575. Pendant l'examen, le ministère public et les juges pourront prendre note de ce qui leur paraîtra important, soit dans les dépositions des témoins, soit dans la défense de l'accusé, pourvu que la discussion n'en soit pas interrompue.

« 576. Les dispositions contenues aux articles 329, 330, 331, 332, 333, 334 et 335, seront observées dans l'examen devant la cour spéciale.

« Le ministère public donnera des conclusions motivées, et requerra, s'il y a lieu, l'application de la peine.

« 577. Le président fera retirer l'accusé de l'auditoire.

« 578. L'examen et les débats, une fois entamés, devront être continués sans interruption. Le président ne pourra les suspendre que pendant les intervalles nécessaires pour le repos des juges, des témoins et des accusés.

« 579. Les dispositions contenues aux articles 354, 355 et 356, seront exécutées. »

SECTION IV. *Du jugement.*

« 580. La cour se retirera en la chambre du conseil, pour y délibérer.

« 581. Le président posera les questions, et recueillera les voix.

« Les trois juges militaires opineront les premiers, en commençant par le plus jeune.

« 582. Le jugement de la cour se formera à la majorité.

« 583. En cas d'égalité de voix, l'avis favorable à l'accusé prévaudra.

« 584. L'arrêt qui acquittera l'accusé statuera sur les dommages-intérêts respectivement prétendus, après que les parties auront proposé leurs fins de non-recevoir ou leurs défenses, et que le procureur général aura été entendu.

« La cour pourra néanmoins, si elle le juge convenable, commettre l'un des juges pour entendre les parties, prendre connaissance des pièces, et faire son rapport à l'audience, où les parties pourront encore présenter leurs observations, et où le ministère public sera de nouveau entendu.

« 585. Les demandes en dommages-intérêts, formées soit par l'accusé contre ses dénonciateurs ou la partie civile, soit par la partie civile contre l'accusé ou le condamné, seront portées à la cour spéciale.

« La partie civile est tenue de former sa demande en dommages-intérêts avant le jugement ; plus tard, elle serait non-recevable.

« Il en est de même de l'accusé, s'il a connu son dénonciateur.

« Dans le cas où l'accusé n'aurait connu son dénonciateur que depuis le jugement, mais avant la fin de la session, il sera tenu, sous peine de déchéance, de porter sa demande à la cour spéciale. S'il ne l'a connu qu'après

la clôture de la session, sa demande sera portée au tribunal civil.

« A l'égard des tiers qui n'auraient pas été parties au procès, ils s'adresseront au tribunal civil.

« 586. Les articles 360 et 361 recevront leur exécution.

« 587. Si la cour déclare l'accusé convaincu du crime porté en l'accusation, son arrêt prononcera la peine établie par la loi, et statuera en même temps sur les dommages-intérêts prétendus par la partie civile.

« 588. La cour pourra, dans les cas prévus par la loi, déclarer l'accusé excusable.

« 589. Si, par le résultat des débats, le fait dont l'accusé est convaincu était dépouillé des circonstances qui le rendaient justiciable de la cour spéciale, ou n'était pas de nature à entraîner peine afflictive ou infamante, au premier cas, la cour renverra, par un arrêt motivé, l'accusé et le procès devant la cour d'assises, qui prononcera, quel que soit ensuite le résultat des débats ; au second cas, la cour pourra appliquer, s'il y a lieu, les peines correctionnelles ou de police encourues par l'accusé.

« 590. L'article 367 sera exécuté.

« 591. L'arrêt sera prononcé à haute voix par le président, en présence du public et de l'accusé.

« 592. L'arrêt contiendra, sous les peines prononcées par l'article 369, le texte de la loi sur lequel il est fondé : ce texte sera lu à l'accusé.

« 593. La minute de l'arrêt sera signée par les juges qui l'auront rendu, à peine de cent francs d'amende contre le greffier, et de prise à partie tant contre le greffier que contre les juges. Elle sera signée dans les vingt-quatre heures de la prononciation de l'arrêt.

« 594. Après avoir prononcé l'arrêt, le président pourra, selon les circonstances, exhorter l'accusé à la fermeté, à la résignation, ou à réformer sa conduite.

« 595. La cour, après la prononciation de l'arrêt, pourra, pour des motifs graves, recommander l'accusé à la commisération du Roi.

« Cette recommandation ne sera point insérée dans l'arrêt, mais dans un procès verbal séparé, secret, motivé, dressé en la chambre du conseil, le ministère public entendu, et signé comme la minute de l'arrêt de condamnation.

« Expédition dudit procès-verbal, ensemble de l'arrêt de condamnation, sera adressée de suite par le procureur général au ministre de la justice.

« 596. Les dispositions contenues en l'article 372 seront applicables à la cour spéciale.

« 597. L'arrêt ne pourra être attaqué par voie de cassation. »

SECTION V. *De l'exécution de l'arrêt.*

« 598. L'arrêt sera exécuté dans les vingt-quatre heures, à moins que le tribunal n'eût usé de la faculté qui lui est accordée par l'article 595.

« 599. Les articles 376, 377, 378, 379 et 380, seront exécutés. »

(a) Ancien article 600, modifié en vertu de l'article 54 de la Charte : « Et spéciales. »

(1) *V.* Legraverend, tom. 1, page 331.

rendu une ordonnance de prise de corps.

604. Les maisons d'arrêt et de justice seront entièrement distinctes des prisons établies pour peines (1).

605. Les préfets veilleront à ce que ces différentes maisons soient non-seulement sûres, mais propres, et telles que la santé des prisonniers ne puisse être aucunement altérée.

606. Les gardiens de ces maisons seront nommés par les préfets.

607. Les gardiens des maisons d'arrêt, des maisons de justice et des prisons, seront tenus d'avoir un registre.

Ce registre sera signé et paraphé, à toutes les pages, par le juge d'instruction, pour les maisons d'arrêt ; par le président de la Cour d'assises, ou, en son absence, par le président du tribunal de première instance, pour les maisons de justice; et par le préfet, pour les prisons pour peines.

608. Tout exécuteur de mandat d'arrêt, d'ordonnance de prise de corps, d'arrêt ou de jugement de condamnation, est tenu, avant de remettre au gardien la personne qu'il conduira, de faire inscrire sur le registre l'acte dont il sera porteur; l'acte de remise sera écrit devant lui.

Le tout sera signé tant par lui que par le gardien.

Le gardien lui en remettra une copie signée de lui, pour sa décharge (2).

609. Nul gardien ne pourra, à peine d'être poursuivi et puni comme coupable de détention arbitraire, recevoir ni retenir aucune personne qu'en vertu soit d'un mandat de dépôt, soit d'un mandat d'arrêt décerné selon les formes prescrites par la loi, soit d'un arrêt de renvoi devant une cour d'assises(a), d'un décret d'accusation ou d'un arrêt ou jugement de condamnation à peine afflictive ou à un emprisonnement, et sans que la transcription en ait été faite sur son registre (3).

610. Le registre ci-dessus mentionné contiendra également, en marge de l'acte de remise, la date de la sortie du prisonnier, ainsi que l'ordonnance, l'arrêt ou le jugement en vertu duquel elle aura lieu.

611. Le juge d'instruction est tenu de visiter, au moins une fois par mois, les personnes retenues dans la maison d'arrêt de l'arrondissement.

Une fois au moins dans le cours de chaque session de la cour d'assises, le président de cette cour est tenu de visiter les personnes retenues dans la maison de justice.

Le préfet est tenu de visiter, au moins une fois par an, toutes les maisons de justice et prisons et tous les prisonniers du département.

612. Indépendamment des visites ordonnées par l'article précédent, le maire de chaque commune où il y aura soit une maison d'arrêt, soit une maison de justice, soit une prison, et, dans les communes où il y aura plusieurs maires, le préfet de police ou le commissaire général de police, est tenu de faire, au moins une fois par mois, la visite de ces maisons.

613. Le maire, le préfet de police ou le commissaire général de police, veillera à ce que la nourriture des prisonniers soit suffisante et saine : la police de ces maisons lui appartiendra.

Le juge d'instruction et le président des assises pourront néanmoins donner respectivement tous les ordres qui devront être exécutés dans les maisons d'arrêt et de justice, et qu'ils croiront nécessaires, soit pour l'instruction, soit pour le jugement (4).

614. Si quelque prisonnier use de menaces, injures ou violences, soit à l'égard du gardien et de ses préposés, soit à l'égard des autres prisonniers, il sera, sur les ordres de qui il appartiendra, resserré plus étroitement, enfermé seul, même mis aux fers en cas de fureur ou de violence grave, sans préjudice des poursuites auxquelles il pourrait avoir donné lieu.

CHAPITRE III. *Des moyens d'assurer la liberté individuelle contre les détentions illégales ou d'autres actes arbitraires.*

615. En exécution des articles 77, 78, 79, 80, 81 et 82 de l'acte des constitutions du 22 frimaire an 8(b), quiconque aura connaissance qu'un individu est dé-

(1) V. art. 233, 243; Cod. 3 brum. an 4, art. 580.
(2) V. art. 100, 104, 107, 110.
(a) Ancien article 609, modifié en vertu de l'article 5 de la Charte : « Ou une cour spéciale. »
(3) V. art 613; Cod. pén. art. 119, 120.
(4) V. art. 117.
(b) « Art. 77. Pour que l'acte qui ordonne l'arrestation d'une personne puisse être exécuté, il faut : 1° qu'il exprime formellement le motif de l'arrestation, et la loi en exécution de laquelle elle est ordonnée ; 2° qu'il émane d'un fonctionnaire à qui la loi ait donné formellement ce pouvoir ; 3° qu'il soit notifié à la personne arrêtée et qu'il lui en soit laissé copie. »
« 78. Un gardien ou geolier ne peut recevoir ou détenir aucune personne qu'après avoir transcrit sur un registre l'acte qui ordonne l'arrestation ; cet acte doit être un mandat donné dans les formes prescrites par l'article précédent, ou une ordonnance de prise de corps, ou un décret d'accusation, ou un jugement.
« 79. Tout gardien ou geolier est tenu, sans qu'aucun ordre puisse l'en dispenser, de représenter la personne détenue à l'officier civil ayant la police de la maison de détention, toutes les fois qu'il en sera requis par cet officier.
« 80. La représentation de la personne détenue ne pourra être refusée à ses parens et amis porteurs de l'ordre de l'officier civil, lequel sera toujours tenu de l'accorder, à moins que le gardien ou le geolier ne représente une ordonnance du juge pour tenir la personne au secret.
« 81. Tous ceux qui, n'ayant point reçu de la loi le pouvoir de faire arrêter, donneront, signeront, exécuteront

tenu dans un lieu qui n'a pas été destiné à servir de maison d'arrêt, de justice ou de prison, est tenu d'en donner avis au juge-de-paix, au procureur du Roi, ou à son substitut, ou au juge d'instruction, ou au procureur général près la cour royale (1).

616. Tout juge-de-paix, tout officier chargé du ministère public, tout juge d'instruction, est tenu d'office, sur l'avis qu'il en aura reçu, sous peine d'être poursuivi comme complice de détention arbitraire, de s'y transporter aussitôt, et de faire mettre en liberté la personne détenue, ou s'il est allégué quelque cause légale de détention, de la faire conduire sur-le-champ devant le magistrat compétent.

Il dressera du tout son procès-verbal (2).

617. Il rendra, au besoin, une ordonnance, dans la forme prescrite par l'article 95 du présent Code.

En cas de résistance, il pourra se faire assister de la force nécessaire, et toute personne requise est tenue de prêter main-forte (3).

618. Tout gardien qui aura refusé, ou de montrer au porteur de l'ordre de l'officier civil ayant la police de la maison d'arrêt, de justice, ou de la prison, la personne du détenu, sur la réquisition qui en sera faite, ou de montrer l'ordre qui le lui défend, ou de faire au juge-de-paix l'exhibition de ses registres, ou de lui laisser prendre telle copie que celui-ci croira nécessaire de partie de ses registres, sera poursuivi comme coupable ou complice de détention arbitraire.

CHAP. IV. *De la réhabilitation des condamnés.*

619. (b) Tout condamné à une peine afflictive ou infamante qui aura subi sa peine, ou qui aura obtenu, soit des lettres de commutation, soit des lettres de grace, pourra être réhabilité.

La demande en réhabilitation ne pourra être formée par les condamnés aux travaux forcés à temps, à la détention ou à la réclusion, que cinq ans après l'expiration de leur peine; et par les condamnés à la dégradation civique, qu'après cinq ans à compter du jour où la condamnation sera devenue irrévocable, et cinq ans après qu'ils auront subi la peine de l'emprisonnement, s'ils y ont été condamnés. En cas de commutation, la demande en réhabilitation ne pourra être formée que cinq ans après l'expiration de la nouvelle peine, et en cas de grace, que cinq ans après l'enregistrement des lettres de grace (4).

620. Nul ne sera admis à demander sa réhabilitation, s'il ne demeure depuis cinq ans dans le même arrondissement communal, s'il n'est pas domicilié depuis deux ans accomplis dans le territoire de la municipalité à laquelle sa demande est adressée, et s'il ne joint à sa demande des attestations de bonne conduite qui lui auront été données par les conseils municipaux et par les municipalités dans le territoire desquelles il aura demeuré ou résidé pendant le temps qui aura précédé sa demande.

Ces attestations de bonne conduite ne pourront lui être délivrées qu'à l'instant où il quitterait son domicile ou son habitation.

Les attestations exigées ci-dessus devront être approuvées par le sous-préfet et le procureur du Roi ou son substitut, et par les juges-de-paix des lieux où il aura demeuré ou résidé.

l'arrestation d'une personne quelconque; tous ceux qui, même dans le cas de l'arrestation autorisée par la loi, recevront ou retiendront la personne arrêtée, dans un lieu de détention non publiquement et légalement désigné comme tel, et tous les gardiens ou geoliers qui contreviendront aux dispositions des trois articles précédens, seront coupables du crime de détention arbitraire.

85. « Toutes rigueurs employées dans les arrestations, détentions ou exécutions, autres que celles autorisées par les lois, sont des crimes. »

(1) La règle qu'aucun officier de justice ou de police ne peut s'introduire dans le domicile des citoyens pendant la nuit, sauf les cas d'incendie, d'inondation ou de réclamation venant de l'intérieur, ne s'applique pas aux lieux où tout le monde est admis indistinctement pendant une partie de la nuit, tels que cafés, cabarets, boutiques, etc. L'art. 9, titre 1er de la loi du 19-22 juillet 1791, portant que les officiers de police pourront toujours entrer dans ces lieux est encore en vigueur; mais il paraît résulter d'un arrêt du 19 nov. 1829 que les officiers de police pourront entrer dans les lieux où tout le monde est admis indistinctement tels que cafés, cabarets, boutiques, etc. seulement jusqu'à l'heure à laquelle ces établissemens sont ouverts et non à toute heure de nuit (Cass. 19 nov. 1829: S. 30, 1, 118). *V.* Cod. pén. art. 1141 Cod. 3 brum. an 4, art. 581.

(2) Décret du 3 mars 1810.

(3) *V.* art. 99, 109.

(b) Ancien article 619, abrogé : « Tout condamné à une peine afflictive ou infamante qui aura subi sa peine, pourra être réhabilité. »

« La demande en réhabilitation ne pourra être formée par les condamnés aux travaux forcés à temps ou à la réclusion, que cinq ans après l'expiration de leur peine ; et par les condamnés à la peine du carcan, que cinq ans à compter du jour de l'exécution de l'arrêt. »

Cet article résout plusieurs difficultés qui divisaient les jurisconsultes. Ainsi, on doutait si la demande en réhabilitation pouvait être formée par un condamné au bannissement ou à la dégradation civique. On demandait : à compter de quelle époque couraient les cinq ans pour celui qui était condamné à la dégradation civique ? *Voy.* M. Legraverend, tome 2, page 768; M. Bourguignon sur l'art 619, Cod. inst. crim. La réhabilitation peut-elle avoir lieu par la volonté du Roi avant l'expiration du délai de cinq ans? M. Legraverend décide l'affirmative, tom. 2, p. 771. La réhabilitation peut-elle être demandée au Roi en son conseil par la voie contentieuse ? M. Legraverend pense que la réhabilitation n'est qu'un acte de la juridiction gracieuse, tom. 2, p. 771. M. Sirey, tom. 23, 2e part. p. 93, paraît adopter l'opinion contraire.

(4) Sur la réhabilitation, *V.* ordonn. de 1670, tit. 16, art. 3, 6 et 7; Code pén. de 1791, 1re partie, tit. 7, art. 1 et suiv.

Sur la différence des effets de la grace et de la réhabilitation, *V.* Avis du Conseil-d'État du 11 décembre 1822 — 8 janvier 1823 dans ma Collection des Lois.

621. La demande en réhabilitation, les attestations exigées par l'article précédent, et l'expédition du jugement de condamnation, seront déposées au greffe de la cour royale dans le ressort de laquelle résidera le condamné.

622. La requête et les pièces seront communiquées au procureur général: il donnera ses conclusions motivées et par écrit.

623. L'affaire sera rapportée à la chambre criminelle.

624. La cour et le ministère public pourront, en tout état de cause, ordonner de nouvelles informations.

625. La notice de la demande en réhabilitation sera insérée au journal judiciaire du lieu où siège la cour qui devra donner son avis, et du lieu où la condamnation aura été prononcée.

626. La cour, le procureur général entendu, donnera son avis.

627. Cet avis ne pourra être donné que trois mois au moins après la présentation de la demande en réhabilitation.

628. Si la cour est d'avis que la demande en réhabilitation ne peut être admise, le condamné pourra se pourvoir de nouveau après un nouvel intervalle de cinq ans.

629. Si la cour pense que la demande en réhabilitation peut être admise, son avis, ensemble les pièces exigées par l'article 620, seront, par le procureur général, et dans le plus bref délai, transmis au ministre de la justice, qui pourra consulter le tribunal qui aura prononcé la condamnation.

630. Il en sera fait rapport à Sa Majesté par le ministre de la justice.

631. Si la réhabilitation est prononcée,

il en sera expédié des lettres où l'avis de la cour sera inséré.

632. Les lettres de réhabilitation seront adressées à la cour qui aura délibéré l'avis: il en sera envoyé copie authentique à la cour qui aura prononcé la condamnation; et transcription des lettres sera faite en marge de la minute de l'arrêt de condamnation.

633. La réhabilitation fera cesser, pour l'avenir, dans la personne du condamné, toutes les incapacités qui résultaient de la condamnation (1).

634. Le condamné pour récidive ne sera jamais admis à la réhabilitation (2).

CHAPITRE V. *De la prescription.*

635. Les peines portées par les arrêts ou jugemens rendus en matière criminelle se prescriront par vingt années révolues, à compter de la date des arrêts ou jugemens.

Néanmoins, le condamné ne pourra résider dans les départemens où demeureraient, soit celui sur lequel ou contre la propriété duquel le crime aurait été commis, soit ses héritiers directs.

Le Gouvernement pourra assigner au condamné le lieu de son domicile (3).

636. Les peines portées par les arrêts ou jugemens rendus en matière correctionnelle se prescriront par cinq années révolues, à compter de la date de l'arrêt ou du jugement rendu en dernier ressort; et à l'égard des peines prononcées par les tribunaux de première instance, à compter du jour où ils ne pourront plus être attaqués par la voie de l'appel (4).

637. L'action publique et l'action civile résultant d'un crime de nature à entraîner la peine de mort ou des peines

---

(1) La réhabilitation n'empêche pas que le condamné réhabilité qui commet un second crime, ne soit en état de récidive. (Cass. 6 fév. 1823 : S. 23, 1, 176 ; P. 66, 176).

(2) *V.* art. 563 (Cod. pén. art. 56.

(3 et 4) *V.* art. 203 et 205.

La prescription des peines établies par les art. 635 et 656, Cod. d'inst. crim. court au profit des condamnés par contumace, aussi bien qu'au profit des condamnés contradictoirement (Cass. 5 août 1825 : S. 25, 2, 425 ; D. 25, 1, 434).

Et le laps de temps requis pour opérer la prescription se détermine par le caractère attribué au fait par le jugement contradictoire, et non par le jugement de contumace (Cass. 2 fév. 1827 : S. 28, 1, 89). *V.* notes sur l'art. 638, et Legraverend, tom. 2, page 592, en note.

L'individu condamné pour un fait qualifié crime par la loi alors en vigueur, peut exciper de la prescription de cinq ans, lorsqu'il se présente sous l'empire d'une loi nouvelle qui qualifie le fait seulement *délit* (Cass. 25 novembre 1830 : S. 31, 1, 592).

Mais la prescription de l'action publique ne peut être invoquée par l'individu condamné par contumace ; il ne peut plus exciper que de la prescription de la peine, si au moment où il est traduit devant la justice, cette prescription est acquise (Cass. 17 janv. 1829 : S. 30, 1, 103).

En cas d'évasion après l'exécution de la condamnation la prescription ne commence à courir que du jour de l'évasion, le temps de la peine subie ne compte pas (Cass. 30 juillet 1827 : S. 27, 1, 352).

La prescription ne s'applique pas aux frais de justice ; la condamnation, en ce qui touche les frais, n'est soumise qu'à la prescription ordinaire de 30 ans (Cass. 15 janvier 1828 : S. 28, 1, 197).

Un jugement, quoique irrégulier dans la forme, si fait pour empêcher la prescription établie par les lois criminelles, contre l'action civile en réparation du dommage causé par un crime. Cette action n'est plus soumise ensuite qu'à la prescription civile ordinaire (Cass. 6 avril 1816 : S. 16, 1, 585).

La prescription de l'action en faux principal n'empêche pas d'exciper au civil de la fausseté de l'acte (Limoges, 7 février 1827 : S. 28, 2, 356).

L'action du gouvernement contre un comptable n'est prescriptible que par trente ans (Paris, 25 mars 1825 : S. 27, 2, 7).

L'action en restitution d'une somme indûment perçue, alors même que la perception avait été le résultat d'un crime, par exemple, du crime de concussion, ne se prescrit que par trente ans. Il ne faut pas confondre l'action en restitution d'une somme due, et l'action qui a pour objet la réparation du dommage causé par le crime. A celle-ci seule s'applique l'art. 637 (Cass. 7 juillet 1829 : S. 30, 1, 319).

Un arrêt de la cour royale de Bordeaux, du 15 avril 1829, avait jugé en sens contraire (S. 29, 2, 218).

V. Legraverend, tom. 1er, p. 71 et suiv. et tom. 2, p. 775 et suiv. ; Cod. 3 brum. an 4, art. 480 ; Cod. du 25=29 sept. 1791, 1re partie, tit. 6, art. 3.

afflictives perpétuelles, ou de tout autre crime emportant peine afflictive ou infamante, se prescriront après dix années révolues à compter du jour où le crime aura été commis, si dans cet intervalle il n'a été fait aucun acte d'instruction ni de poursuite.

S'il a été fait, dans cet intervalle, des actes d'instruction ou de poursuite non suivis de jugement, l'action publique et l'action civile ne se prescriront qu'après dix années révolues, à compter du dernier acte, à l'égard même des personnes qui ne seraient pas impliquées dans cet acte d'instruction ou de poursuite (1).

638. Dans les deux cas exprimés en l'article précédent et suivant les distinctions d'époques qui y sont établies, la durée de la prescription sera réduite à trois années révolues, s'il s'agit d'un délit de nature à être puni correctionnellement (2).

639. Les peines portées par les jugemens rendus pour contraventions de police seront prescrites après deux années révolues, savoir, pour les peines prononcées par arrêt ou jugement en dernier ressort, à compter du jour de l'arrêt; à l'égard des peines prononcées par les tribunaux de première instance, à compter du jour où ils ne pourront plus être attaqués par la voie de l'appel.

640. L'action publique et l'action civile pour une contravention de police seront prescrites après une année révolue, à

compter du jour où elle aura été commise, même lorsqu'il y aura eu procès-verbal, saisie, instruction ou poursuite, si dans cet intervalle il n'est point intervenu de condamnation; s'il y a eu un jugement définitif de première instance, de nature à être attaqué par la voie de l'appel, l'action publique et l'action civile se prescriront après une année révolue, à compter de la notification de l'appel qui en aura été interjeté (1).

641. En aucun cas, les condamnés par défaut ou par contumace, dont la peine est prescrite, ne pourront être admis à se présenter pour purger le défaut ou la contumace (2).

Paris, le 28 avril 1832.

642. Les condamnations civiles portées par les arrêts ou par les jugemens rendus en matière criminelle, correctionnelle ou de police, et devenus irrévocables, se prescriront d'après les règles établies par le Code civil (3).

643. Les dispositions du présent chapitre ne dérogent point aux lois particulières relatives à la prescription des actions résultant de certains délits ou de certaines contraventions (4).

Nos ministres secrétaires d'Etat sont chargés, chacun en ce qui le concerne, de l'exécution de la présente ordonnance, qui sera insérée au Bulletin des Lois.

Signé LOUIS-PHILIPPE.

Par le Roi: le Garde des sceaux, Ministre Secrétaire d'Etat au département de la justice,

Signé BARTHE.

Certifié conforme par nous Garde des sceaux de France, Ministre Secrétaire d'Etat au département de la justice,

A Paris, le 1er mai * 1832.

BARTHE.

* Cette date est celle de la réception du Bulletin à la Chancellerie.

---

tion en matière de contributions indirectes. Les juges doivent même la prononcer d'office (Cass. 11 juin 1819: S. 29; 1, 559).

Le laps de temps nécessaire pour opérer la prescription de l'action se détermine par la qualification donnée au fait par la condamnation et non par la qualification qui lui avait été attribuée dans l'accusation. Aussi, un fait poursuivi comme crime, mais déclaré délit par le jury et par la cour d'assises, est prescrit par la cessation de poursuites pendant trois ans (Cass. 30 janvier 1818 : S. 20; 1, 501; P. 63; 441).

C'est en vertu du même principe que l'arrêt du 2 février 1827, cité dans les notes sur l'art. 636, a jugé que c'est la qualification donnée dans l'arrêt contradictoire, et non la qualification portée dans un arrêt par contumace qui détermine le laps de temps requis pour opérer la prescription de la peine.

(1) Le fait de port d'armes sans permission, commis en partie de chasse prohibée, ne doit pas cependant être confondu avec le délit de chasse prohibée, et, par suite, soumis à la prescription d'un mois. C'est un délit à part qui ne se prescrit que par un an (Cass. 10 août 1811 : S. 11, 1, 375).

Mais depuis le décret du 4 mai 1812, le port d'armes à la chasse se prescrit par un mois (Cass. 1er octobre 1823 : S. 23, 1, 193; id. — 17 décembre 1824 : S. 23, 1, 185 ; D. 23, 1, 64; P. 75, 387).

La prescription annale établie par l'art. 640, n'est point applicable à l'action intentée à raison de contra-

vention en matière de contributions indirectes (Cass. 25 novembre 1816 : S. 19, 1, 179; D. 17, 1, 70). V. art. 643, 637 et 638.

Le fait d'avoir conduit des chevaux sur le terrain d'autrui, ensemencé, est aujourd'hui punissable, aux termes de l'art. 475, n° 10, Cod. pénal; et non aux termes de l'art. 27, tit. 2 de la loi du 28 sept. — 6 oct. 1791. En conséquence, c'est la prescription d'un an, et non la prescription d'un mois qui est applicable (Cass. 25 juin 1825: S. 26, 1, 159).

La prescription d'un mois établie par l'art. 12 de la loi du 30 avril 1790, est interrompue, non-seulement par l'ordonnance qui traduit le délinquant en tribunal correctionnel, mais encore par tous actes de poursuites ou d'instruction faits à des intervalles plus courts qu'un mois (Cass. 11 novembre 1815 : S. 16, 1, 105).

Une fois les poursuites intentées, le délit ne se prescrit plus que par trois mois (Cass. 20 septembre 1828 : S. 29, 1, 76).

Le pourvoi en cassation du ministère public interrompt la prescription comme l'appel (Cass. 4 novembre 1830 : S. 31, 1, 366).

(2) V. art. 476.

(3) V. art. 2245, 2246, 2262, 2263 et 2270, Cod. civ.

(4) Pour les délits de chasse, V. la loi du 30 avril 1790, et les notes sur l'art. 640; les délits forestiers, Code forestier de 1827, art. 185 et suiv.; les délits de pêche fluviale, V. loi, et les notes sur l'art. 640 (loi du 15 avril 1829).

FIN DU CODE D'INSTRUCTION CRIMINELLE.

FIN DE LA TABLE DU CODE D'INSTRUCTION CRIMINELLE.

www.ingramcontent.com/pod-product-compliance
Lightning Source LLC
Chambersburg PA
CBHW071517200326
41519CB00019B/5966